JN013515

東京ミドル期シングルの衝撃

Middle-Aged Singles and the Future of Tokyo

「ひとり」社会のゆくえ

宮本みち子・大江守之［編著］
丸山洋平・松本奈何・酒井計史［著］

東洋経済新報社

目次◉東京ミドル期シングルの衝撃

第2章 東京区部への移動とシングル化

第4章

ミドル期シングルと地域コミュニティ

第5章 大都市で「ひとり」で生きる
――2019年東京区部単身世帯調査から

終章 東京ミドル期シングルの何がわかったか

序章

東京ミドル期シングルへの視点

大江 守之・宮本 みち子

1 ミドル期シングルとは何か

ミドル期シングル研究の展開

東京ミドル期シングルの研究の1つの起点は、2013年3月16日に新宿文化センター小ホールで開催された、新宿区新宿自治創造研究所主催の新宿区自治フォーラム2013「変わりゆく家族と新宿区」にあります。このフォーラムで、大江が「多様化する新宿区の家族――新しい親密圏の社会的・空間的な姿」、宮本が「単身化する社会のなかの家族」というタイトルの講演を行い、引き続いて、研究所の人口プロジェクトのアドバイザーであった大江がインタビューアーになる形で宮本と対談を行いました[1]。

新宿区新宿自治創造研究所は、2013年4月から単身世帯に関する研究を始めることを企画し、フォーラム2013をそのキックオフとしても位置づけ、これを機に宮本がこのプロジェクトのアドバイザーに就任することになりました。2013年度から2015年度まで3年度にわたり、壮年期単身世帯（ミドル期シングル）の生活実態や意識を明らかにするため、区民意識調査の活用、単身世帯意識調査の実施、大規模インタビュー調査の実施などが進められました。その結果、東京都心地域に暮らす多様なミドル期シングル像が浮かび上がってきたのです。

当時は、ミドル期シングルという存在への関心が生まれ始めた頃でした。その関心の多くは、若年期シングルの未婚期間が長期化する「晩婚化の一層の進展」であったり、彼らがそのまま高齢期を迎えれば、より孤立化しやすい高齢期シングルになるリスクへの懸念であったり、というものでした。また、少子化の主要な原因が晩婚化・非婚化にあることから、未婚のミドル期シングルは、少子化を推し進めている人々というネガティブな見方をされることや、家族形成への支援を必要としている人々という政策的文脈を一方的に押しつけられることもありました。

新宿区の研究は、こうしたマクロ的な見方に欠けていた、当事者の側に立った実態認識の必要性と有効性を明らかにした点に意義があります。ミドル期シングルの増加が何らかの社会問題に結びつくとしても、人口・家族変動の特性として、すぐにその動きを止めることは困難です。どのような構造の変化が起きているのかを当事者の側から考えることが、問題の捉え方や必要とされる緩和策・適応策の方向性を見出すことにつながるのだと思います。

一方で、新宿区での研究には限界もありました。それは、新宿という都市的活動が活発な地域固有の要素が、ミドル期シングルの意識や行動に強く反映されているのではないかという疑問が残ったことです。そこで、より広く東京のミドル期シングルの実態を把握するため、２０１９年度に特別区長会調査研究機構において、宮本と大江が中心になり、研究プロジェクトがつくられました。新宿区での経験を踏まえつつ、新たなメンバーを加えて、より深い知見を得るべく取り組んだ成果が本書のもとになっています。

ミドル期シングルの定義と社会的関心のあり方

新宿区の研究では、壮年期を35～64歳とし、35～49歳を壮年前期、50～64歳を壮年後期と定義していました。本書でもこの定義を踏襲し、呼び方は、ミドル期、前期ミドル期、後期ミドル期とします。

後付けになりますが、シングルを研究するためのミドル期の年齢層について、その妥当性を少し考えてみましょう。15歳未満の年少期と65歳以上の高齢期を除いて、15～64歳のシングルを若年期と壮年期（ミドル期）に区分するのに適切な年齢はどこかという問題です。若年期シングルを「ひとり暮らしがずっと続くという見通しを持っていない人々」、つまり「いずれかの時点で結婚してシングルでなくなる見通しを持っている人々」、一方、ミドル期シングルを「ひとり暮らしがこれからも続く可能性をみている人々」と考えると、未婚から有配偶へ移行する行動が弱まる年齢はどこかという問題になります。未婚者から初婚が発生する比率を時系列的に観察すると、男女とも30代の前半と後半にその境があり、35歳で区切ることに妥当性があることがわかります。

このミドル期シングルを対象とする私たちの研究を位置づけるために、第2節以降でシングル増加のフェーズの変遷と主要な既往研究を振り返りたいと思います。その際、それらがどのような社会的関心と結びついていたかに注目します。ここでは、社会的関心を以下のように捉えます。

社会的関心のあり方には、少なくとも4つの側面があります。第1は、当事者あるいは当事者予備群の個々人、さらには当事者と関わりがある周囲にいる人々の関心です。これを当事者的関心と呼ぶことにします。第2は、直接的・間接的当事者でなくても、私たちが生きる社会の問題として関心を共有したり、それを解決するための情報を交換したり、必要な支援（あるいは支援への橋渡し）を提供したりするといった役割を担う人々、すなわち市民セクターの関心です。これを市民的関心と呼ぶことにします。第3は、第1、第2の関心が社会的に広がり、何らかのシステム的な問題解決を必要としている場合、その仕組みを考え、創り出す公的セクターの関心です。具体的なサービスは行政が関わることになるため、これを行政的関心と呼ぶことにします。第4は、問題解決のニーズを新たな需要の出現と捉え、それに対応するモノやサービスを市場経由で供給しようとする民間セクターの関心です。これを市場的関心と呼ぶことにします。

2 シングル増加のフェーズ

第1フェーズ

ここでは全国の動向を振り返りながら、シングル増加のフェーズをみていきます。

シングル増加の第1フェーズは、1950年代後半から始まる地方圏から大都市圏への未婚若年層の大量移動によってもたらされました。家族社会学では、自分が生まれ育った家族を「定位家族」、結婚によって自分がつくる家族を「生殖家族」と呼びます（人は定位家族に生まれ、多くは成人になると生殖家族をつくります）。未婚若年層によるシングル化は、定位家族から生殖家族へ移行する間に出現する状態であり、個々人に着目すれば、皆婚に近かったこの時代、結婚によって解消されていくものでした。その意味で、多くの当事者にとって未婚若年シングル期は自由に行動できる通過期間であり、社会的に解決されるべき問題は多くはなかったといえるでしょう。あったとすれば、もっと質のよい住宅に住みたいというニーズでしょうか。これは社会が豊かになるにつれて、風呂なし木賃アパートから、設備の整ったワンルームマンションへという形で、市場的関心に基づく民間セクター主導で改善されていきました。公的セクターは、移動性向が高く、地域社会の不安定要素となる可能性をもつ彼らに行政的関心を持ったとしても、行政サービスの対象として認識されることはほとんどなかったと言ってよいでしょう。

第2フェーズ

このフェーズの特徴は、女性死別高齢層の出現でした。65歳以上の女性死別シングルは、1980年の60万人から2000年の180万人へと、20年間で120万人増加しました。この間に、15〜34歳の男性未婚シングルが283万人から329万人へと46万人しか増加しなかったことと比較すると、その増加の大きさが理解できます。この背景には、高齢人口そのものの増加、既婚子との同居の減少、男女の平均寿命の差、夫との年齢差、年金による経済的自立度の高まりなどがあります。

1980年時点では、女性高齢シングルの69万人のうち60万人が死別高齢者であり、未婚高齢者は2・8万人に過ぎなかったのですが、2000年には23万人まで増加し、増加率は死別を大きく上回る形となりました。上野千鶴子が『おひとりさまの老後』を発表しベストセラーになった2007年は、こうした状況がさらに進んでいた時期で、配偶関係の如何にかかわらずひとりで高齢期を生きることへの漠然とした不安を覚える女性が増加していたという背景がありました。この書籍の第1章冒頭の「なあーんだ、みんな最後はひとりじゃないの」という見出しは、この状況を的確に捉えています。上野は、「おひとりさま」の全体状況から始めて、「どこで暮らすか」「誰とつきあうか」「おカネはどうするか」「どんな介護を受けるか」「どんなふうに〈終わる〉か」に至るまで、女性高齢シングルの人生を幅広く軽妙に語り、漠然とした不安に対する具体的な対処法を提示したのです。

この本が出版される以前から、高齢シングルに対する行政的関心は明確に存在しました。高齢シングルは親族と暮らす高齢者と比較して低所得や要介護のリスクが高く、社会保障に対して負荷を増大させるおそれがあり、その実態を明らかにするとともに、将来の高齢シングルの増加による社会保障費への影響を見通したいという関心です（白波瀬［2005］）。2000年の介護保険制度の導入以降、介護サービス市場が形成され、高齢シングルに対する市場的関心も高まりました。たとえば有料老人ホーム（特定施設入居者生活介護）に代表されるようなサービスは、高齢シングルの動向が市場規模を大きく左右するからです。

こうした行政的関心や市場的関心は、高齢シングルという当事者、当事者予備群、別居する家族など周辺当事者にとって、自分自身や自分の親などが必要なサービスを受けることが可能になるかどうかに関わる大事な関心のあり方です。しかし、当事者自身が自らの生き方を選択していくという主体的な関心のあり方は、サービス供給者側の関心に追いついていませんでした。『おひとりさまの老後』は、ここに1つのパースペクティブを提示し、高齢シングルが社会システムによって一方的にサービスの受け手として位置づけられていた状態から脱することに力を与えたのです。上野は中西正司との共著のなかで、「当事者とは、私の現在の状態を、こうあってほしい状態に対する不足と捉えて、そうでない新しい現実をつくりだそうとする構想力を持ったときに、はじめて自分のニーズとは何かがわかり、人は当事者になる」と当事者を定義しています（中西・上野［2003］）。上野は、高齢シングルが真の当事者になるための構想力を持つことを支援したと言ってよいでしょう。高齢シングルの当事者的関心が明確になるにつれて、それを社会化していくプロセスに不可欠な市民的関心も高まっていきました。

第3フェーズ

このフェーズの特徴は、未婚ミドル層の増加です。これは死別高齢層とは異なり、まず男性に顕著に現れました。未婚ミドル期シングルは、1980年の35万人から、2000年に156万人、2020年には326万人となりました。この間の増加は、それぞれ121万人、170万人にも上りました。同期間の未婚若年シングルは、283万人、329万人、324万人と推移し、それぞれ46万人の増加、5万人の減少となっており、ミドル期シングルの増加の大きさが際立っています。女性の未婚ミドル期シングルは、38万人、71万人、172万人と、それぞれ33万人、101万人増加、未婚若年シングルは、122万人、183万人、238万と、それぞれ61万人、55万人の増加でした。女性ミドル期シングルは2000年以降の増加が顕著です。

また、見落とすことができないのは離別ミドル期シングルの動向です。1980年、2000年、2020年の順に記述すると、男性では、17万人、59万人、93万人、女性では25万人、48万人、77万人と増加傾向にあることがわかります。未婚と比較すると、2020年で、男性3分の1弱、女性2分の1弱の規模があり、ミドル期シングルを議論する際、未婚だけでなく離別も視野に入れておく必要があります。

ミドル期シングルは、2000年以前に男性で急激に増加していましたが、社会的関心は、当事者的関心、市民的関心、行政的関心、市場的関心の4つのいずれの側面でも高まりはみられませんでした。おそらく、晩婚化によって若年シングルがミドル期まで拡大するようになった現象という程度の捉え方がなされていたのだろうと思います。ところが、2000年以降、2005年や2010年の国勢調査結果が使えるようになると、ミドル期シングルの動向に関する分析が進み、行政的関心や市場的関心が喚起されるようになりました。

3 ミドル期シングルに関するこれまでの研究と私たちの視点

これまでの研究

ミドル期シングルの問題にいち早く着目したのは、藤森（２０１０）です（以下では藤森の用語にしたがい、単身世帯、中年を用いるが、それぞれ私たちが用いるシングル、ミドル期と同義です）。タイトルが若干異なるものの改訂版ともいえる藤森（２０１７）も含めた特徴の１つは、単身世帯の増加の分析を詳細に行い、中年単身世帯の増加とその背景にある未婚化を指摘している点にあります。また、単身世帯予備群として親と同居する中年未婚者の存在にも注目しています。その上で、社会的対応について議論を展開しているのですが、４つの社会的関心という視点でみると、貧困や社会的孤立のリスクに対する行政的関心に重点が置かれています。たとえば、藤森（２０１７）は、２０１４年全国消費実態調査（現全国家計構造調査）等を用いて中年単身世帯の生活上のリスクを分析し、２人以上世帯と比較して、相対的貧困率や非正規雇用者の割合が高いことを指摘しています。

しかし、一方で平均年収や金融資産は逆に上回っていることにも言及しており、中年単身世帯が総体として顕著にリスクの高い集団であるとはいえないことが明らかにされているのです。このため、中年単身世帯への政策的対応に関する記述は、非正規雇用問題にほぼ限られたものになっています。藤森の功績は、中年単身世帯や親同居中年未婚者が高齢期になったときに、現在の死別高齢者が多くを占める高齢単身世帯に比べて、経済的困窮や社会的孤立という問題が深刻化するという未来のリスクに着目し、行政的関心の視野を広げた点にあるといえるでしょう。

山田（2014）は、藤森（2010）などから刺激を受けて執筆したという、「家族を中心として見たシングル論」を展開しています。山田が対象とする「シングル」は「パートナー（配偶者を含む）がいない」人々、つまり藤森が対象とした中年単身世帯と単身世帯予備群をあわせたものであり、私たちが対象とする「シングル＝ひとり暮らし」の人々よりも広いものになっています。山田の関心の重点は、単身世帯よりもむしろ中年にさしかかったパラサイト・シングル、すなわち親と同居する無配偶者にあり、同居によって生活が支えられている分、親亡き後のリスクがより大きいとみています。

問題解決に向けては、「個人でできること」と「社会でできること」を整理しており、当事者的関心と行政的関心からのアプローチが中心になっています。当事者的関心は、パートナーを見つけることやその代替的手段に限定されていて、当事者ニーズの一部にしか対応していないようにみえるのですが、その背景には「日本では家族のみが福祉資源になっている」という山田の認識があります。行政的関心もこの認識に立って展開されており、パートナーをつくりやすくする方向性と、それができない場合でも孤立を招かないようにする個人単位の社会保障の方向性が示されています。

以上の議論に対し、荒川（２０１７）は、当事者的関心と市場的関心からアプローチしています。荒川も山田と同様に、対象を「独身者＝配偶者のいない人々」と切り取るところから始め、データを駆使してその実態を描きだしているのですが、結果の解釈は大きく異なっています。荒川は「ソロ」を「結婚意思のない人たち」と定義し、独身者からさらに絞り込んでいるようにみえるのですが、全般的な記述からは、むしろ広げようとしているように読めます。つまり、「結婚意思がない＝ひとりで生きる意思がある」という内面のソロ性は、山田が「低収入のゆえにパートナーがいない」と考える人々にも存在するという見方です。そのように「ソロ性」を認識すると、荒川が最終章で繰り返し提示する「ソロで生きる力」は、有配偶者も含めてすべての人のなかにあるというところまで拡張可能となります。その力を引き出すことが個人のニーズの充足につながるような新たな生活サービスは、市場的関心にとって開拓意欲を刺激する新たなテーマになることを示唆しています。三浦（２０２２）にも通底する考え方です。

能勢・小倉（2020）による『未婚中年ひとりぼっち社会』は、タイトル通り、未婚・中年、そして男性の未婚化プロセスを、インテンシブなインタビューを通して明らかにし、「なぜ未婚が増えるのか」、「誰とどのように生きていけばよいのか」の2つの問いに答えようとする試みです。著者らが当事者でもあるという点も含めて、当事者的関心から真っ直ぐにアプローチした希有な著作といえるでしょう。最初に提示された問いの答えが明確に示されているかどうかはさておき、未婚者と既婚者（比較のために実施）へのインタビューの内容はとても興味深いものがあります。様々な規範、属性、状態変化がどのように内面化されて、未婚の継続や結婚に結びつくのかがリアルに伝わってきます。こうした当事者的関心の客観化は、市民的関心の喚起にもつながるものです。市民的関心が広がらなければ、行政的関心は実効性のある制度設計や政策展開には結びつきません。

私たちの視点

社会的関心の4つの側面を意識しつつ、ミドル期シングルに関する主要な著作をレビューしてきました。未婚者を中心とするミドル期シングルを研究するに当たって、私たちが最も重視したい点は、当事者的関心から掘り下げるということです。既往研究では、ミドル期シングルの当事者像は十分に解明できていません。明らかにされているのは、ミドル期シングルの総体は明確なリスク集団ではないが、パラサイト・シングルも含めて、高齢期に到達したときに経済的困窮や社会的孤立に陥るリスクが高い可能性があるという点です。しかし、1960年以降生まれの世代が牽引するミドル期シングルの急増という現象を前にして、その先頭集団が後期高齢期に到達する2030年代以降のリスクに焦点を当てるだけでは、当事者ニーズの把握は不十分です。当事者的関心からのアプローチを進め、そこから市民的関心、行政的関心、市場的関心を広げていきたいというのが、私たちのスタンスです。ミドル期シングルのひとりひとりが真の当事者となり、ニーズが明確になることによって、必要な社会的対応とは何かがわかってくると考えるからです。

当事者的関心からアプローチする際の重要な切り口として「親密圏」があります。親密圏とは、継続的な相互行為を通じて当人たちに関する個人的な情報を共有している人々が形成する圏域の総称をいいます[2]。近代における親密圏は家族とほぼイコールであると認識されてきました。つまり親密圏とは家庭内親密圏をさし、夫婦という性関係を基礎として、親子という血縁関係を紐帯とした生活集団です。しかしその後、近代家族の解体現象、家族の個人化現象が顕著になりました。晩婚化とその先にある非婚化、子育ての役割分担と社会的支援のあり方など、家族システムの動揺が生じています。

ミドル期シングルの増加は、近代以後の親密圏の変容を示す代表的な現象です。家庭内親密圏をもたないシングルは、親密圏の機能をどのように調達し、満たしているのでしょうか。そこにどのような課題があるのでしょうか。シングルで暮らす人々が今後も増加するとすれば、人々の衣食住、健康の維持、災害への備え、病気や死にどのように対処することになるのでしょうか。また、暮らしの充足感や満足感や幸福感は何によって得られるのでしょうか。同居家族を基盤として成り立ってきた人々の暮らしや心の拠り所はどのように変わっていくのでしょうか。ミドル期シングルはこの問題をどのように捉えどのように生きていこうとしているのでしょうか。

親密圏の変容を認識して家族の多様化への取り組みを進めてきた世界の先進工業国と比較すると、日本では今もなお、核家族を標準型とする家族意識が濃厚で、新たな親密圏の保護政策も未婚者のニーズに応える支援政策も展開していないのではないかという指摘もあります。私たちは、親密圏の変容の直中にいるミドル期シングルの実態を明らかにすることを通じて、家庭内親密圏から解放された新たな親密圏が、おぼろげながらも見えてくるのではないか、あるいはそうした親密圏の形成に向けた議論を進めるためのヒントを得られるのではないかと考えました。新たな親密圏はシングルにとって必要なだけではなく、家庭内親密圏に「閉じ込められている」人々にとっても求められているものであると思うのです。

4 各章の概要

第1章「ミドル期シングル増加への人口学的接近」では、国勢調査データを用いて全国と東京区部のシングルに関する分析を行います。単なる時系列分析ではなく、コーホートの視点、世代の視点から分析した点に特徴があります。2020年のミドル期シングルが未婚率の上昇を牽引した1956〜1985年生まれ（第2世代）に相当する点に着目し、その親世代に当たる1926〜1955年生まれ（第1世代）と比較するという視点をもって分析を進めます。全国と東京区部を比較しながら、男女、配偶関係という切り口で、どのようにシングル化が進行したのかを分析します。また、今後ミドル期シングルが、第3世代に移行する過程で、どのような変化が起こるかを考察します。

第2章「東京区部への移動とシングル化」では、なぜ東京区部において、ミドル期の単身化が卓越することになったのかを考えるために、総務省統計局の国勢調査や国立社会保障・人口問題研究所の人口移動調査等の統計データによって、ミドル期シングル化の実態をマクロ的に把握することを試みます。年齢別人口に占めるシングルの割合を主たる指標としながら、その出身地による違いを分析することで、人口移動とシングル化の関係に接近します。そして、東京区部をめぐる人口移動が東京区部および全国のシングル化の進行に与える影響を考察します。

第3章「ミドル期シングルにとって親密圏とは――強まる血縁関係・広がらない社会関係」では、シングルにとって、〝家族的関係〟とはどういうものなのかに焦点を当て、さらに、家族的関係に代わる親密な関係性とどのような関係にあるのかを探ります。もし、シングルの人々が、親やきょうだいなどの家族的関係に代わる親密な関係を豊富にもっているとすれば、非婚化は親密圏としての家族の比重を低下させているということもできるでしょう。しかし現実には、シングル化は親やきょうだいなどの家族的関係を強める面がある一方で、家族に代わる社会関係は豊かになっていないのではないかという問題意識をもって考察を進めます。

第4章「ミドル期シングルと地域コミュニティ」では、主にインタビュー調査をベースに、シングルの日常生活、家族や仕事以外での人とのかかわり方、将来への不安や展望について描きます。そしてその姿から、ミドル期シングルたちが地域とつながっていく可能性について考察を行います。シングルの多くは地域での社会関係を現状では必要としていない様子が浮かび上がります。しかしその一方で、何かあったときに助け合うような関係性を拒否したり、ひきこもっていたりするわけではないこともわかります。そこで、地域の中につくる弱いつながりに着目し、それが様々なレベルのセーフティネットに接続されるような形をとりうるのかを考察します。

第5章「大都市で『ひとり』で生きる――2019年東京区部単身世帯調査から」では、コロナ・パンデミック前の2019年に実施した「単身世帯の生活と意識について」の調査結果から、ミドル期シングルの「ひとり」での生活の現状を把握した上で、ミドル期シングルの将来について考察します。人間は本質的に「ひとり」でいる存在であり、たとえ家族がいても、「状態としてのひとり」に置かれることがあります。特に都市ではそれを経験する機会が多いという視点からみれば、ひとり暮らし＝シングルは、中長期的な「状態としてのひとり」であると考えられます。本章では、この「状態としてのひとり」に着目し、まず、ひとり暮らしになった経緯と現在の就業状態から、ミドル期のシングルの多様性をみた上で、サポートネットワーク、休日の過ごし方、高齢期のひとり暮らし希望の3点から、ミドル期のシングルの多様性と共通する特徴についてみていきます。これらを踏まえ、将来のシングル化する社会に向けての、対応のあり方について考察します。

終章「東京ミドル期シングルの何がわかったか」では、5つの章で明らかにされた知見をもとに、「新たな親密圏」の可能性を議論しました。

注

1 https://www.city.shinjuku.lg.jp/kusei/jichi01_001021.html
2 那須耕介（2014）「サヴァイヴィング・ファミリィズ」『法律時報』86巻3号：76ページ

参考文献

荒川和久（２０１７）『超ソロ社会「独身大国・日本」の衝撃』ＰＨＰ新書
上野千鶴子（２００７）『おひとりさまの老後』法研
白波瀬佐和子（２００５）「高齢期をひとりで暮らすということ――これからの社会保障制度をさぐる」『季刊社会保障研究』第41巻2号、１１１-１２１ページ
中西正司・上野千鶴子（２００３）『当事者主権』岩波新書
能勢桂介・小倉敏彦（２０２０）『未婚中年ひとりぼっち社会』イースト新書
藤森克彦（２０１０）『単身急増社会の衝撃』日本経済新聞出版社
――（２０１７）『単身急増社会の希望――支え合う社会を構築するために』日本経済新聞出版社
三浦展（２０２２）『永続孤独社会――分断か、つながりか？』朝日新書
山田昌弘（２０１４）『「家族」難民――生涯未婚率25％社会の衝撃』朝日新聞出版

第1章

ミドル期シングル増加への人口学的接近

大江 守之

サマリ

35～64歳のミドル期は、1990年には1926～55年生まれの第1世代が、2020年には1956～85年生まれの第2世代が、それぞれ対応しています。この間のミドル期シングルの増加は、きょうだい数、生育環境、結婚行動などが異なる2つの世代が入れ替わる過程で生じました。全国でみると、この2つの世代は規模がほぼ同じで、シングルの増加に人口規模の影響はありません。第2世代は未婚率の上昇が進む一方で、未婚者からのシングルの発生はパラサイト化によって拡大が抑制され、未婚率の上昇がシングル率上昇の要因のほとんどを占めました。2020年から2050年は第3世代への移行が進みますが、第3世代の規模は第2世代よりも小さく、未婚化は頭打ちとなることで、これまでと同じメカニズムがはたらけば、ミドル期のシングル化は収束・反転に向かうと考えられます。しかし、ミドル期を目前にした第3世代において、未婚者からのシングルの発生が拡大に転じるという大きな変化が生じつつあり、増加が続く可能性があります。東京区部にも基本的に同じメカニズムがはたらいていますが、第1世代から第2世代への入れ替わりの過程で人口規模が拡大し、未婚化の進展も速かったために、ミドル期シングルは大きな増加をみました。第3世代への移行に際しても、少なくとも2035年までは人口が増加し、未婚化は頭打ちとなる可能性はあるものの、未婚者からのシングルの発生はこれまでにない形で拡大しつつあり、ミドル期シングルの増加は着実に続くと考えられます。

1　人口学的接近とシングルの定義

人口学的接近

シングルを扱った主要な著作では、いずれも国勢調査などのデータを用いた動向分析が行われています。本書でもミドル期シングルの動向に関するデータを分析し、それがどのような現象であるのかを明らかにしていきます。

ここでは「人口学的接近」とタイトルを付けましたが、その分析の特徴をあげると、第1は、コーホート分析を中心にしている点です。コーホートとは、同じ期間に発生した人口集団のことをいいますが、ほとんどの場合、同じ期間に出生した集団という意味で使われます。同じ期間とは、通常は1年間ですが、ここでは国勢調査をもとに5年ごとの5歳階級別人口でコーホートを追跡するため、同じ5年間に生まれた「5年コーホート」を使います。また、大きなコーホートである「世代」の視点も加味します。

第2は、男女・年齢・配偶関係とシングルの発生の関係に着目して、ミドル期シングル増加のメカニズムを描くことです。配偶関係には、未婚、有配偶、死別、離別の4つの状態があります。未婚からはシングルが発生しやすく、有配偶からは発生しにくいことは容易に想像がつくように、人口規模、未婚率、未婚シングル率（未婚者に占めるシングルの割合）が合わさって、シングル増加の大きさに影響します。男女の違いにも着目しながら、メカニズムを明らかにします。

第3は、コーホート分析を踏まえて、ミドル期シングルの将来の動向を規定する要素の変化を考察し、見通しを提示することです。

以上は全国を対象として行い、最後に全国と比較しつつ、東京区部のミドル期シングルの特徴を整理します。このような順序をとるのは、東京区部のシングルの発生構造が全国と基本的に同じであるからです。

シングルの定量的把握の方法

本論に入る前に、「シングル」をどう捉えるかについて、定量的把握の方法について述べておきます。われわれが対象とする「シングル」は「ひとり暮らし」の人々です。その正確な数は国勢調査における「世帯」に関する集計から得ることができます。

国勢調査における「世帯」は、大きく「一般世帯」と「施設等の世帯」に分けられます。「世帯」のほとんどを占める「一般世帯」の定義は、以下のようになっています（総務省統計局の表記のまま）。

①住居と生計を共にしている人の集まり又は一戸を構えて住んでいる単身者。ただし、これらの世帯と住居を共にする単身の住み込み雇人については人数に関係なく雇主の世帯に含めている。

②上記の世帯と住居を共にし、別に生計を維持している間借りの単身者又は下宿屋などに下宿している単身者。

③会社・団体・商店・官公庁などの寄宿舎、独身寮などに居住している単身者。

この②と③は、住居の独立性は十分でなくとも、生計の独立性から一般世帯に含むものとしたということです。以下で述べるように、彼らも「ひとり暮らし」に分類されることになります。ちなみに、もう1つの「施設等の世帯」は、寄宿舎の学生・生徒、病院の入院者、社会施設の入所者などで、棟ごとや建物ごとを世帯の単位として集計しています。寄宿舎の学生・生徒は生計の独立性がないため、③とは異なる扱いになっているわけです。

われわれが対象とするシングルは「ひとり暮らし」の人々ですから、「施設等の世帯」は除かれ、「一般世帯」が対象になります。「一般世帯」の集計には「家族類型別」というものがあり、「夫婦のみの世帯」や「夫婦と子どもから成る世帯」などの区分で集計されています。ここではその中の「単独世帯」という区分の集計を用います。単独世帯には②と③の単身者も含まれます。

「一般世帯」と「施設等の世帯」という区分は1985年の国勢調査から採用されたもので、1980年以前は、「普通世帯」と「準世帯」の2つに大きく区分されていました。②と③の単身者は「準世帯」に含まれていましたが、「その生活形態が民間アパート等に居住する単身者の生活形態に近くなってきたことなどから」(総務省統計局、平成27年国勢調査最終報告書『日本の人口・世帯』)、この2つの区分が「準世帯」から切り離され、「普通世帯」に加えられることで「一般世帯」という新たなカテゴリーが作られました。そして、「準世帯」の残りが「施設等の世帯」になりました。

図1-1　一般世帯と普通世帯の単身者の比率が示す真のひとり暮らし化

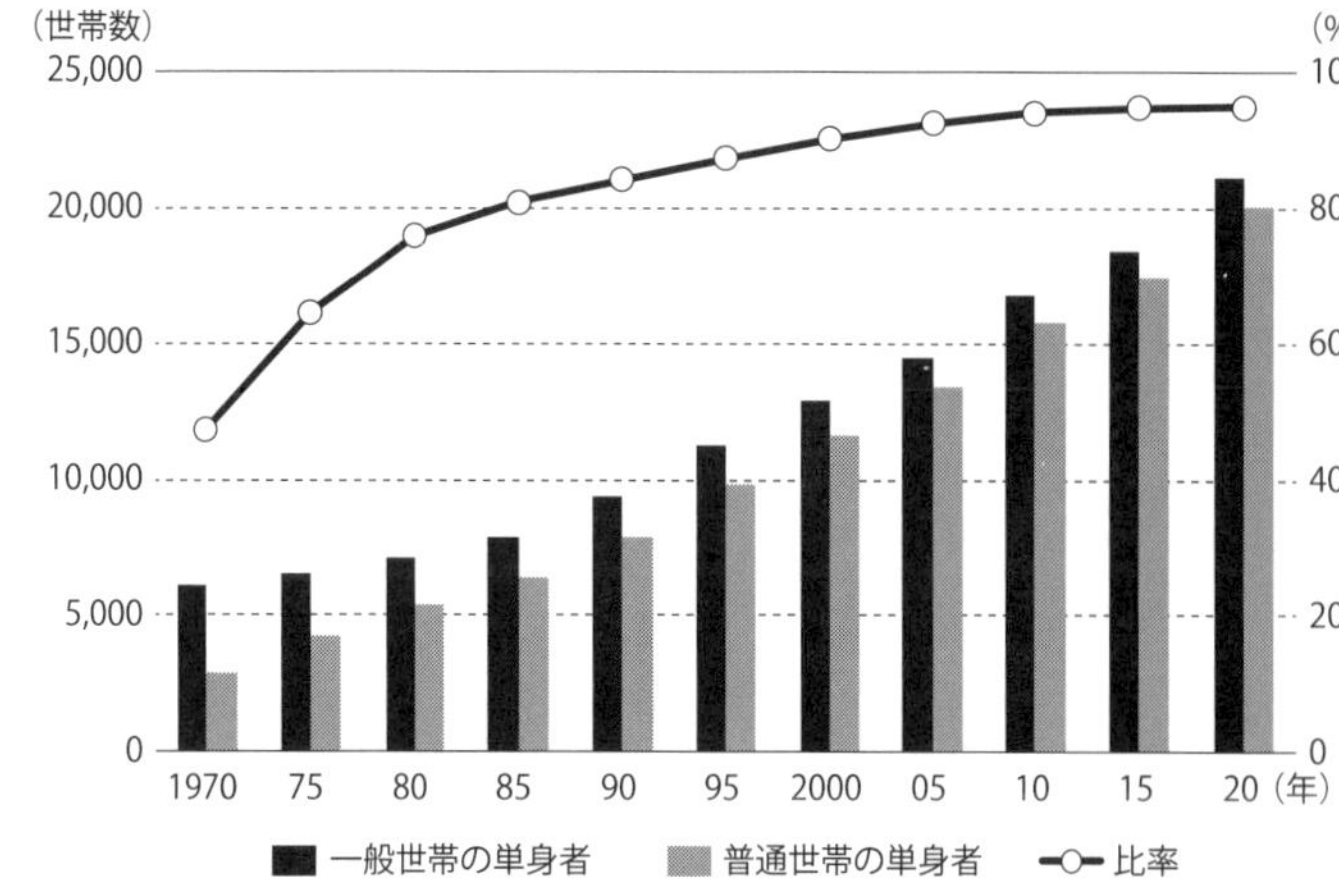

（出所）国勢調査より筆者作成

世帯の集計区分に関してやや詳しく述べたのは、この区分変更が「シングル」の住まい方、暮らし方の変化と関係しているからです。われわれが関心を向け、研究の対象としている今日的な「シングル」は、１９７０年代を通して明確になってきた存在だということが、国勢調査の世帯のカテゴリー変更から読み取れるのです。１９７０年代より前は、家族を離れた未婚の若者たちは、集住的な暮らし方の選択を強いられる状況が広く存在していたのです。

このことを示すグラフを１つ掲げておきます（図１―１）。国勢調査の集計では、１９８５年より前の一般世帯数、１９８５年より後の普通世帯数を公表しており、１９８５年の大きな変更の前後の時系列比較が可能なようにしています。このグラフにおける一般世帯の単身者と普通世帯の単身者の差が、集住的な暮らし方をしていた単身者に当たります。この差は一貫して小さくなり、集住的な暮らし方が解消されてきたことが読み取れます。現在の一般世帯の単独世帯は、その95％が、真に「ひとり暮らし」の生活実態を持っているといえます。

以下では国勢調査を使った分析を進めますが、「単独世帯」という用語はやや固いので、「シングル」と記述することにします。

2 シングル化を分析する基礎となる「世代」

まず、以下の4つの人口ピラミッドをみてください（図1–2）。一般のピラミッドと異なり、世代で塗り分けてあります。「世代」には様々な定義の仕方がありますが、「同じ期間に生まれた人々」であることは共通しています。つまり「コーホート」です。一世代とはどれくらいの長さの期間に生まれた集団を指すかですが、親と子が異なる世代であるという見方に立つと、親子の平均的な年齢差である30年が1つの目安になります。世代を30年コーホートとする立場です。「世代」や「コーホート」という捉え方には、時間の経過とともに年齢が上昇し、異なるライフステージを経験していくという見方が含まれており、この点が重要です。

図1-2　人口ピラミッドでみる世代交代（全国）

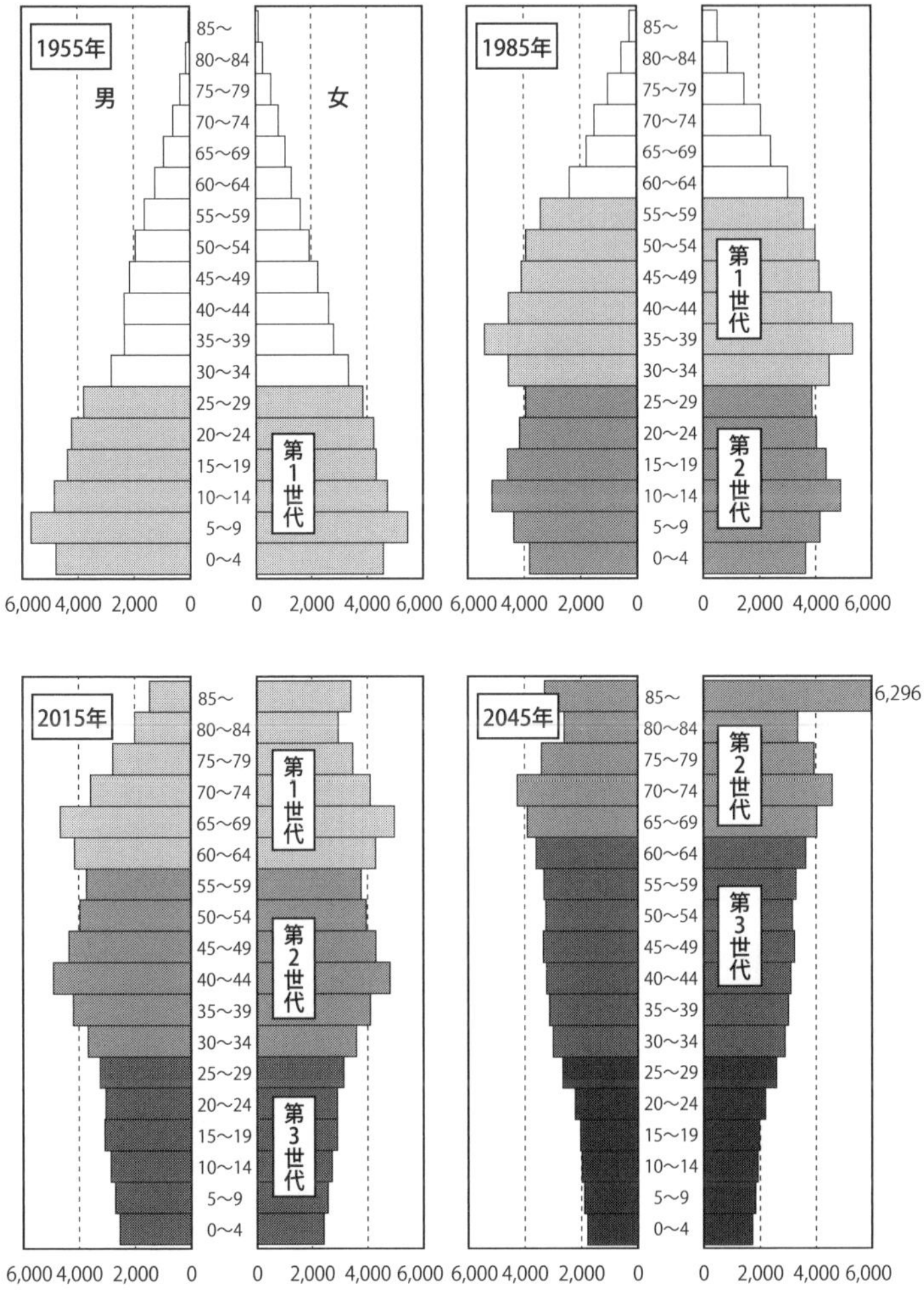

（注）単位：1000人
（出所）国勢調査、社人研推計（2023）より筆者作成

わが国では、ほぼ30年ごとに家族属性が変化するという現象が起きており、その意味でも30年間に生まれた人々を1つの世代と認識することが一層有効になります。具体的には、以下のような世代区分です。

①1926～1955年生まれ（国勢調査データでは1925年10月～1955年9月）

②1956～1985年生まれ（同1955年10月～1985年9月）

③1986～2015年生まれ（同1985年10月～2015年9月）

それぞれを、「第1世代」「第2世代」「第3世代」と呼ぶことにしましょう。

1955年のピラミッドをみると、第1世代の人口は、先行する世代（1896～1925年生まれ：第0世代）の人口よりも大きく、1・98倍になっています。夫婦と子ども4人という家族構成が平均的であったことがわかります。つまり、第1世代は「きょうだい」数が多く、前の世代よりも人口が圧倒的に大きい世代として特徴づけられます。

第1世代は大量に大都市圏へ移動したという特徴も持っていますが、これはやや大雑把にいえば、平均4人きょうだいのうち2人が地元に残り、それ以外が地元を離れるという行動が背景にあります。その行き先が労働力需要の旺盛であった大都市圏であり、彼らはそこで結婚して子どもも2人を持ち、郊外に住んで、夫は都心へ通勤、妻は専業主婦という小規模核家族を作りました。地方圏でも生活様式の都市化や子ども2人規範の浸透は同様に進みました。1985年のピラミッドで、第2世代は第1世代の0・98倍とほぼ同規模になっていることに、小規模核家族化への転換が示されています。

これを第2世代の側からみると、この世代は、両親と「きょうだい」数2人という家族で育ち、また、大都市圏郊外で生まれ育った最初の世代なのです。2015年になると、第1世代は高齢期に入り、第2世代が30〜59歳に移行します。2015年の第2世代4945万人のうち、有配偶者は68・4％（同年齢の第1世代は85・9％）に過ぎず、未婚者が24・1％（同8・3％）、離死別者が7・5％（同5・8％）と大きく変化しました。第2世代は未婚化を進めた最初の世代でもあるのです。後述するように、この未婚化の進展は、未婚シングルの増加に結びつきました。

60歳以上に目を向けると、人口は第0世代から第1世代に入れ替わることによって、1787万人から4192万人へと2・3倍に増大しています。高齢期において夫と死別した妻が、経済成長の中で形成した資産や整備された年金制度を背景に、子ども世帯と同居するという行動をとらなくなり、死別シングルの増加に結びつきました。

第3世代の規模は第2世代の0・69倍に縮小しました。シングルの発生に関連する20代の人口は1602万人から1238万人へと0・77倍になりましたが、これも後述するように、未婚シングル率の上昇によってシングルの減少には結びつかない傾向が出始めています。参考までに、国立社会保障・人口問題研究所（以下、社人研）の人口推計にもとづいて2045年のピラミッ

図1−3　3つの世代が通過する年次とライフステージ（レキシス図）

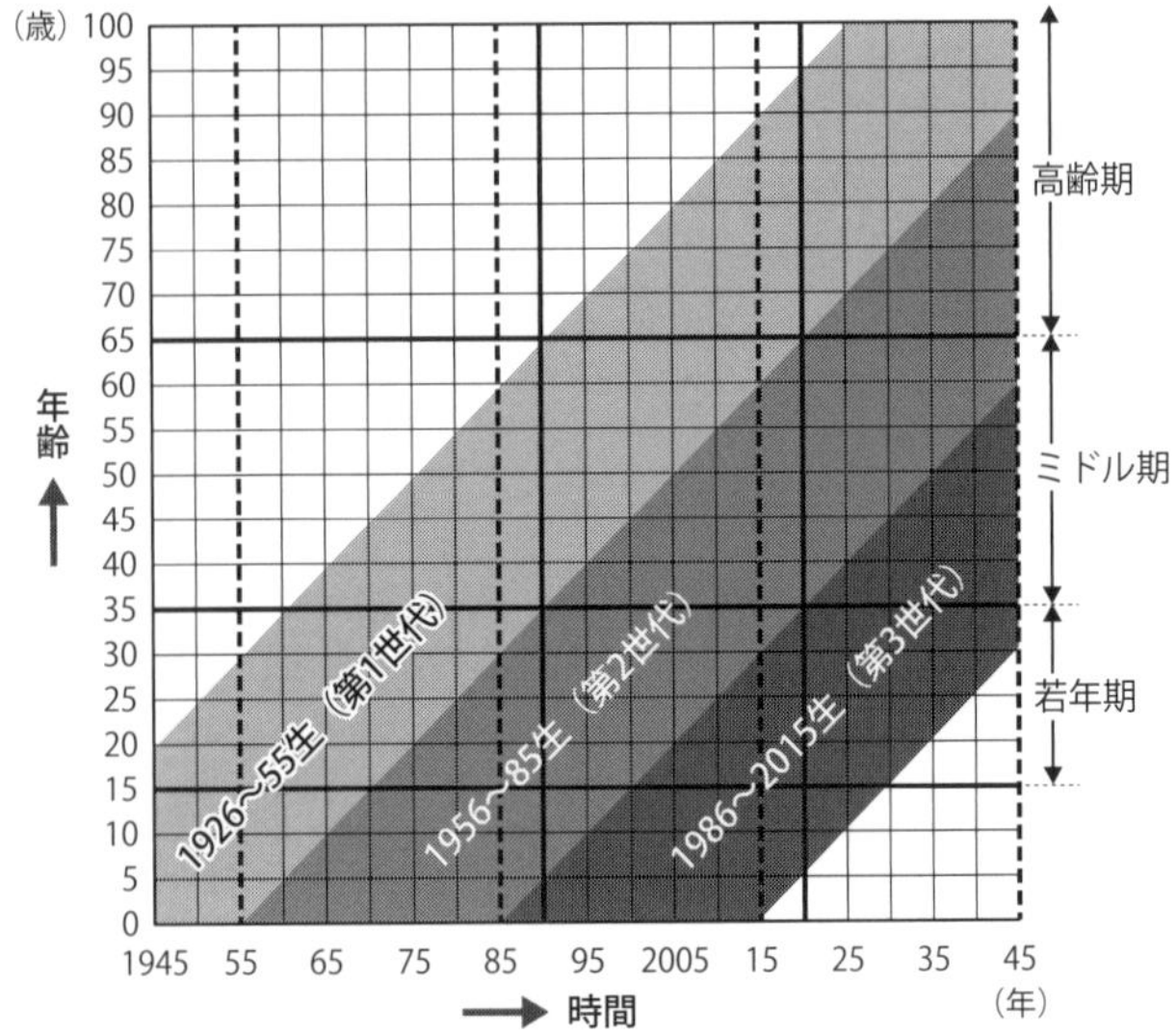

（出所）筆者作成

ドも作成しました。第3世代でも未婚化の傾向は変わらず、その結果として次の世代（第4世代）はさらに0・71倍に縮小すると見通されています。各世代が何年にどの年齢階層に達するかは、レキシス図にすると明確にできます（図1−3）。破線で示したのが、人口ピラミッドを描いた年です。われわれが研究対象としているミドル期シングルは35〜64歳のシングルであり、1990年には第1世代が、2020年には第2世代がちょうどそこに重なります。1990年と2020年を比較することは、皆婚状態に近かった第1世代と、未婚化がシングル化に結びついた第2世代を比較することになるのです。

3 男女・年齢・配偶関係とシングルの発生

男女・年齢・配偶関係とシングル化との関係

以下で述べるように、1980年以降2020年にいたるまで、シングルは一貫して増加してきました。この増加がどのようなメカニズムで起きたのかを理解するためには、シングルを性・年齢・配偶関係という人口学的属性から分析することが必要です。シングルの発生と3つの人口学的属性の関係を最初に概観しておきます。

説明は順序を変えて「配偶関係」から始めます。配偶関係とは結婚をめぐる状態のことで、未婚、有配偶、死別、離別という4つに分類されます。成人した未婚者が大学進学や就職によってひとり暮らしを始めることでシングルが発生することは容易に想像できます。有配偶、つまり結婚している状態ではひとり暮らしにはなりにくいものの、単身赴任などによってひとり暮らしが生じることはあります。死別は高齢期に発生する確率が高く、それまで夫婦2人で暮らしていれば、配偶者の死亡によってシングルになることは容易に起こります。離別は前三者に比べて単身化のプロセスがやや複雑です。子どもの有無、子どもの帰属、その後の子どもの独立など、男女、年齢、ライフステージによってシングルになる確率は異なりますが、おおむね未婚に近いパターンを示すことがわかっています。

次に、男と女という性別です。平均寿命は男が女より短く、かつての結婚年齢は男が女より上という上位婚が一般的でした。このため、配偶者の死亡によってシングルになる確率は女のほうが高いことが容易に予想されます。実際に、2020年の65歳以上の死別シングルの数は、男85万人に対し女331万人と、女が男の4倍近くになっています。

最後に年齢です。配偶関係にも年齢は密接に関係しています。今、年齢によって配偶関係が常に同じ状態である社会を仮定してみましょう。つまり、いかなる世代も、結婚、出産、子どもの独立、配偶者の死亡、離婚などが同じタイミングで起こり、例えば1980年と2020年の年齢別配偶関係割合が完全に一致するという社会です。また、この社会ではそれぞれの配偶関係からシングルが発生する割合も変化しないと仮定します。このような社会でも、毎年の出生数が変化し、世代ごとの人口規模が異なれば、シングルの数は変化します。例えば、規模の大きい1971〜75年生まれの団塊ジュニアが20代になる1990年代は、仮に未婚率が不変でも未婚者は増加し、未婚からのシングル発生率が不変でも未婚シングルは増加することになります。人口ピラミッドが姿を変えていくだけで、シングルの発生数は変化していくのです。

現実には、男女それぞれで、配偶関係の割合も、各配偶関係からの未婚者の発生割合も、年齢構造もすべて変化しています。それらの変化がどのように影響しあいながら、シングルの増加につながっているかを以下では分析していきます。

シングルの増加と男女・配偶関係属性の変化

全国のシングルの総数は、1980年の711万人から2000年の1291万人をへて2020年には2115万人にまで増加しました。40年間で2・98倍になったということです。この間、一般世帯数の増加は1・55倍であったので、シングルの増加スピードがいかに大きかったかがよくわかります。

シングルの増加を男女・配偶関係別にみると、男女と4つの配偶関係による8分類のいずれにおいても一貫して増加しています。8分類の中で最も大きな割合を占めるのは未婚・男で、1980年に44・8%を占めていました。時間の経過とともにその割合は低下し、2020年には34・6%になりましたが、最大の割合を占めていることには変わりはありません。次に大きいのが未婚・女で、1980年の22・9%から2020年の22・0%へとほとんど変化がなく、未婚・男と比較すると相対的に大きな増加になっているといえます。3番目に大きいのが死別・女で、1980年の15・2%から2020年の16・8%へと上昇しました。これら以外の5分類はいずれも10%未満ですが、増加のスピードが大きいのが離別・男です。1980年の23万人、

図1-4　男女・配偶関係別シングルの推移（全国）

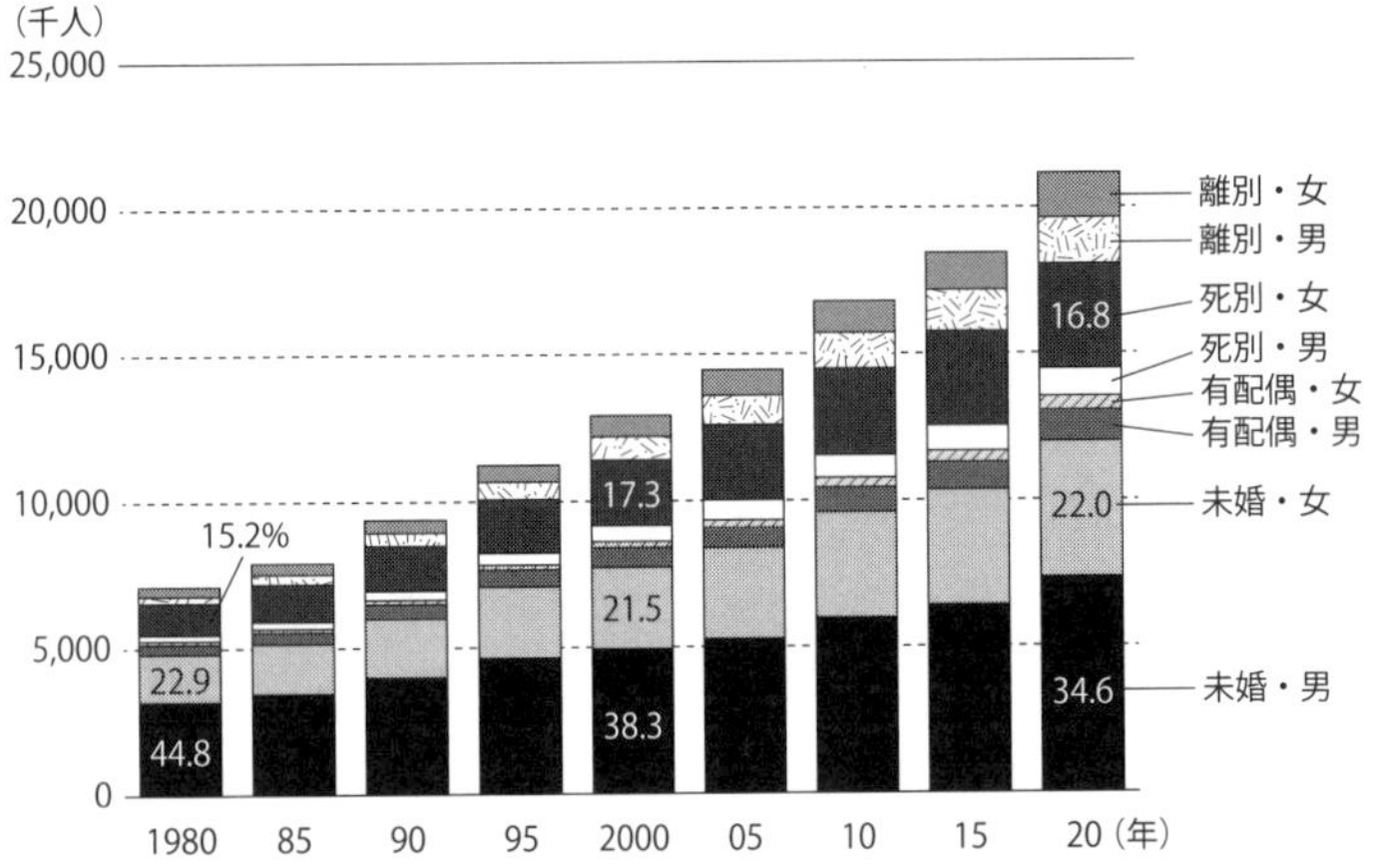

（出所）国勢調査より筆者作成

3・3％から、2020年の160万人、7・6％へと増加しており、規模は6・9倍にもなりました。離別・女も32万人から153万人へ4・8倍に拡大しており、男女ともに離別シングルの増加は意識しておく必要があります（図1―4）。

ミドル期シングルの動向

次に、男女・配偶関係8分類に年齢階層3分類を加えて、全国における2020年の現状と1990年からの変化についてみていきます（図1―5）。すでに述べたように、1990年は第1世代が、2020年は第2世代が、それぞれ35〜64歳のミドル期に重なっており、30年でちょうどミドル期にいる世代が入れ替わったことになります。この2時点を比較することに

図1-5　男女・配偶関係・年齢階層別にみたシングルの現状と
世代交代による変化（全国）

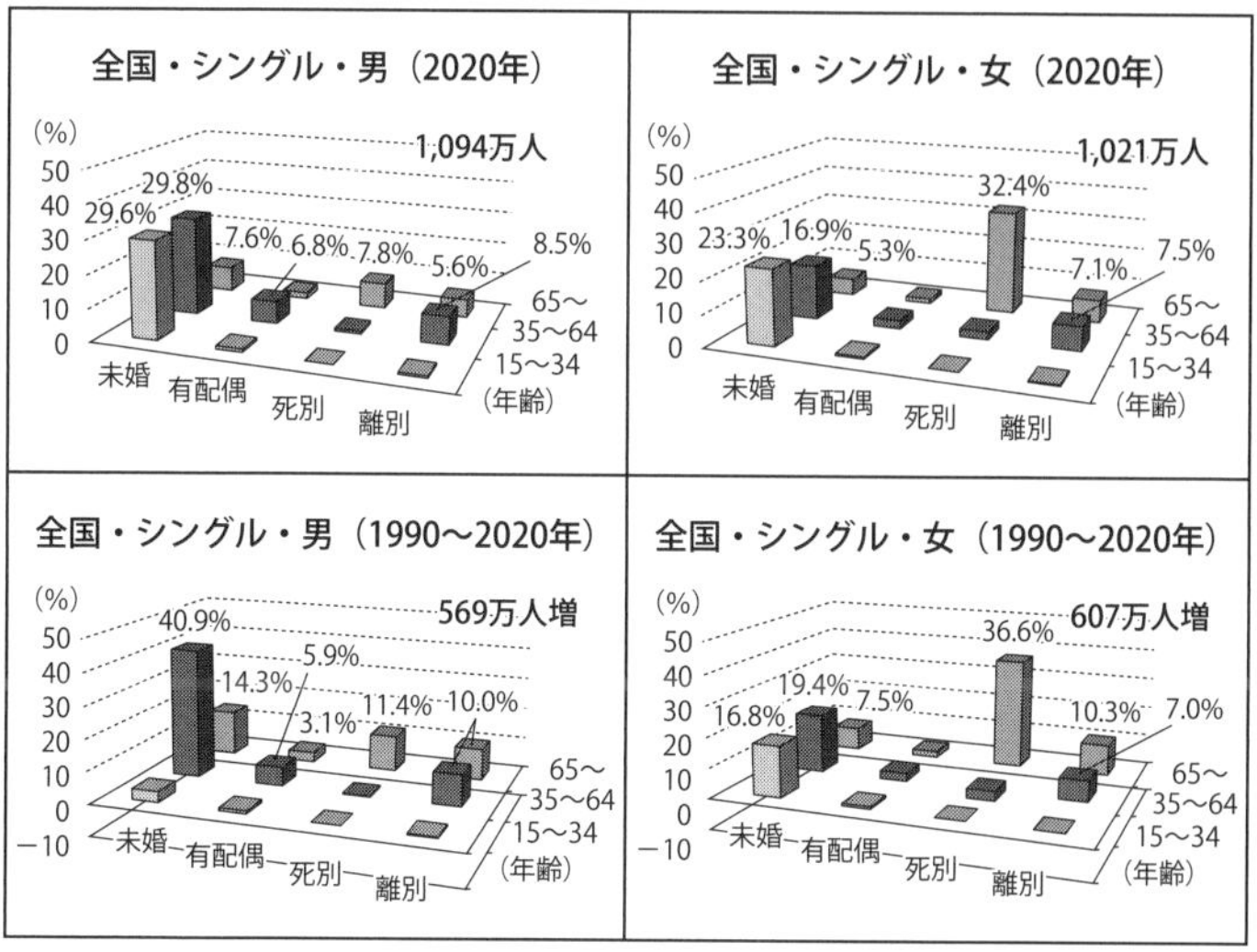

（出所）国勢調査より筆者作成

よって、第1世代と第2世代という人口学的特性の異なる世代のシングル化を比較します。

2020年におけるシングルは、男1094万人、女1021万人とほぼ同規模です。男1094万人のうち、最も多いのは未婚・ミドル期29・8％、次いで未婚・若年期の29・6％で、ほぼ同割合となっています。これらに続くのは、離別・ミドル期8・5％、死別・高齢期7・8％、未婚・高齢期7・6％です。一方、女1021万人のうち、最も多いのは死別・高齢期32・4％で飛び抜けており、次いで未婚・若年期23・3％、未婚・ミドル期16・9％、離別・ミドル期7・5％、離別・高齢期7・1％となっています。

1990年から2020年の変化をみると、男569万人、2・1倍の増加、女607万人、2・5倍の増加となっています。増加分の内訳は、男では未婚・ミドル期がダントツで大きく、40・9％を占めます。その他で寄与が大きかったのは、未婚・高齢期14・3％、死別・高齢期11・4％、離別・ミドル期10・0％、離別・高齢期10・0％でした。一方、女の増加分の内訳は、死別・高齢期が36・6％とダントツで大きく、以下、未婚・ミドル期19・4％、未婚・若年期16・8％、離別・高齢期10・3％と続きます。未婚・ミドル期シングルは、年齢・配偶関係12類型の中で、男では現状1位、増加寄与1位であり、女では現状3位、増加寄与2位となっています。シングル増加の一番の牽引役になっているといってよいでしょう。

4 ミドル期のシングル化と未婚化

ミドル期シングル増加の要因分析

ここでは、1990年から2020年の未婚のミドル期シングルの増加に焦点を当てて、その要因を分析します。第1世代と第2世代が入れ替わる過程で、どのようなメカニズムで未婚・ミドル期シングルが増加したのかを明らかにします。

すでに述べたように、シングルの増加は、人口の増加と、その人口から発生するシングルの割合（シングル率）の積として表すことができます。第1世代と第2世代の人口はほぼ同規模なので、この間のミドル期シングルの増加は、ほぼすべてがシングル率の上昇によってもたらされたといえます。具体的には、男が7・1％から19・7％へ12・6ポイントの上昇、女が5・5％から11・8％へ6・3ポイントの上昇でした。この上昇は4つの配偶関係における上昇（もしくは低下：以下同様）の合計なのですが、未婚での上昇が男9・5ポイント（12・6ポイントの76％）、女4・9ポイント（6・3ポイントの78％）と、未婚化の進展がシングル率の上昇に大きく寄与したことが確認できます。

しかし、要因分析はここで終わりではありません。人口に占める未婚シングルの増加（上記の上昇ポイント）は、未婚率の上昇と、未婚者からシングルが発生する「未婚シングル率」の上昇が合わさったものです。結論から先にいうと、未婚率の上昇が要因のほとんどを占めていました。要因分解法という方法を用いて分析すると、男では未婚率の上昇が91・4％の寄与、未婚シングル率の上昇が8・6％の寄与となっており、女では前者が100・7％、後者がマイナス0・7％でした。1990年から2020年にかけての世代交代に伴う未婚・ミドル期シングルの増加は、未婚化の進展によって引き起こされたといえます。

自明のことを繰り返しているように思われるかもしれませんが、第3世代では、この30年間とは異なるメカニズムが動き出していることも含めて、以下では、シングル率、未婚率、未婚シングル率について、コーホートの変化を詳しくみていきます。

シングル率のコーホート変化

男女・年齢別に5歳階級別人口に占めるシングルの割合を計算したのが以下の図1−6です。[1]
まず凡例をみてください。3つのコーホートごとにマーカーの色を変えています。古い6つのコーホートが1926〜55年生まれの第1世代、次の6つが1956〜85年生まれの第2世代、最後の3つのコーホートが第3世代の前半にあたる1985〜2000年生まれです。このグラフをみるときに、自分がどのコーホートに属するか、親はどうかということをイメージすると理解しやすくなると思います。
男女とも新しいコーホートほどシングル率が高いというきれいな規則性があることがわかります。男は、第1世代から上方へのシフトが始まっており、新しいコーホートほどシングル化する傾向が明らかです。40代あたりをみると、第2世代前半の1956〜70年生まれでシフトする幅が大きくなっています。第2世代後半になるとシフト幅は小さくなり、シングル化が減速する

図1-6　男女別・コーホート別シングル率（単独世帯主率）の推移

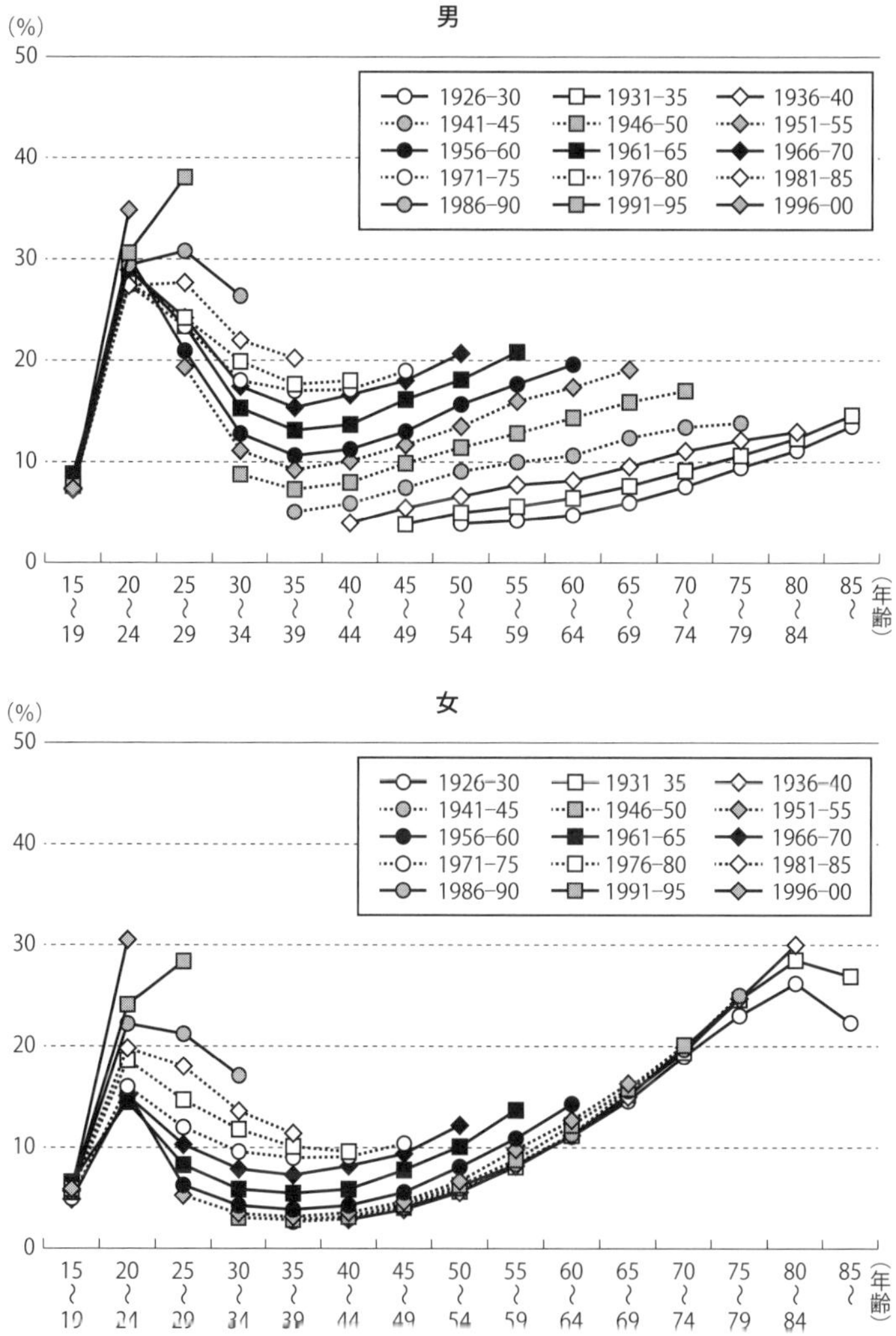

（出所）国勢調査より筆者作成

様子がみてとれます。しかし、第3世代になると、それ以前のコーホートとは異なる動きが現れます。2020年以降、順次ミドル期に入る第3世代が、20代後半や30代前半で大きなシングル率の上昇が起きている点です。例えば、1991〜95コーホートは25〜29歳に到達する際に大きく上昇しており、1981〜85コーホートと比較すると、人口は1・9％減少しているにもかかわらず、シングル数は21・2％も多くなっています。シングル率の上昇が効いているからです。この点については、さらに「未婚シングル率」の項で言及します。第2世代の先頭は5年後から高齢期に入った姿が明らかになります。おそらく高齢期のシングル率はグラフに示された規則性に沿って推移し、第2世代と第1世代の規模が同程度であることから、高齢期シングルの増加に確実に結びつくと考えられます。

女は、第1世代ではどのコーホートもシングル率に違いがない形で推移し、第2世代から上方へのシフトが始まります。男と同様に第2世代前半で上方へのシフト幅が大きく、後半になると減速します。第3世代の動向も男と同様です。総じて、女は第2世代以降、シングル率の水準は相対的に低いものの、男と同様の行動をとるようになってきたことが読み取れます。また、第2世代が高齢期に入ると、男同様に高齢期シングルをさらに増加させることにつながると思われます。

未婚率のコーホート変化

すでに述べたように、１９９０年から２０２０年のシングルの増加はシングル率の上昇によっており、また、シングル率の上昇の80％近くは未婚シングルよるものでした。このことから、未婚率の推移はシングル率の推移と強い関係にあることが予想されます（図1－7）。

シングル率と同様に、男女とも新しいコーホートほど未婚率が高いというきれいな規則性があります。男は、第1世代から上方へのシフトが始まっており、40代あたりをみると、第2世代前半の１９５６～70年生まれでシフトする幅が大きくなっています。第2世代後半になるとシフト幅は小さくなり、未婚化の進展は収束する傾向をみせています。第3世代も同様です。シングル率では第3世代で大きく上昇する動きがありましたが、これは未婚率と連動しておらず、別の要因がはたらいていることがわかります。

女も、シングル率の動きと同様で、第2世代から上方へのシフトが始まります。第2世代前半で上方へのシフト幅が大きく、後半になると減速します。第3世代の動向も男と同様です。ただし、未婚化のレベルは男女で異なり、35～39歳でみると、上方へのシフトが収束する１９７１～７５コーホートの未婚率は、男37・０％、女24・０％となっています。

図1-7　男女別・コーホート別未婚率の推移

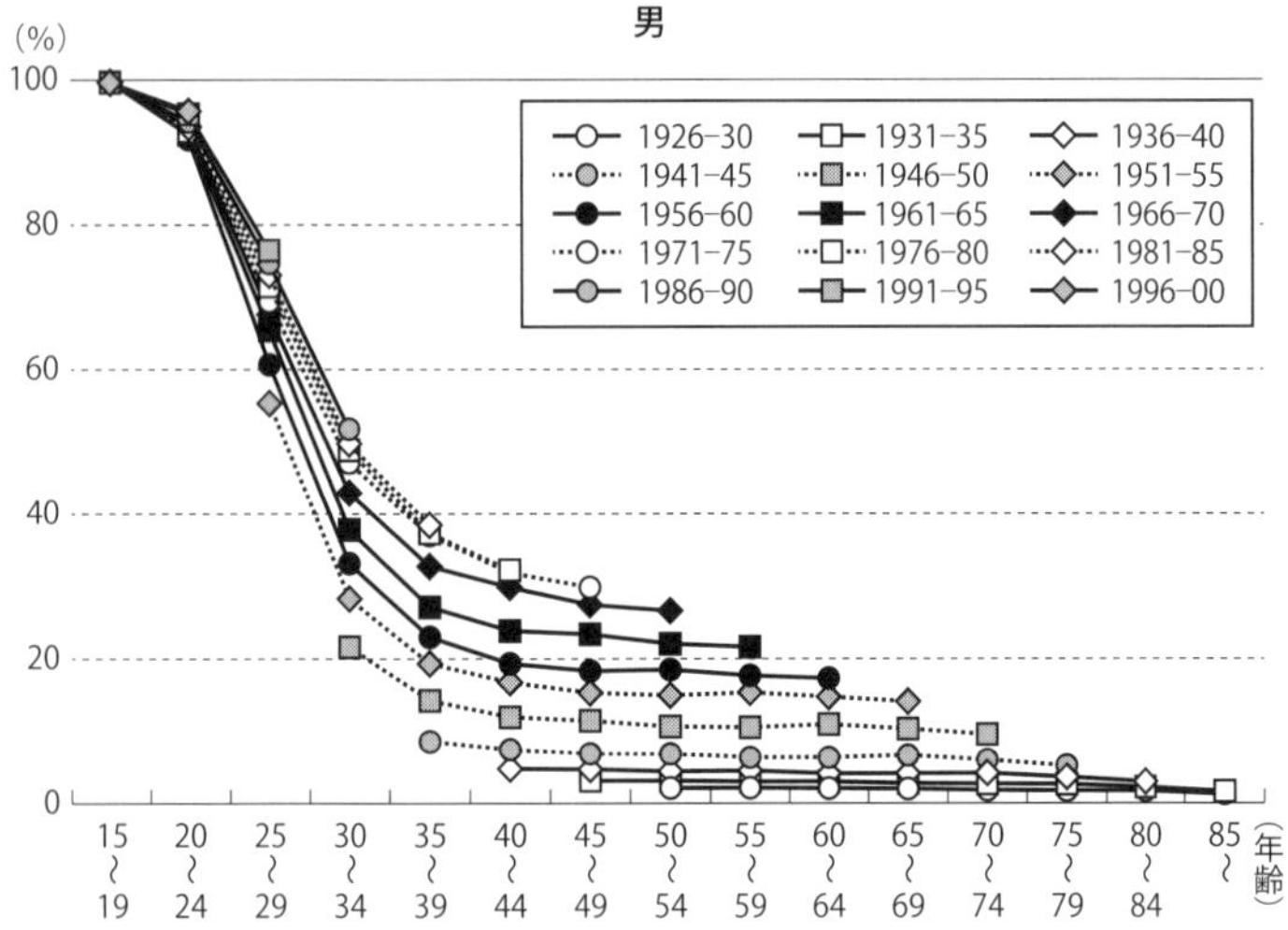

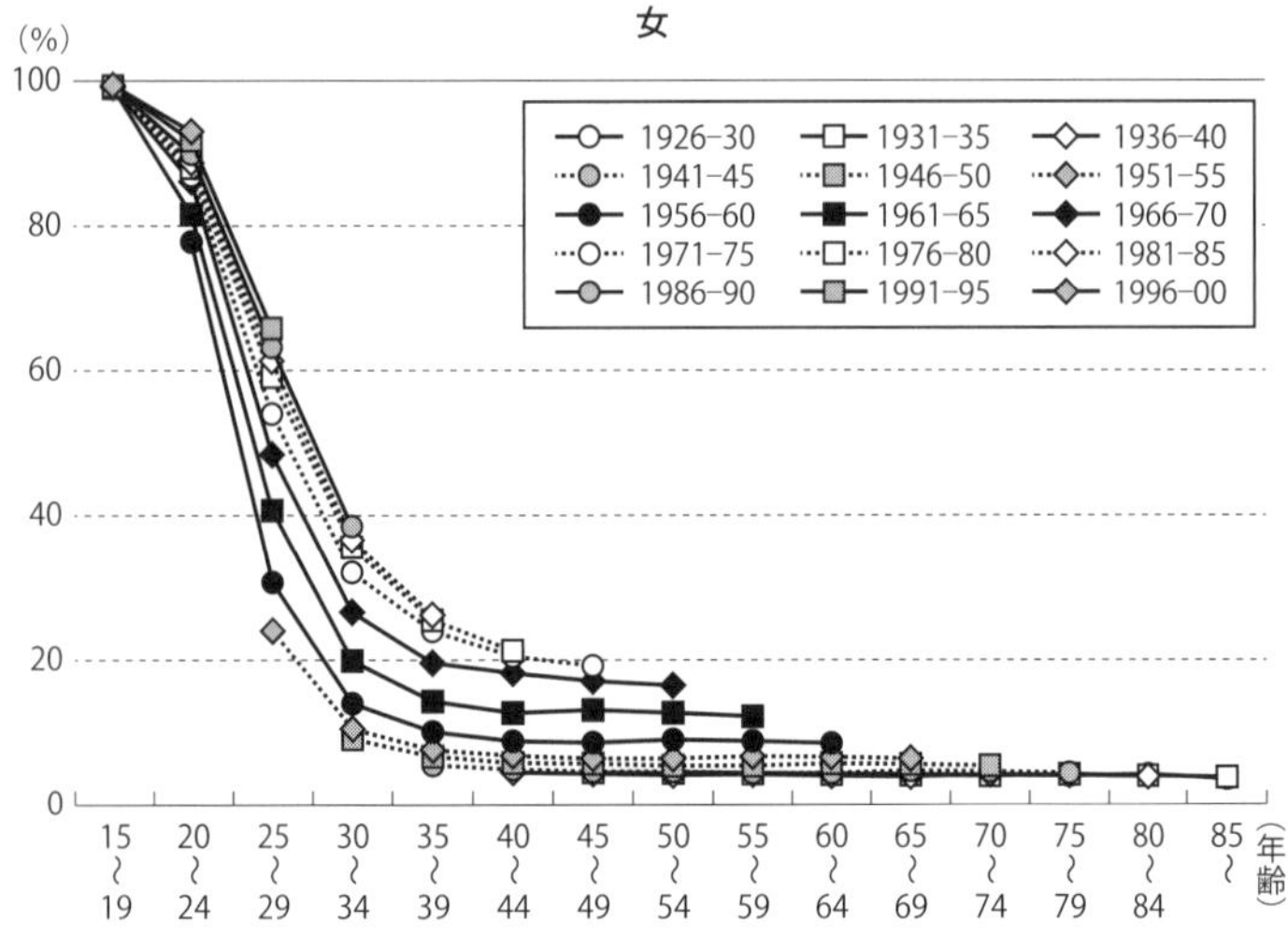

(出所) 国勢調査より筆者作成

未婚シングル率のコーホート変化

未婚者に占めるシングルの割合が未婚シングル率です。このグラフはとても興味深い動きを示しています。男女で共通しているところが多いので、より傾向が明瞭な男のグラフで説明します（図1－8）。

未婚シングル率は、1926～30コーホートから1941～45コーホートまで上方にシフトし、未婚者がシングルになる傾向を強めていました。しかし、そこから反転して下方にシフトするようになります。もう少し正確にいうと、1941～45コーホートのラインから、40代後半から50代前半を底とする弓形のような形で下方にシフトしていきます。45～49歳を例にとると、1941～45コーホートの50・0％から、1956～60コーホートの42・4％まで低下し、そこから再度反転して、1971～75コーホートの44・0％まで上昇します。1941～45コーホートを上回るのは、35～39歳時の1981～85コーホートが初めてです。

つまり、ミドル期においては、1946～50コーホートから1976～80コーホートまではすべて1941～45コーホートを下回っていた、いい換えれば、第2世代はミドル期において未婚シングル率が停滞していたということです。未婚者がシングルにならないのは、親と同居しているからに他なりません。ここで第2世代の特徴を思い出していただきたいのですが、「き

図1-8　男女別・コーホート別の未婚者シングル率の推移

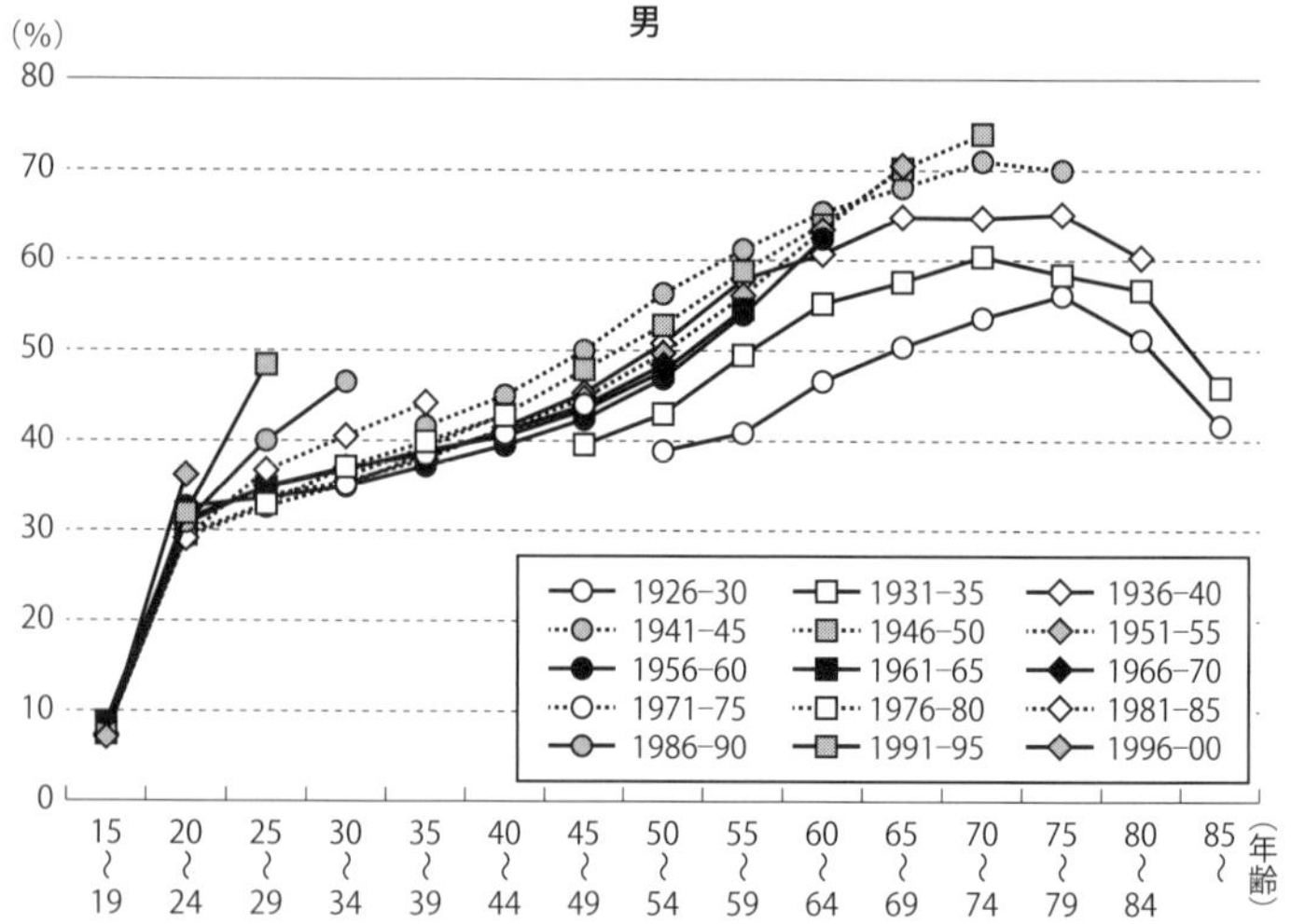

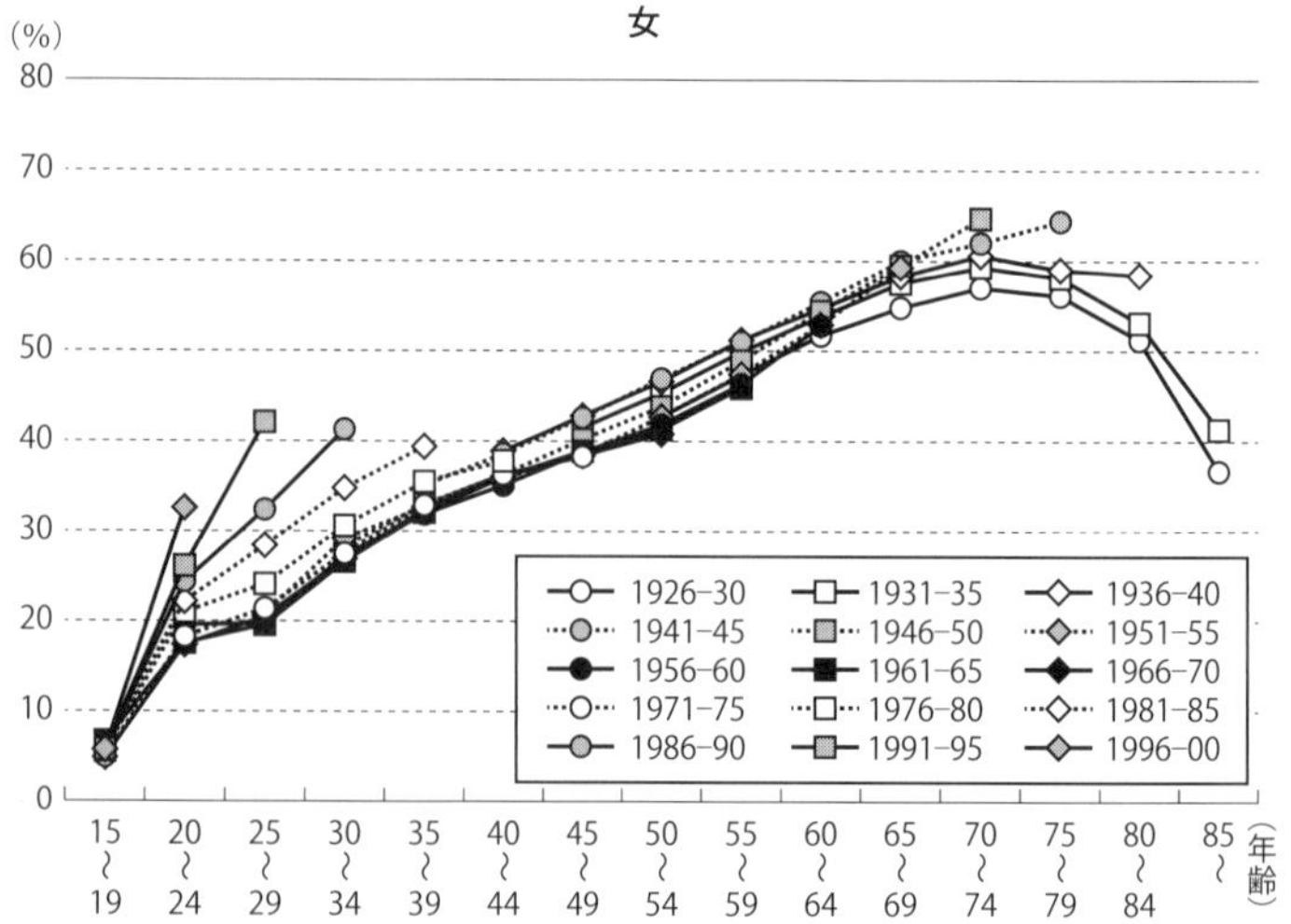

(出所) 国勢調査より筆者作成

ょうだい」数が2人で、大都市圏生まれ育ちの割合が高い、という点でした。つまり、親との同居を可能にする条件が第1世代よりもずっとよくなったのです。未婚の成人が親と同居すること（いわゆるパラサイト・シングル）によって未婚シングル率が停滞し、シングル率の上昇要因がほとんど未婚率の上昇に限られることになったのです。

しかし、この状態には変化が訪れています。第3世代になると、未婚シングル率に明らかな変化が現れました。2020年時点では、第3世代前半の1996〜2000コーホートまでしかわかりませんが、新しいコーホートほど上方に大きくシフトする傾向を見せています。第3世代は第2世代の約7割の大きさへと縮小し、第3世代前半までの未婚率の上昇も頭打ちですが、未婚シングル率の上昇の影響を受けて、シングルの数は増加しています。1990年の20〜34歳（1956〜70の第2世代前半）と2020年の20〜34歳（1986〜2000の第3世代前半）を比較すると、人口は2466万人から1845万人へと25・2％減少していますが、シングル数は390万人から474万人へと21・5％増加しています。このシングル数の増加のほとんどは女性によるものです。

第3世代がミドル期に入っても未婚シングル率が高い状態を維持するかどうかは容易に見通すことはできません。しかし、ミドル期が2050年にかけて第2世代から第3世代に入れ替わる中で、人口規模の縮小と未婚率上昇の頭打ちがそのままシングル数の減少に結びつくのではなく、

図1-9　社人研による単独世帯数（シングル数）の推計結果

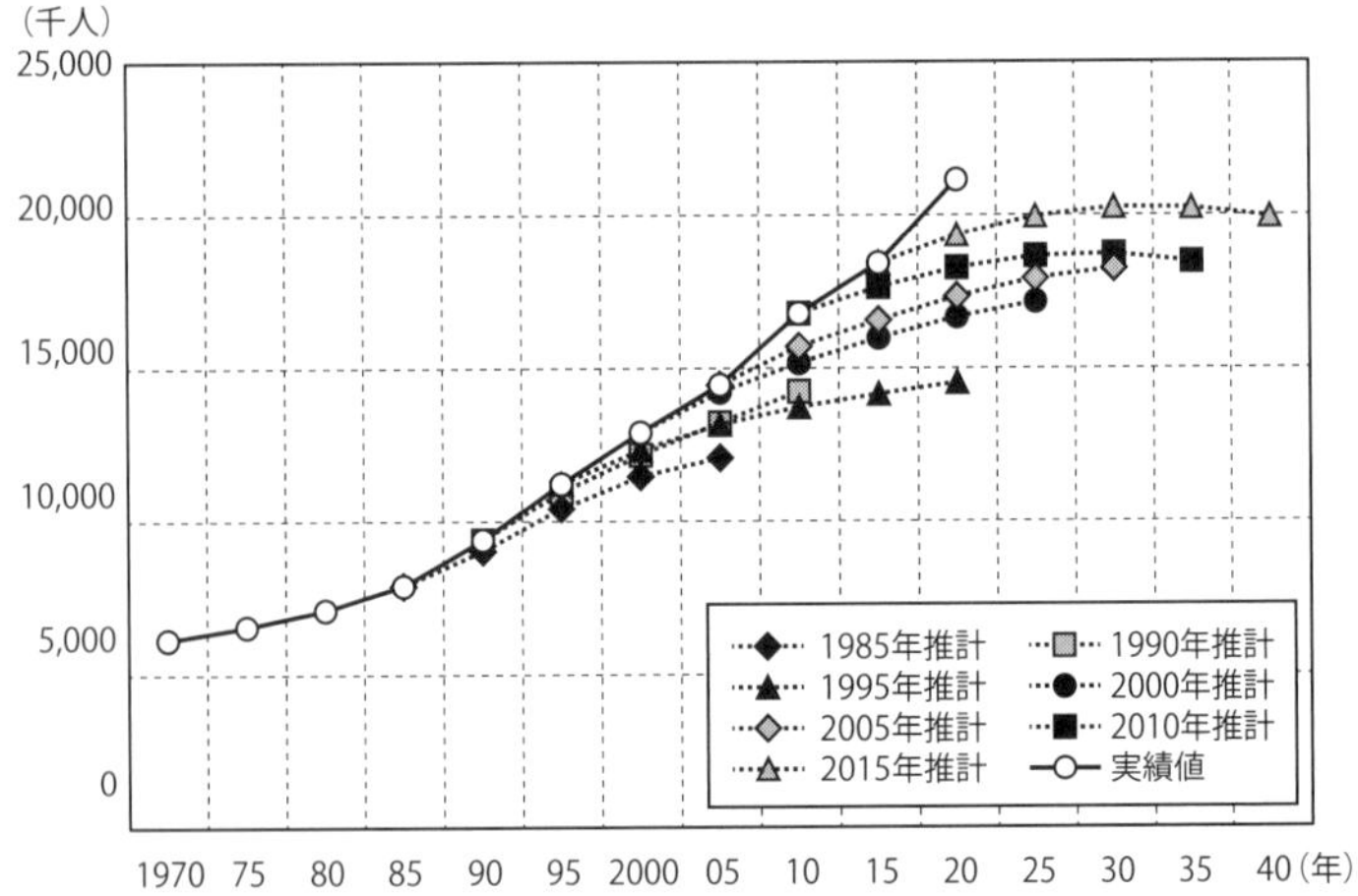

（出所）国勢調査、社人研より筆者作成

未婚シングル率の上昇によってシングル数の減少が抑制されることは確かで、場合によっては増加が継続する可能性もあります。

最後に、もう1つ重要な点を述べておきます。それは、パラサイト・シングルが親の死亡に伴ってシングルになる兆候が出始めている点です。1946〜50コーホートは、60〜64歳までずっと1941〜45コーホートを下回ってきましたが、65〜69歳になって2・1ポイント上回りました。1951〜55コーホートは1946〜50コーホートよりもさらに低いレベルで推移してきたのですが、65〜69歳で大きく上昇し、先行コーホートを若干上回りました。2020年以降、第2世代が65歳以上に入っていく中で、この動きは続くと見通され、高齢期シングルを一層増加させる方向にはたらきます。

シングル数の将来

社人研が5年ごとに実施する「日本の世帯数の将来推計（全国推計）」の結果の1つとして、単独世帯＝シングルの将来値が公表されています。過去7回の推計が行われてきましたが、シングル数はいずれの推計値も実績値を下回る結果となりました（図1-9）。推計モデルは1995年基点の推計以降、より精緻なものとなっているにもかかわらず、このような結果になっているのは、シングル数の推計が難しいからです。2020年基点の世帯推計はまもなく公表されることになりますが、明らかに第2世代と異なる動きを始めた第3世代の変化をどのようにモデルに組み込むかが、推計精度を左右することになると思います。ただ、その推計精度が評価できるのは、2025年国勢調査結果が発表される2026年秋以降です。

5 〈シングル都市〉東京区部

シングル化における東京区部の位置

人口総数に占めるシングル総数の割合を「総シングル率」と呼ぶことにしましょう。東京区部は総シングル率の高い地域であることは容易に想像されますが、２０２０年国勢調査にもとづいて全国の市区町村別の総シングル率を計算すると、東京区部は61位に位置します。ここでは、23区各区も個別に計算対象にしており、政令指定都市は市全体と行政区ともに計算対象にしています。全国、都道府県も含む対象地域数は全部で１９６５に上ります。一見すると、東京区部は上位に位置していないようにみえますが、東京区部の上にいる60市区町村は、特別区14、政令指定都市の行政区25、離島12、福島第一原発事故関連地域4、内陸小規模町村4（２０２０年国調人口１０００人台1、１０００人未満3）、箱根町となっています。箱根町は旅館従業員等が多く、離島・原発関連・小規模の20町村も産業・業務的背景でシングルが多いと考えられます。個別の特別区、行政区を除けば、大都市で総シングル率が最も高いのが東京区部であり、28・6％になります。ちなみに特別区・行政区の中で最上位に位置するのは、大阪市浪速区の53・１％です。

東京区部の「世代」の変化

シングル化の基礎にある世代別人口の変化について、全国の人口ピラミッドと比較できる形でふり返ってみましょう（図1－10）。1955年、高度成長期に入りつつあった東京区部は若者のまちであり、若年期の第1世代が434万人と、総人口697万人の62・2％を占めていました。1985年になると、第1世代はミドル期に移行し、362万人と規模は縮小しましたが、若年期の第2世代も358万人とほぼ同規模で、それぞれ総人口835万人の43・4％、42・9％を占めていました。東京区部は若者とミドルのまちに移行したといえます。2015年になると、第2世代は411万人へと規模を拡大し、総人口927万人に占める割合も44・3％と若干増加しました。ミドル期の人口は362万人から1・14倍になったわけです。第1世代は60歳以上の高齢期へ移行して248万人、26・7％となり、若年期の第3世代は250万人、27・0％となりました。人口ピラミッドからもわかるように、2015年の東京区部はミドルのまちになったといえます。

東京区部のミドル期シングル

全国を対象に行ったように、男女別に配偶関係と年齢階層3分類をクロスしたシングルの

図1-10　人口ピラミッドでみる世代交代（東京区部）

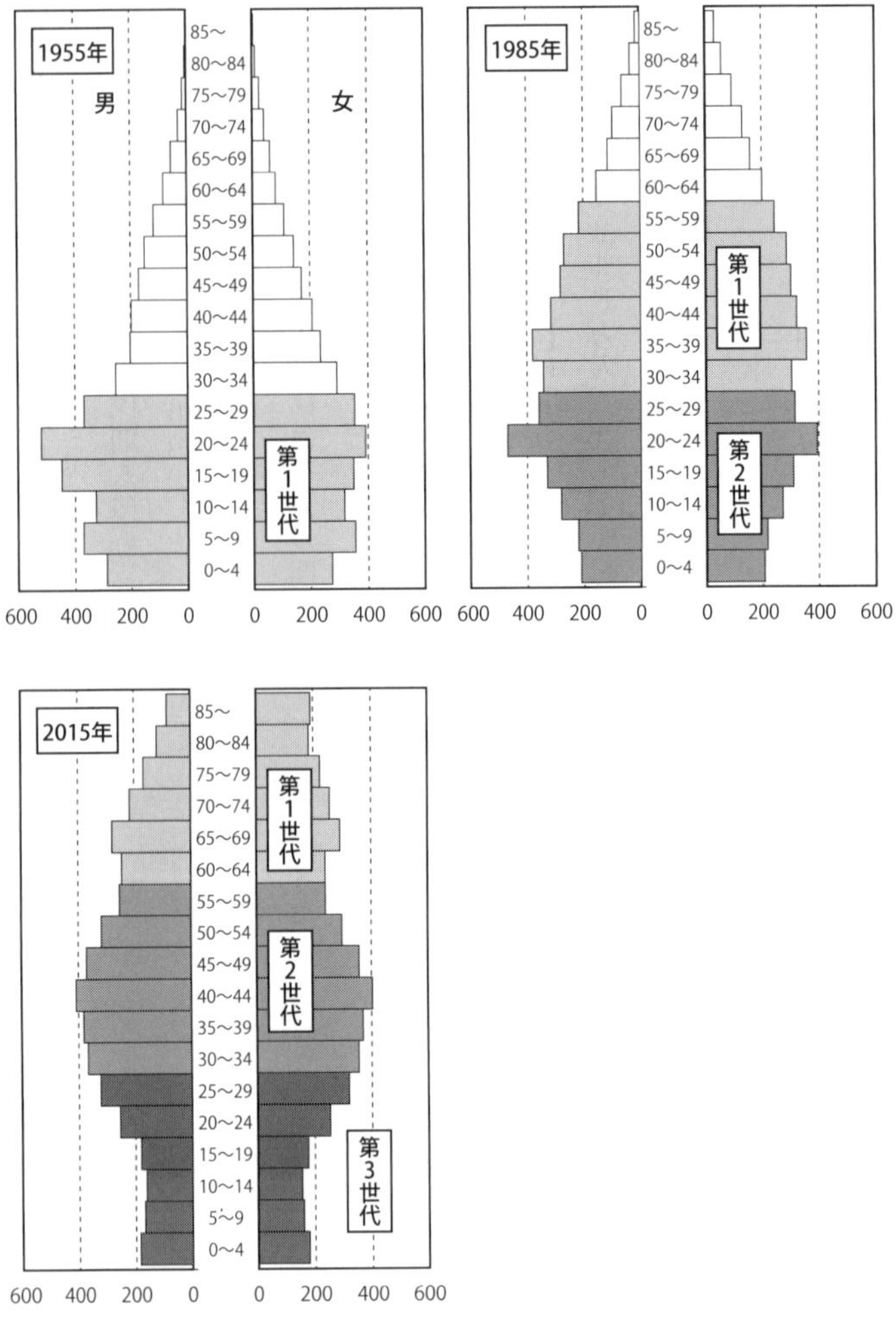

（注）単位：1000人
（出所）国勢調査より筆者作成

図1−11　男女・配偶関係・年齢階層別にみたシングルの現状と世代交代による変化（東京区部）

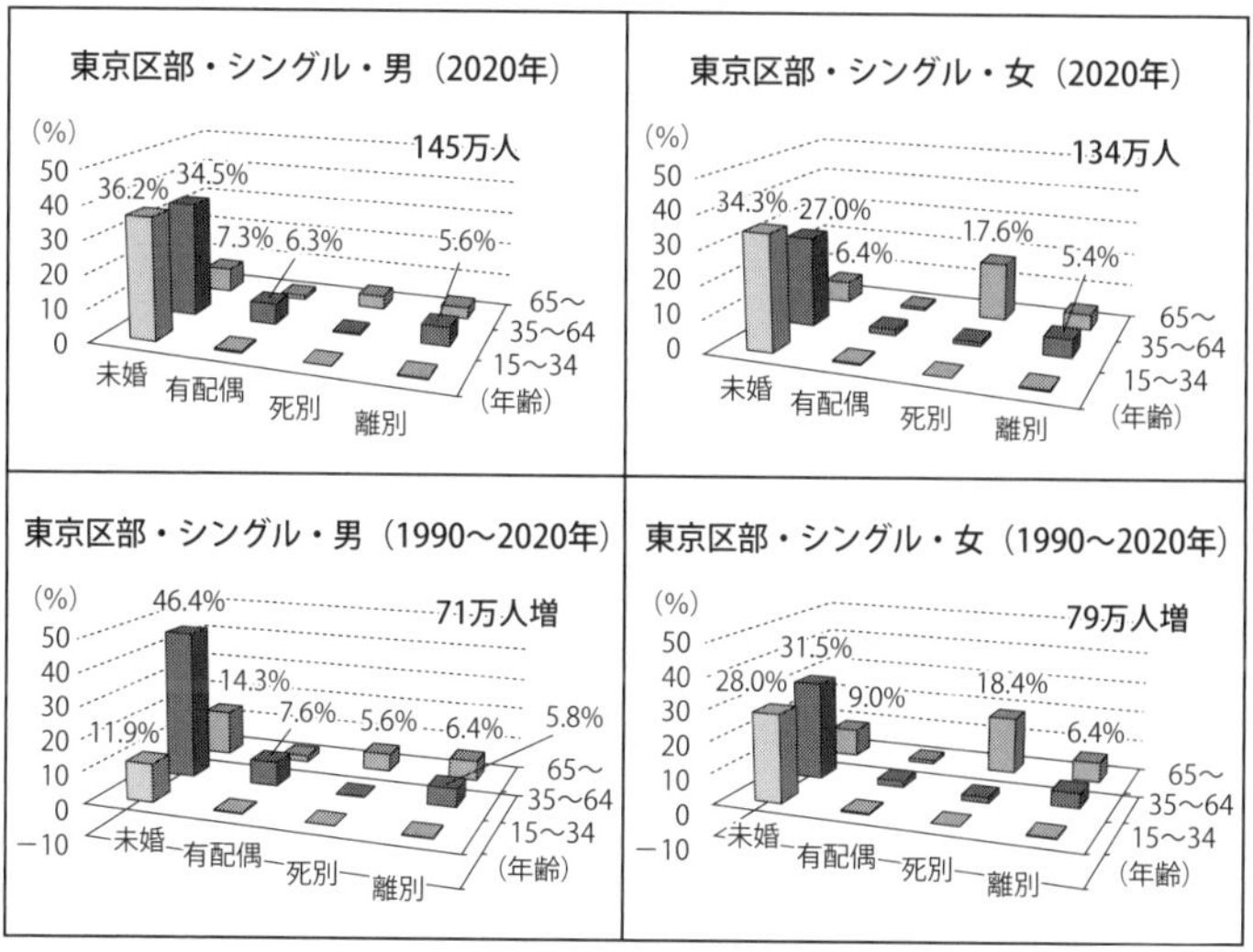

（出所）国勢調査より筆者作成

２０２０年の現状と１９９０年からの変化についてみていきましょう（図１−11）。

２０２０年のシングルは、男１４５万人（全国の13・３％）、女１３４万人（全国の13・１％）と、男がやや多く、全国のシングル数に占める割合はほぼ同レベルにあります。男１４５万人のうち、最も多いのは未婚・若年期36・２％、次いで未婚・ミドル期の34・５％です。女１３４万人の内訳は、未婚・若年期34・３％、次いで未婚ミドル期の27・０％です。全国では死別・高齢期が最大でしたが、この点は大きく異なります。このように、東京区部のシングルは未婚の若年期とミドル期にかなり特化しています。

１９９０年から２０２０年の変化をみると、男71万人、２・０倍の増加、女79万人、２・４倍の増加となっています。増加分の内訳は、男では未婚・ミドル期がダントツで大きく、46・４％を占めます。一方、女の増加分の内訳は、未婚・ミドル期が31・５％と、男と同様に第１位を占めましたが、未婚・若年期も28・０％と大きく、今後のミドル期シングルの増加にも影響すると思われます。未婚・ミドル期シングルが、男女ともに増加に最も寄与しており、特に女の第１位は全国と大きく異なる点です。東京区部は、未婚・ミドル期シングルがシングル全体の増加を牽引しているといってよいでしょう。

東京区部のシングル率・未婚率・未婚シングル率

全国でミドル期シングル増加の要因分析に用いたグラフと同じものを作成しました。ただし、男女６枚のグラフは煩雑なので、女のみを掲載します（図１－12）。

シングル率のグラフをみると、全国（図１－６）と相似形のようにみえます。しかし、縦軸のスケールが異なっていることに注意してみると、25～29歳のシングル率は、全国28・４％に対して、東京区部は51・４％と23ポイントも高くなっていることがわかります。また、25～29歳がピークになるコーホートは、全国では１９９１～９５コーホートが最初ですが、東京区部では１９７６

～80コーホートから始まっています。

次に未婚率をみると、これも全国と相似形で、第2世代前半で上方へのシフト幅が大きく、後半になると減速します。しかし、東京区部では、第1世代後半から上方へのシフトが始まっていますし、全般に未婚率のレベルも高くなっています。45～49歳の未婚率は、1971～75コーホートになりますが、全国では19・2％であるのに対し、東京区部は27・4％と8・2ポイント高くなっています。第2世代後半で未婚率上昇は頭打ちとなっており、第3世代が30代後半に入る今後、再び大きく上方にシフトすることは想定しにくい状況です。

未婚シングル率は、基本的には全国と同様の形状をしていますが、いくつかの点で明確に異なります。第1に、全体としてレベルが高い点です。1つの基準になる1941～45コーホートで比較すると、50～54歳の値は全国46・9％、東京区部60・3％で、13・4ポイントの差があります。第2に、パラサイト・シングルから抜け出すコーホートが、全国と比較して、より以前の1961～65コーホートから始まる点です。第3に、それ以後のコーホートが急速に上方にシフトしていく点です。未婚者がひとり暮らしを選択する動きが、若いコーホートになるにつれて大きくなっており、これが全国と最も異なる点です。

図1-12　女のコーホート別シングル率、未婚率、未婚シングル率の推移（東京区部）

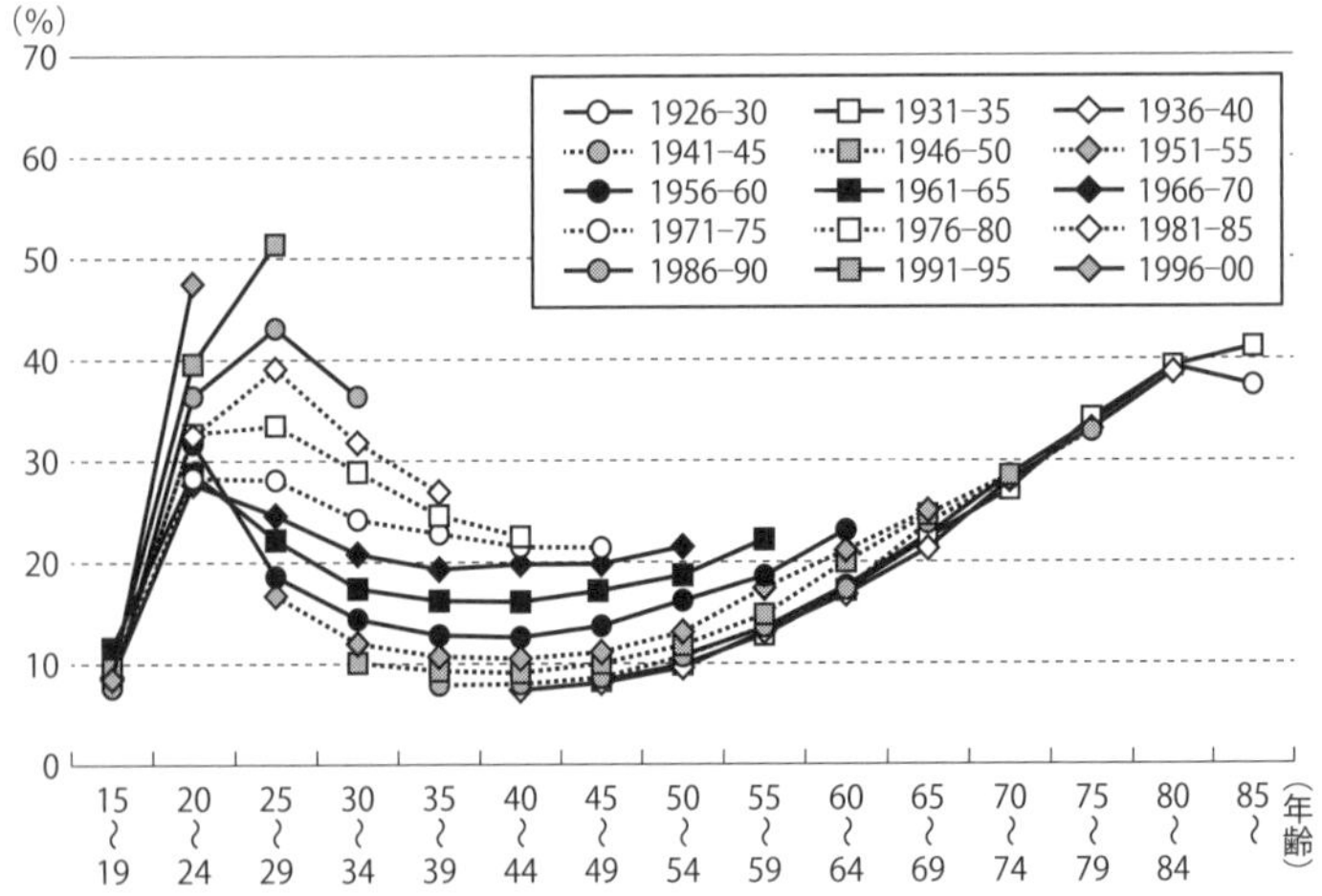

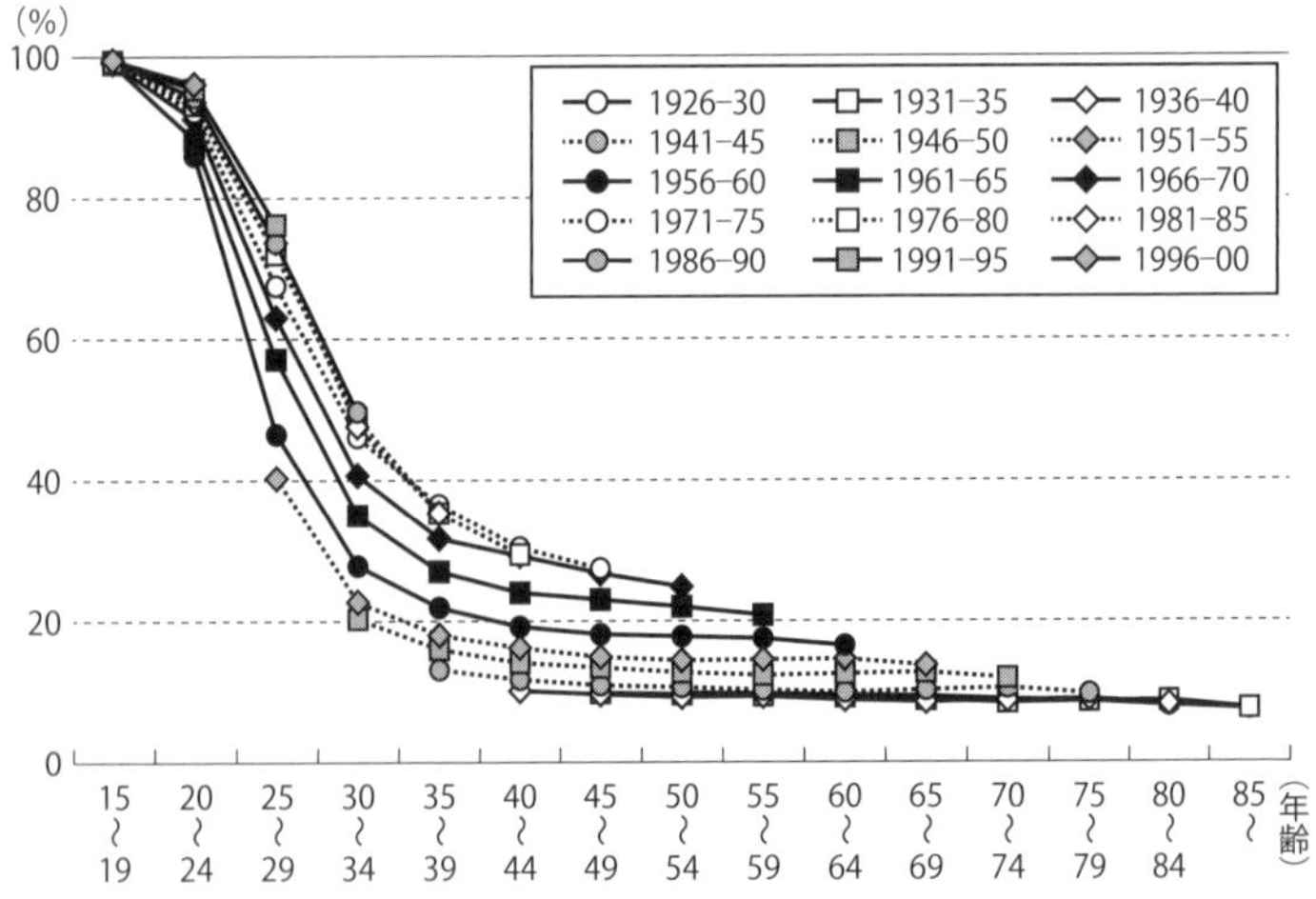

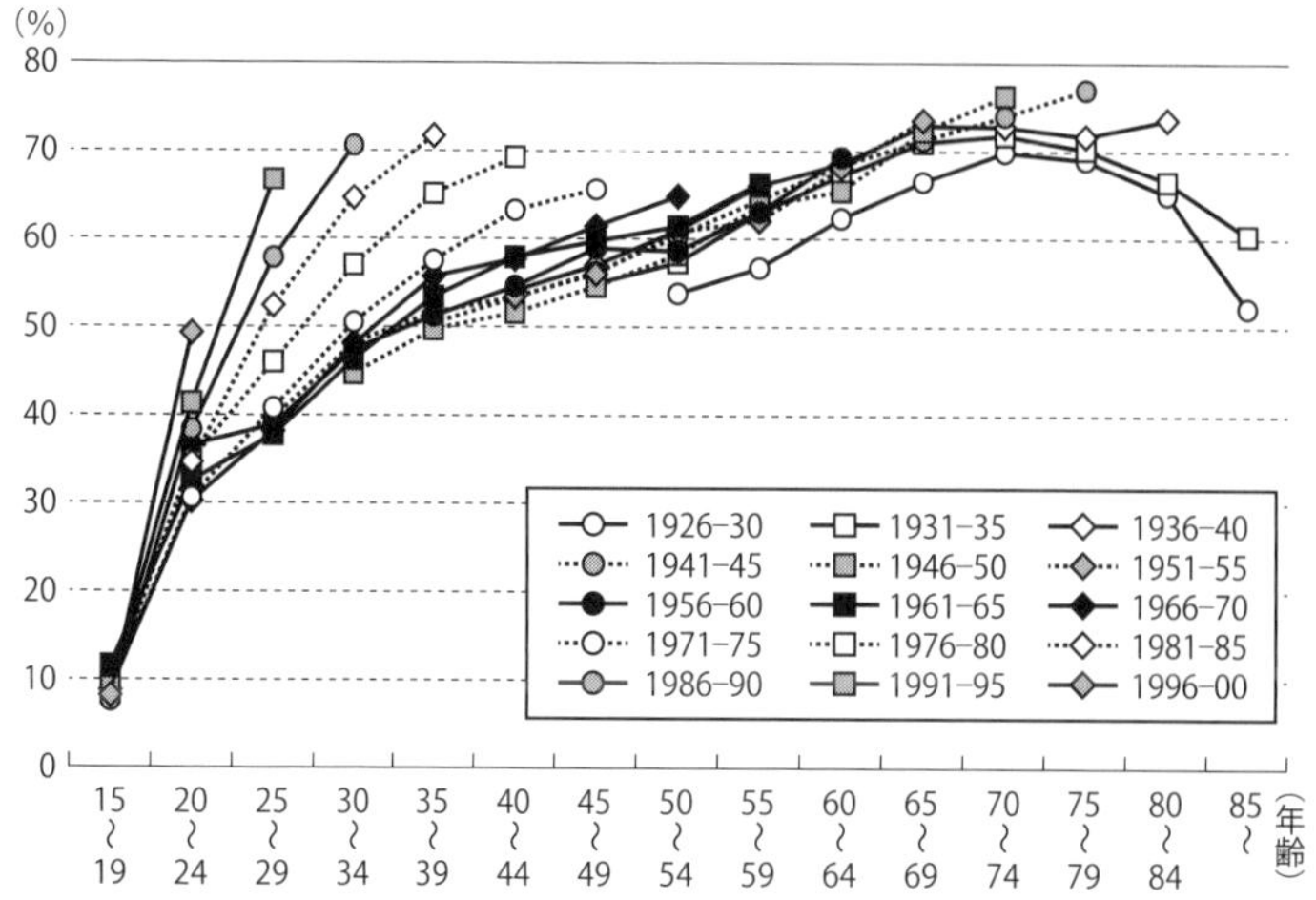

（出所）国勢調査より筆者作成

東京区部ミドル期シングルの将来

東京区部のミドル期シングルが今後どのように推移するかを決める要素は、大きく３つあります。ミドル期の人口、未婚率、未婚シングル率です。全国では、第２世代から第３世代への入れ替わりによって、人口規模が縮小することが明確に見通せますが、東京区部は人口移動による影響を受けるため、正確な見通しを得ることは簡単ではありません。

社人研が市区町村別人口推計を実施していますが、東京区部に関しては精度があまりよくありません。２０１５年基点の推計における２０２０年推計人口は９４８・７万人でしたが、国勢調査人口は973・3万人と、推計結果は24・6万人も少ないものでした。これは全国の市区町村を一斉に推計し、全国人口推計と合計調整するという社人研推計固有の制約があるためでもあります。

そこで、コーホートシェア延長法という一地域の（複数地域を同時に行うのではない）推計方法としては比較的高い精度を持つ方法で、2015年基点の推計を2035年まで行ってみました。ミドル期の推計結果は、2020年に418・5万人、2035年に450万人となりました。2020年国勢調査のミドル期人口は416・6万人なので、この推計の精度は悪くなく、第3世代の半分がミドル期に入る2035年まで、ミドル期人口は増加を続けると考えることができます。

未婚率の上昇は頭打ちですから、未婚シングル率がどう推移するかが鍵になります。前項でみたように、第3世代の未婚シングル率は急速な上昇を示しており、若いコーホートほど顕著です。おそらくこのことがシングル率の上昇につながり、ミドル期シングルの増加につながると考えてよいでしょう。

以上をまとめると、第2世代から第3世代への交替が半分進んだ2035年を見通すと、ミドル期の人口は増加し、未婚率は頭打ちとなり、第3世代の未婚シングル率は大きく上昇する傾向が続くと考えられます。全国では、ミドル期人口は減少、未婚率は頭打ち、第3世代の未婚シングル率の上昇は東京区部よりも小さいと見通されますので、東京区部におけるミドル期シングル増加は、全国と比較して相当大きなものになると考えられます。

今後の課題として、第3世代における未婚シングル率の急速な上昇がなぜ生じたのか、加齢とともにどのような軌跡を描く可能性があるのかを明らかにする必要があります。

注

1　ここで用いるデータは、著者が独自に不詳補完を行ったものである。本章に掲載したシングル率、未婚率、未婚シングル率の図を描くために必要なデータは、男女別・年齢5歳階級別の人口、配偶関係別人口、単独世帯数（＝シングル数）、配偶関係別単独世帯数であり、全国と東京区部に関して1980年から2020年までを用意する必要がある（1975年以前は電子データが存在しない）。これらはすべて国勢調査データであるが、近年の国勢調査結果は「不詳」が多く、不詳を除いたデータのみで様々な指標を計算すると、コーホートの動きとして明らかに不自然な形状が現れることが少なくない。そこで不詳を配分する補完が必要となる。一般的な不詳の配分方法は、まず年齢不詳を配偶関係不詳の年齢階級別割合にしたがって配分し、次に年齢階級ごとの配偶関係割合にしたがって、不詳を各配偶関係に配分するというものである。しかし、この方法では不詳を除いたデータで計算するのと大きな違いはなく、不自然な形状は解消されない。2022年12月に総務省統計局は、2020年と2015年の国勢調査結果に対して、配偶関係不詳と年齢不詳を補完した配偶関係別人口を公表した。これによる変化を、例として東京区部の2020年の25～29歳男でみると、32％が配偶関係不詳であったデータを補完した結果、未婚割合は57％から84％に上昇した。不詳を除いたデータでは未婚者が圧倒的に少なくカウントされていたということである。これらの補完結果から年齢階級別に配分割合を算出し、これを初期値として2010年以前の不詳の配分に適用して、誤差は合計調整した。補完作業が行われていない単独世帯の配偶関係不詳の配分にも、この初期値を適用し、同様の計算を行った。この方法がベストであるとは言い切れないが、少なくともコーホートの動きに不自然さはほとんど見られなくなった。

第2章

東京区部への移動とシングル化

丸山 洋平

サマリ

ミドル期でも著しいシングル化は東京圏、特に東京区部において卓越した様相を見せています。また、バブル崩壊後の東京区部をめぐる人口移動をみると、東京圏の転入超過拡大のおよそ半数を東京区部が占める明確な都心回帰傾向に加え、30歳前後の人口移動が転出超過から転入超過に転換するという年齢パターンの変化が生じており、人口移動を通してミドル期人口が東京区部に集中する状況があります。こうした背景を踏まえ、本章では、東京区部のミドル期シングル化の実態をマクロ的に捉えるべく、人口移動とシングル化の卓越との関係を明らかにすることを試みました。国立社会保障・人口問題研究所（以下、社人研）の人口移動調査から出身地別のミドル期人口のシングル割合が算出できるので、これを分析に用いるのですが、残念ながら都道府県単位でしかデータを得られません。東京都のミドル期居住者のうち、人口の7割程度、シングルの8割程度が東京区部に居住していることを踏まえ、本章では東京都の状況から東京区部の状況を推察することとしました。

人口移動調査による出身地別割合（東京圏内出身者か東京圏外出身者か）を国勢調査の人口データに与え、東京都に居住するミドル期人口の出身地別シングル率を算出します。その大小関係を比較したところ、1985年から2015年にかけて男女ともに東京圏内出身者よりも東京圏外出身者のシングル率のほうが高く、圏域間移動者がシングル化を促進する効果を持つことが明らかとなりました。しかし、ミドル期人口の規模の時系列変化をみると、東京圏内出身者は増加し、東京圏外出身者は減少していることから、圏域間移動者のシングル化促進効果は徐々に縮小していることも同時に明らかとなりました。また、ミドル期シングルの配偶関係、親の居住地をみると、出身地と男女の組み合わせによる明確な違いが確認されます。これは男女によって東京区部に居住するに至るライフコースの違いがあり、また親との関係性にも違いがあることを意味しています。就職や進学といったシンプルな理由ではない人口移動の多様性が東京区部のミドル期シングルにはあり、その多様性が人口移動によってさらに強まるという循環構造の存在が想起されました。

1 東京区部のミドル期シングル化

今日では日本全体でシングル化が進行しており、それは従来であれば自分の家族を持っていることを当然視できていたミドル期においても見られます。その背景には第1章でも述べられている未婚化の進展があり、晩婚化や非婚化とも表現できる家族形成行動の変化があるわけですが、ミドル期のシングル化には地域差もあり、東京圏および東京区部でより卓越しています。図2−1は全国、東京圏、東京区部のミドル期シングル率（男女計）について、1980年から2020年までの推移を示したものです。1980年には全国4・7％、東京圏5・7％、東京区部9・4％、2020年には順に15・8％、19・1％、27・5％となっており、それぞれ40年間の上昇は11・1ポイント、13・4ポイント、18・1ポイントであり、東京区部のミドル期シングル率は時系列変化を見ても圧倒的に高い水準にあることがわかります。

なぜ東京区部において、ミドル期のシングル化が卓越するようになったのでしょうか。これを考えるため、本章では総務省統計局の国勢調査や社人研の人口移動調査等の統計データによって、ミドル期シングル化の実態をマクロ的に把握することを試みます。具体的にはミドル期シングル率の出身地による違いを分析することで、人口移動とシングル化との関係を考えるというもので

図2-1　ミドル期シングル率の推移と地域間比較

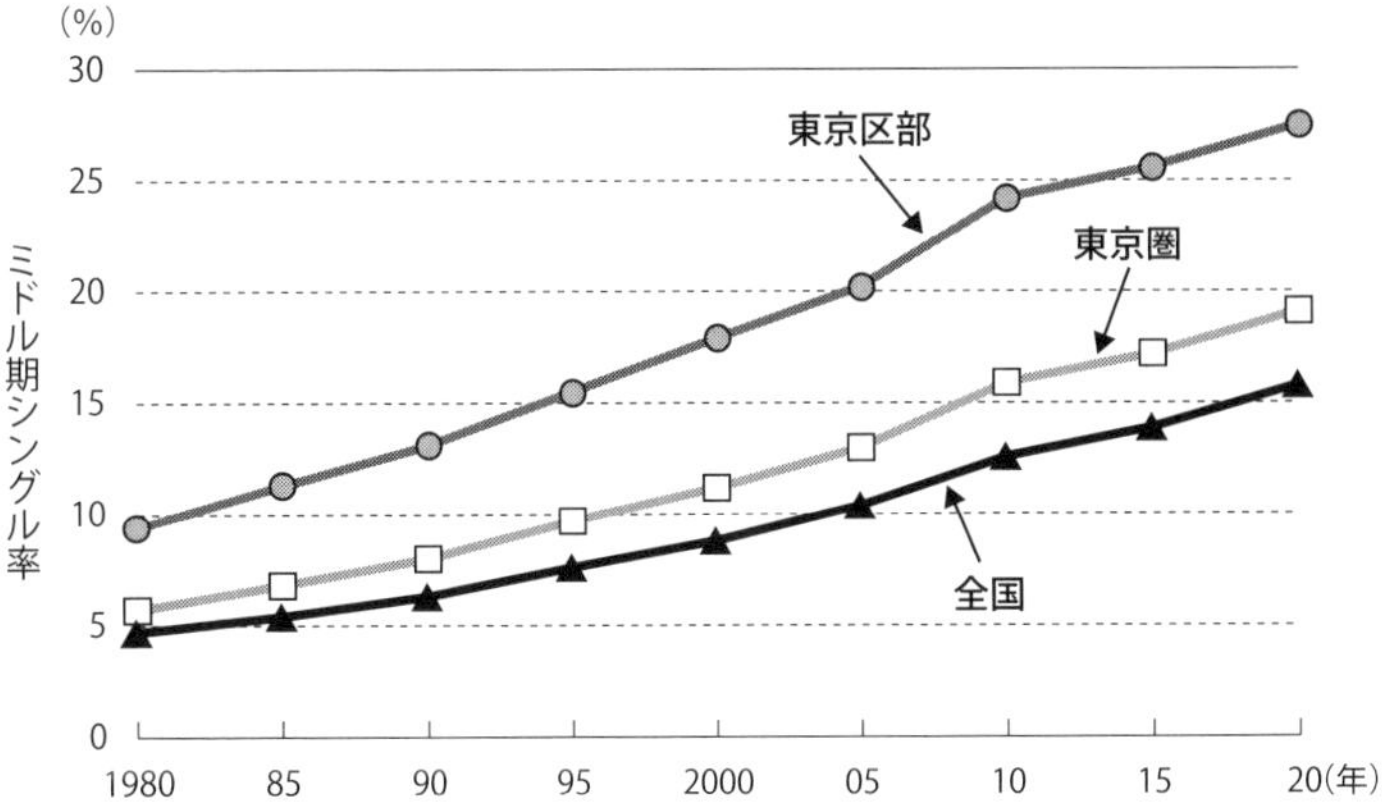

(出所) 国勢調査より筆者作成

す。そして、東京区部をめぐる人口移動が東京区部および全国の単身化に与える影響を考察してみたいと思います。

2　東京圏をめぐる人口移動の状況

図2‐2は三大都市圏（東京圏、名古屋圏、大阪圏）の転入超過数を示しています（日本人移動者のみ）。1960年代を中心とする高度経済成長期はいずれの都市圏も転入超過であり、三大都市圏合計で毎年40万人以上の転入超過で、60万人を超えることもありました。それが1970年前後に大きく縮小する経験をした後は、1980年代のバブル期、1990年代後半以降から現在に至るまで東京圏のみが転入超

図2-2　三大都市圏の転入超過数の推移（1955～2022年）

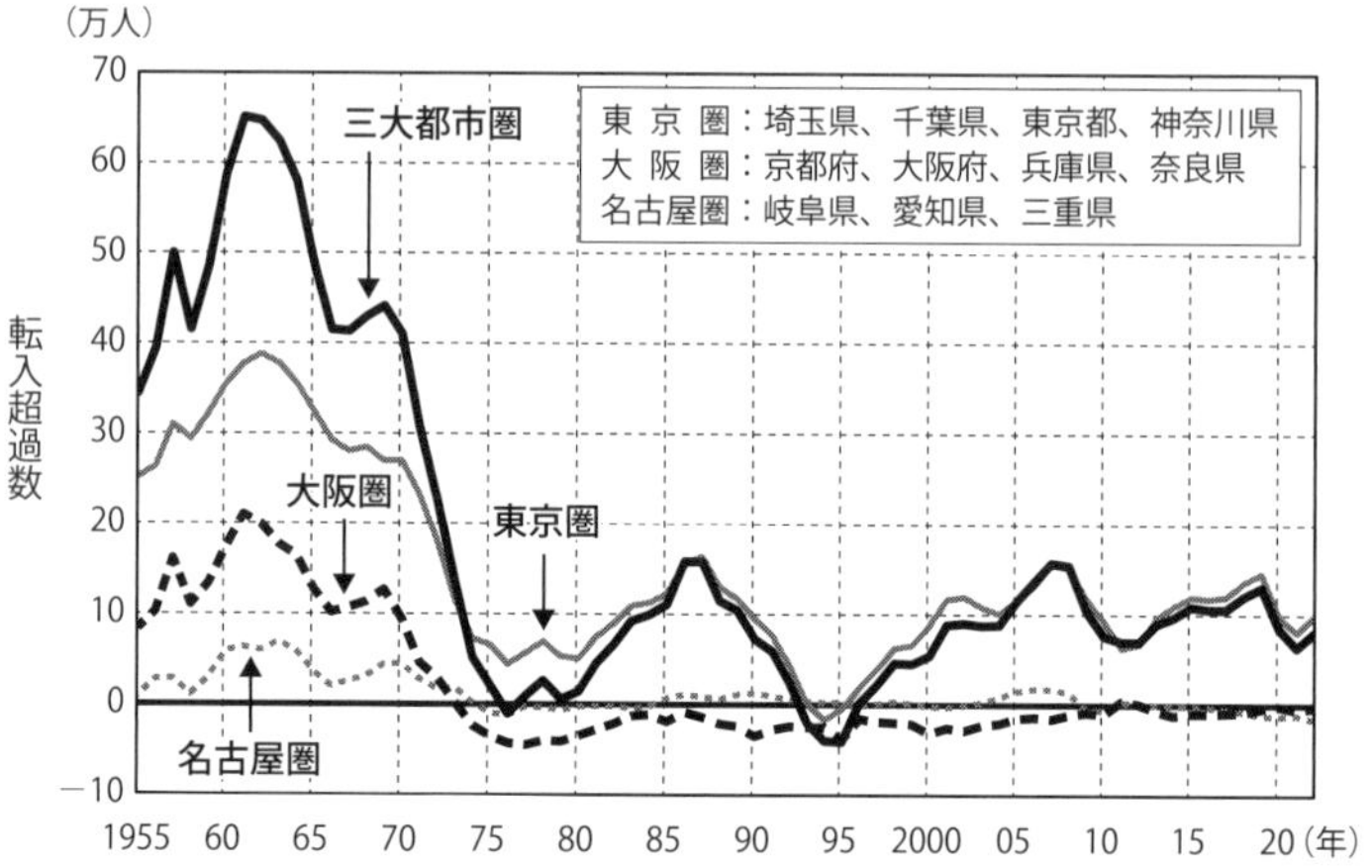

（出所）住民基本台帳人口移動報告より筆者作成

過となっています。それだけ人口移動による東京圏への人口の一極集中が生じているわけですが、その地域的な特徴には変化がみられます。図２―３は東京圏の転入超過を圏内の地域別に示したものです。東京圏全体で大きな転入超過となっていた高度経済成長期とバブル期では、周辺３県の転入超過に対して東京区部は転出超過でしたが、１９９０年代後半以降では東京区部が転入超過に転じ、東京圏全体の転入超過の半分程度を占めるようになりました。２０２０年と２０２１年は新型コロナウイルス感染症の拡大の影響もあり、東京区部の転入超過は縮小して転出超過に転じていますが、２０２２年は再び転入超過に転じており、将来的に転入超過が拡大して以前の水準に戻ったり、それを超えたりすることは十分に考えられる状況にありま

図2-3　東京圏内の地域別転入超過数の推移（1960～2022年）

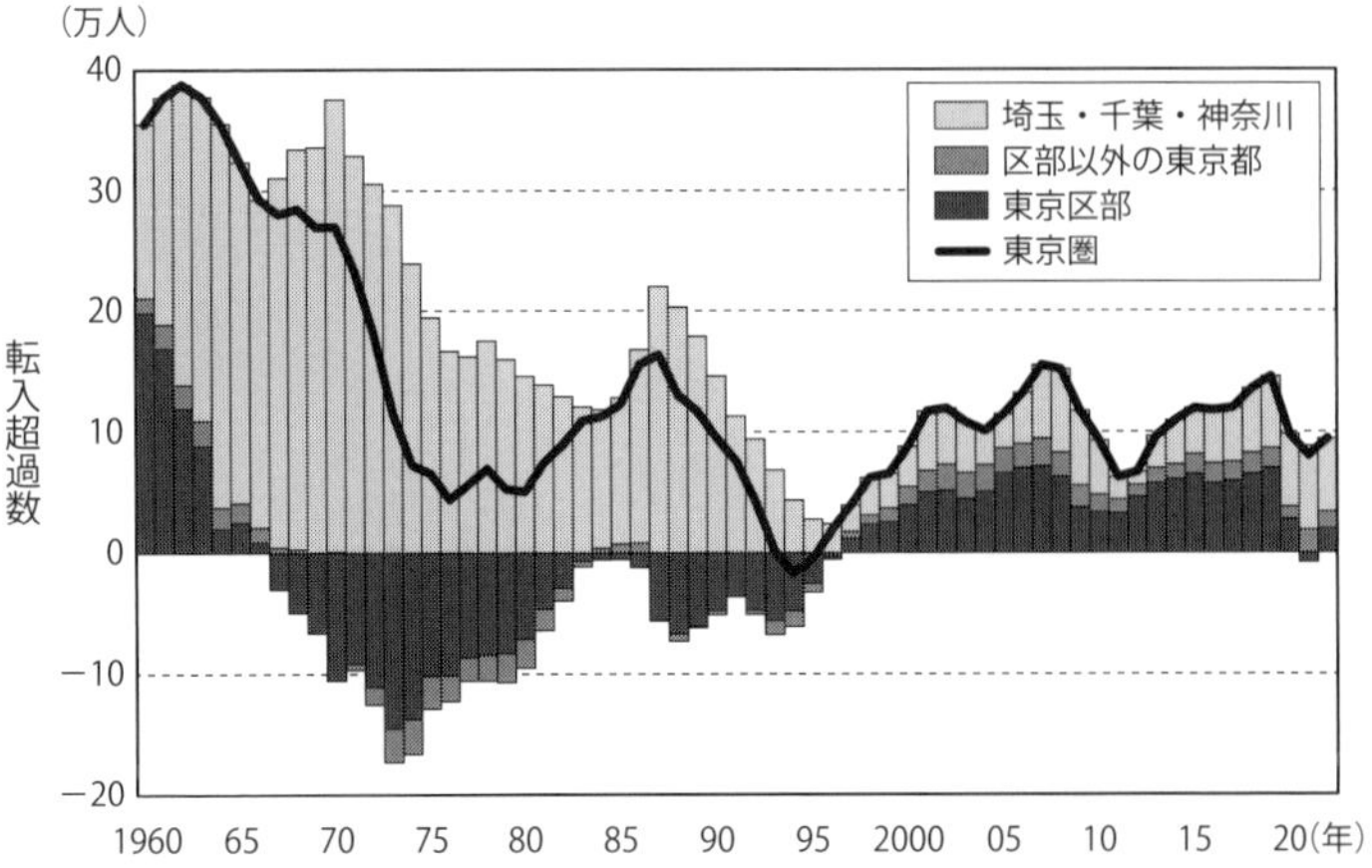

（出所）住民基本台帳人口移動報告より筆者作成

す。

このような東京圏内の転入超過の地域変化には、東京圏をめぐる人口移動パターンと家族形成行動との関係の変化があると考えられます。高度経済成長期には大都市圏における工業化を背景とした旺盛な労働力需要があり、それが地方圏からの若年人口の転入を牽引していました。そして、それらの転入者の受け入れ先として郊外住宅地が整備され、都市圏が拡大した経緯があります。このときの主な人口移動パターンは、まず東京区部を始めとする都心地域に転入し、結婚や出産といった家族形成のタイミングで狭小な住宅から広さに余裕のある郊外住宅地へ引っ越すというものでした（江崎［2006］74–78ページ）。郊外住宅地では「標準家族」とされた小規模核家族世帯が多く形成され、日本の核家族化を牽引するとともに、大都市圏内で職住分離の生活スタイルが出来上がっていくことになりました。こうした家族形成に伴う人口移動パターンがあることで、東京圏内で東京区部から周辺部への人口移動が卓越することになり、周辺部の転入超過と東京区部の転出超過に帰結していたのです。

翻って1990年代後半以降の人口移動をみると、上述の通り東京区部の転入超過が東京圏全体の転入超過のおよそ半分を占めています。この時期に人口移動の中心である20～30代となるのは1960～70年代生まれの世代であり、かつて高度経済成長期に東京圏に転入し、東京区部から大都市郊外へと移動した1930～40年代生まれの子世代にあたります。前述したように、この世代は晩婚化によって日本の少子化を牽引する世代であり、ミドル期のシングル化を顕著に見せ始めた世代でもあります。かつては家族形成のタイミングで東京区部から郊外住宅地への人口移動パターンがあったわけですが、東京圏外から東京区部に転入するも、晩婚化で家族形成が遅れることでそうした人口移動パターンがみられなくなり、そのまま東京区部にとどまっていることが東京区部の転入超過の拡大につながっていると考えられるのです。また、郊外住宅地生まれで大都市2世にあたる1960～70年代生まれも、加齢に伴い、自分が子ども時代を過ごしたような郊外住宅地を居住地として選択する傾向を見せず、やはり晩婚化によるシングル化を背景に都心居住を選択する傾向を見せていることも指摘されています（日本人口学会編［2018］

309ページ）。これらが、いわゆる都心回帰の流れであり、小池（2017）は東京区部の人口移動の変化を間接標準化という人口学的手法によって分析し、転入モビリティ比の上昇と転出モビリティ比の縮小が生じていることを明らかにしています。総じて、かつてと比較して東京区部へ向かう傾向、東京区部にとどまる傾向が強まっているのです。

また、東京圏と東京区部をめぐる人口移動の年齢パターンにも変化が生じています。図2–4と図2–5はそれぞれ東京圏と東京区部のコーホート・シェアを示しています。コーホートは同じ期間に発生した人口集団と訳され、同じ期間に生まれた世代の人口を意味します。コーホート・シェアとは、コーホートごとの各年齢における全国人口に占める任意の地域の人口の割合を示します。コーホート・シェアは、それぞれのコーホートが加齢に従い、任意の地域にどのような割合で居住していたかを表すとともに、任意の地域とそれ以外の地域の死亡率の較差が無視できると考えれば、その変化は人口移動の結果として理解することができます（大江［2000］）。図2–4で東京圏のコーホート・シェアの変動パターンをみると、1980年代までに20代を経験する1960年代以前出生コーホートでは、20〜24歳をシェアのピークとして25〜29歳以降は低下するというUターン等の帰還移動の影響がみられます。しかし、このパターンは徐々に変化し、1990年代以降に20代を経験する1970年代以降出生コーホートでは20〜24歳がシェアのピークとはならず、25〜29歳以降もシェアの上昇が続く変動パターンが生じています。すなわ

図2-4　東京圏のコーホート・シェア

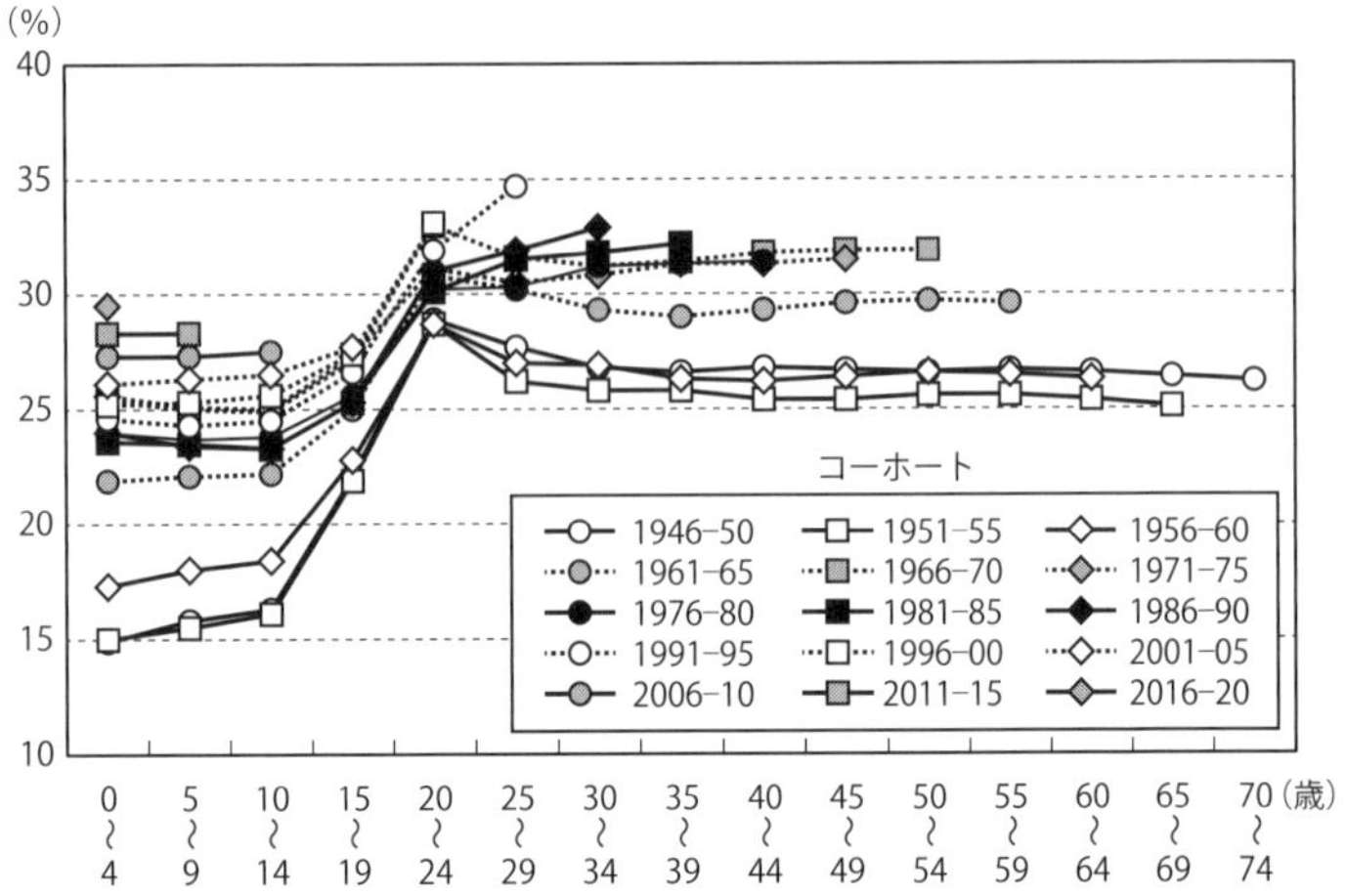

（出所）国勢調査より筆者作成

図2-5　東京区部のコーホート・シェア

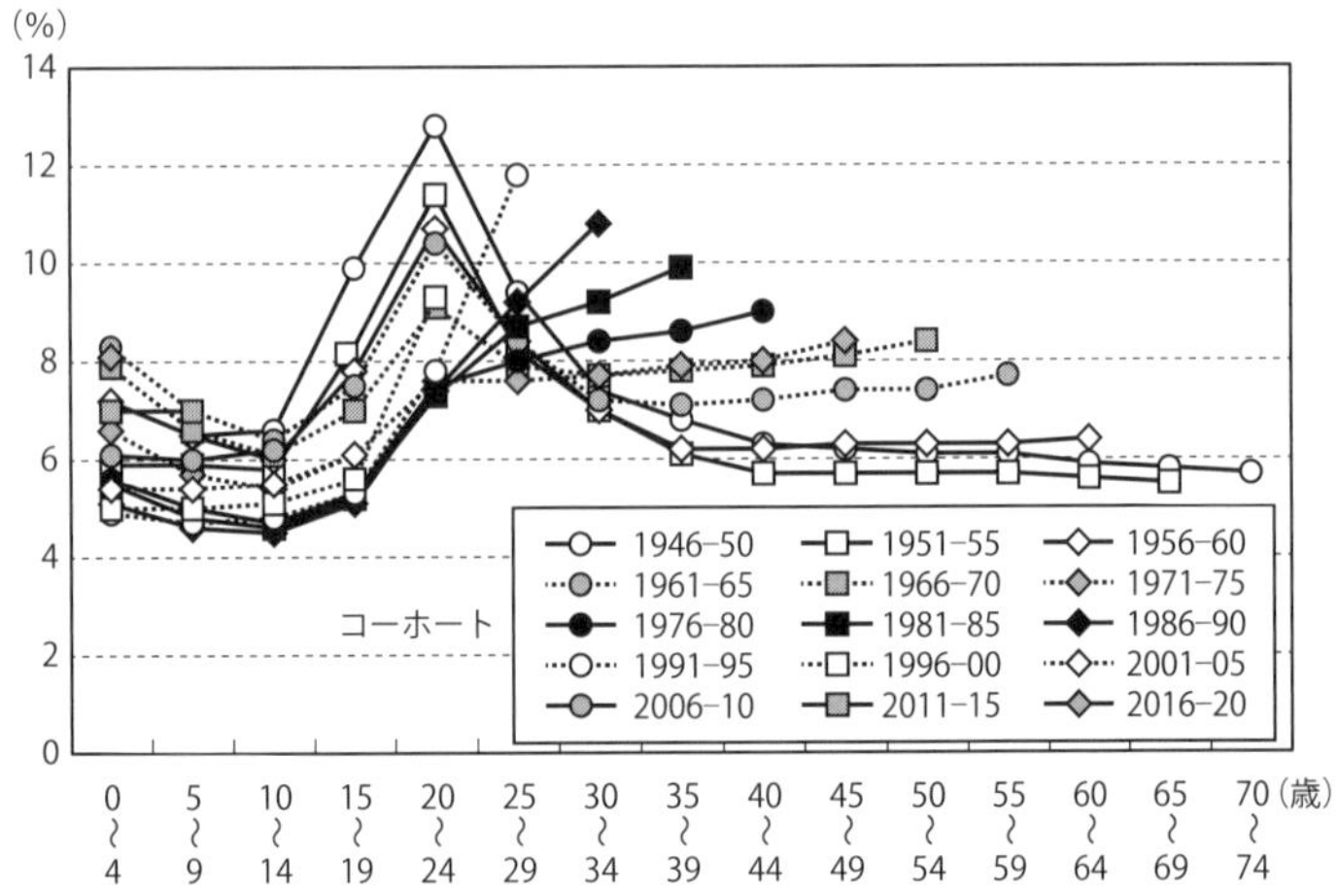

（出所）国勢調査より筆者作成

ちミドル期の期間に入っても東京圏の転入超過が拡大しているということであり、この人口移動パターンは東京区部においてより顕著にみられます（図2－5）。こうした年齢別にみた人口移動パターンの変化の結果として、1990年代後半以降の東京区部は転入超過になっており、ミドル期人口の東京圏や東京区部への一極集中傾向がより強まっていると考えられるのです。

3 人口移動とシングル化との関係

晩婚化や未婚化といった家族形成行動の変化を背景とする東京圏内の人口移動の地域間パターンの変化や人口移動の年齢パターンの変化を踏まえて考えると、東京圏や東京区部でミドル期のシングル化が卓越している理由が、東京圏外あるいは東京圏郊外地域から東京区部に人口が転入し、それら転入者が生殖家族を作ることなく東京区部に残留してそのままミドル期を生きていることにあるという仮説を立てることができます。また、そうした人口移動と家族形成行動との関係が東京区部や東京圏のシングル化を卓越させるだけではなく、日本全体のシングル化を促進するという構造の存在も、同時に仮説として考えることができるのです。

人口移動と家族形成行動との関係の既往研究

ここで人口移動と家族形成行動との関係について、いくつかの既往研究をみてみましょう。人口移動と出生力との関係について注目した研究は海外では盛んに行われており、近年においても数多くの研究例がみられます。そして、その大半において報告されているのは、「人口移動によって出生率は低下する」という事実です（Kulu［2005］）。日本を対象とした研究では、小池が第6回と第7回の人口移動調査を用いて分析し、非大都市圏から大都市圏への移動者の出生力が、非大都市圏内滞留者や非大都市圏内での移動者の出生力と比較して低く、それが大都市圏ならびに全国の出生力を押し下げる一因になっていることを指摘しています（小池［2009］［2014］）。

また、出生力の変化には結婚力と結婚出生力が影響を及ぼしますが、このうち結婚出生力に対する人口移動の影響を分析したのが山内他（2020）です。第8回人口移動調査を用いた分析から、①東京圏への転入者と非東京圏への転入者の結婚出生力は、非東京圏の非移動者や圏内移動者よりも低いこと、②転入超過となる東京圏の結婚出生力は人口移動によってほとんど変化しないが、その一方で転出超過となる非東京圏の結婚出生力は上昇することを明らかにしており、やはり人口移動の結果として東京圏の結婚出生力が相対的に低くなるメカニズムを見出しています[1]。

筆者はかつて、小池や山内のように人口移動調査を用いるのとは異なる方法で人口移動と初婚行動との関係を分析しました。これは国勢調査と人口動態統計等の公的統計を用いたシミュレーションの結果として、任意の時点において東京圏に居住する女性を東京圏出身者と未婚状態で東京圏に転入した女性（未婚移動者）に分類し、その年齢別未婚率を比較するというものです。分析の結果、1970年代後半コーホート以降、未婚移動者が東京圏出身者よりも結婚を選択せず、生涯未婚率の高い集団であることを見出しました。そして、移動を経験する集団の相対的な未婚率の高さが、東京圏と全国の未婚率の上昇にも寄与しており、東京圏をめぐる人口移動が少子化を牽引する効果があることを指摘しています（丸山［2012］）。この分析結果を受けて少子化と人口移動との関係を考えると、まず女性の社会進出によって晩婚化が進行して出生率が低下し、その結果生じる結婚や出産への価値観の変化が翻って女性の社会進出を促進するという循環構造があり、これを「全国レベルでみた少子化のメカニズム」と捉えます。そして、東京圏に転入する女性の未婚率が高いことが晩婚化を通して少子化につながる「少子化を促進する移動のメカニズム」があり、これは「全国レベルでみた少子化のメカニズム」における女性の社会進出が晩婚化を促進するプロセスのサブメカニズムとして機能する関係にあります。すなわち、晩婚化が人口移動を促進し、促進された人口移動が晩婚化をさらに促進させるという構造であり、このような少子化と人口移動との連関構造を「移動晩婚相互作用仮説」として提起しました（丸山［2018］）。

人口移動とシングル化の関係

このように人口移動と出生力や未婚率との関係が研究されており、人口移動を経験することが家族形成に何らかの影響を与えていることがわかります。第1章で述べられているように、日本で進むシングル化の多くが未婚化をはじめとした家族形成行動の変化に理由を求めることができるため、人口移動がシングル化に結びついているという関連性も示唆されます。

筆者は、分析対象地が東京圏全体と東京区部という違いはあるものの、人口移動とシングル化との関係には、上述した「移動晩婚相互作用仮説」に類似する構造があり、東京区部への人口移動が全国の単身化を促進するような関連性があるのではないかと考えました。ある時点で東京区部に居住するミドル期人口を東京圏内出身者と東京圏外出身者に分類すると、後者を東京圏外からの転入者とみることができます。そして、東京圏外出身者のほうが東京圏内出身者よりもシングル率が高い人口集団になっているならば、東京圏外からの転入移動が東京区部のシングル化の卓越に結びついていることを指摘できます。こうした問題意識に基づき、出身地分類で把握される人口移動経験によるシングル化率の違いを明らかにするとともに、それが東京区部のシングル化の卓越にいかに結びついているのかを検討してみたいと思います。

出身地や移動歴によるシングル率の違いを捉えるため、以下では社人研が実施する人口移動調査と国勢調査の結果を結び付けて分析します[2]。人口移動調査は、他の公的統計では把握できないライフイベントごとの居住地や別の世帯にいる家族の居住地等を調査項目としており、第1回が1976年、第2回が1986年に実施されて以降は5年ごとに継続して実施され、第8回調査が2016年に実施されています。居住地は都道府県別までしか細分化されておらず、残念ながら東京区部に限定したデータは得られません。そこで、ここでの分析では東京都を東京区部の代替として用います。分析対象期間とする1985～2015年での東京都に対する東京区部のミドル期人口比率を国勢調査でみると、総人口は6～7割程度、シングルは7～8割程度と東京区部への集中が十分に大きいため、東京都の分析結果を通して東京区部の状況を把握することは可能であると考えました。

分析対象とするのは東京都の35～64歳のミドル期人口であり、出身地は中学校卒業時の居住都道府県とし、それによって東京圏内出身か東京圏外出身かに分類します。また、シングルであるかどうかは世帯人員がひとりであることから判断します。なお第1回調査はサンプリングが男性に過度に偏っており、第3回調査は中学校卒業時の居住都道府県を調査していないことから、この2つの調査結果は今回の分析では用いないこととしました。

人口移動調査はサンプリング調査であり、都道府県別に男女のミドル期人口のみを抽出した場合、十分なサンプル数を確保できない場合があります。そのため、あまり多くの人口属性を用いて細分化した分析は難しくなりますが、第8回調査に関しては、まち・ひと・しごと創生総合戦略を始めとする諸政策や地域別将来人口推計の基礎資料として、都道府県別の指標を提供するために調査区数を拡大しており、東京都のミドル期人口の分析でも各種の人口属性の分析が可能となっています（国立社会保障・人口問題研究所［2018］）。そこで、後述する東京都に居住するミドル期人口の出身地による配偶関係別割合と別世帯の親の居住地については、第8回調査の結果のみを用いて分析しました。

人口移動調査の個票データを集計し、調査時点で東京都に居住するミドル期人口について、出身地によるシングル率を比較したいのですが、サンプリング調査であるが故に回収率によるバイアスが生じており、現実のシングル率から乖離しているという問題が生じています(3)。例えば第8回調査の東京都の有効回収率はわずか43・2％であり、調査全体の有効回収率73・5％と比較して著しく低い回収率です。一般的にシングルのほうが、複数人世帯で暮らす非シングルよりも調査への回答率が低くなることから、人口移動調査の集計によるシングル率は、とりわけ東京都において低く算出されると推察されます。

そこで、人口移動調査から得られる出身地に関する各種比率を国勢調査人口に与えることによ

図2-6　出身地別にみた東京都ミドル期人口の男女別シングル率

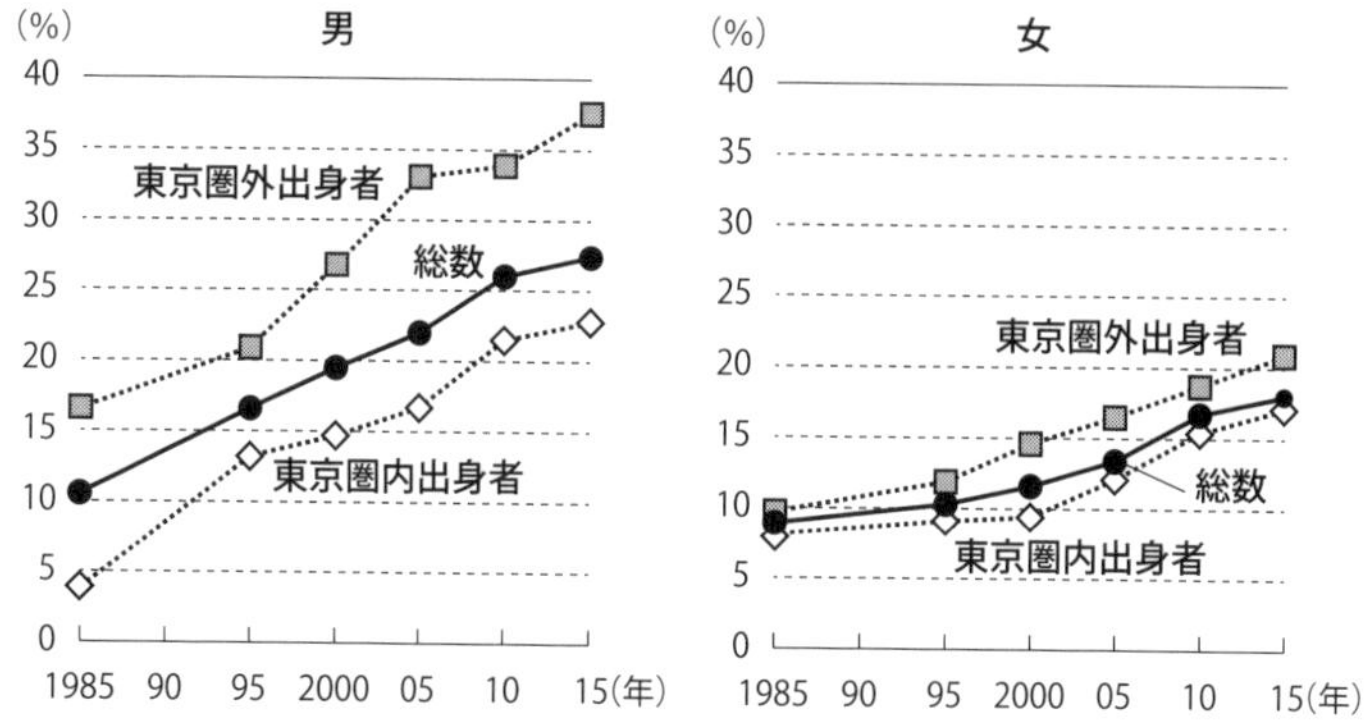

（出所）国勢調査、人口移動調査より筆者作成

り、国勢調査における東京都居住のミドル期シングルを出身地に分類することを試みました。国勢調査と人口移動調査の調査時期は一致していませんが、約1年間のずれにとどまることから、人口移動調査での比率を直近の国勢調査に適用します。[4] 2016年に実施された第8回調査による集計結果は、2015年国勢調査に適用することになり、具体的には、第8回調査から得られる東京都に居住するミドル期人口およびシングルの男女別出身地別割合（東京圏外出身、東京圏内出身）を2015年国勢調査のミドル期人口およびシングルに乗じ、国勢調査における男女別出身地別ミドル期人口とシングル数を推定します。[5]

では分析結果を順にみていきましょう。図2-6は上述したプロセスによって推定した東京都に居住するミドル期人口について、出身地別に男女別のシングル率を示しています。男女とも東京圏外出身者のシングル率は東京圏内出身者よりも高い結果となりました。つまり、東京圏外から東京圏へと転入し、都心回帰に寄与している人口集団が、東京都全体のシングル化を促進する効果を持っているということになります。データの推定ができる6時点について、出身地によるシングル率の較差は男性で7・7%ポイント〜16・4%ポイント、女性で1・9%ポイント〜5・2%ポイントあり、較差は男性の方が大きいことがわかりました。男性はシングル率の水準も高く、東京圏外からの転入者が東京都のシングル率を引き上げる効果も大きいということになります。また図2−3でみたように、東京都のミドル期シングル率自体が全国的にみて高い水準にあるため、東京圏外出身者のシングル化率の高さは全国のシングル化率の上昇にも寄与していると考えられます。

東京都における東京圏外出身者のシングル率の相対的な高さが、東京都ひいては全国のミドル期シングル率を引き上げる効果を持つことがわかったので、具体的にどの程度の影響があったのかを考えてみたいと思います。これを考えるには、シングル率だけではなく出身地別の人口規模をみる必要があります。それを示したのが図2−7です。指摘する事項が男女で共通していたため、ここには男女計のデータのみを掲載しています。ミドル期人口全体をみると、東京圏内出身者が増加する一方で東京圏外出身者は概ね減少しており、その大小関係が1990年頃に入れ替わっていることがわかります。これにはいわゆる大都市2世の出現が影響しているのでしょう。高度経済成長期に東京圏に転入して郊外住宅地に移り住み、そこで小規模核家族世帯を形成した

図2-7　出身地別にみた東京都ミドル期人口とシングル数（男女計）

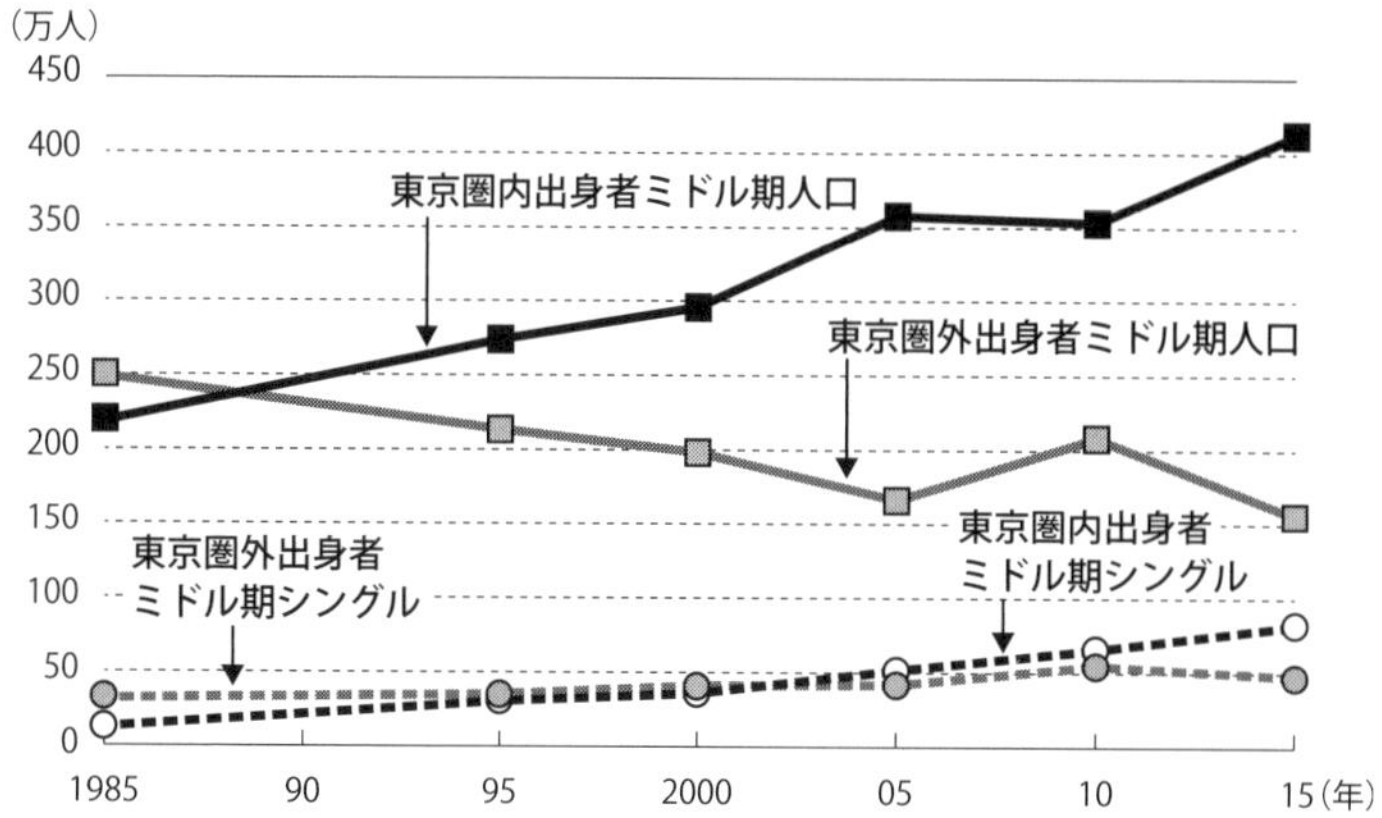

（出所）国勢調査、人口移動調査より筆者作成

1930〜40年代生まれの世代を大都市1世とすると、その子どもとして生まれた1960〜70年代生まれが中心の世代は、大都市2世と表現できる世代です。この大都市2世がミドル期になるのは2000年以降ですが、それ以前に生まれた世代も含め、東京圏内出身者が徐々に規模を拡大してきたと考えられます。東京圏外出身者が減少しているのは、転入人口を供給する側の地方圏の人口減少が大きな要因でしょう。

ミドル期シングルをみると東京圏内出身者が明確に増加傾向を示すのに対し、東京圏外出身者は微増か横ばいの変化です。出身地による規模の大小関係が逆転するのは2000年から2005年にかけての間であり、ミドル期人口全体のタイミングよりも遅くなっています。これはミドル期人口の変化と違って東京圏外出身のシングルが減少しなかったことが影響していますが、２０００年以降に大都市2世の中心的な世代がミドル期に到達することを考えると、それらの世代の人口移動と家族形成行動も影響してきたと考えられます。

つまり大都市2世は、自身が暮らしてきた大都市圏郊外地域に居住することを選択せず、より利便性の高い都心地域へと選択的に移動し、かつ家族形成の遅れからシングルとして居住を続ける傾向を見せ始めたということです。

東京都に居住する東京圏外出身者は全体として数を減らしていますが、その内のシングル数は減少傾向を示さないため、東京圏外出身者のミドル期シングル率が非常に高い水準になっていることがわかります。それと比較して、東京圏内出身者はシングルと非シングルの両方が増加しており、人口規模を増やしつつもシングル率の水準が東京圏外出身者よりも低い状態となっています。東京圏外出身者が減少しているため、東京圏外出身者の相対的なシングル率の高さが東京都や全国のシングル率の上昇にどの程度寄与しているのかは、シングル化率の高さほどはっきりとはわかりません。

東京都に居住するミドル期人口について、東京圏内出身者と東京圏外出身者の人口規模とシングル率が推定できたため、東京圏外出身者のシングル率の高さが東京都および全国のシングル率をどの程度引き上げる効果を持っているかを計算してみたいと思います。東京都のシングル率に

図2-8　東京都居住の東京圏外出身ミドル期のシングル化傾向が東京都のシングル率に与える影響

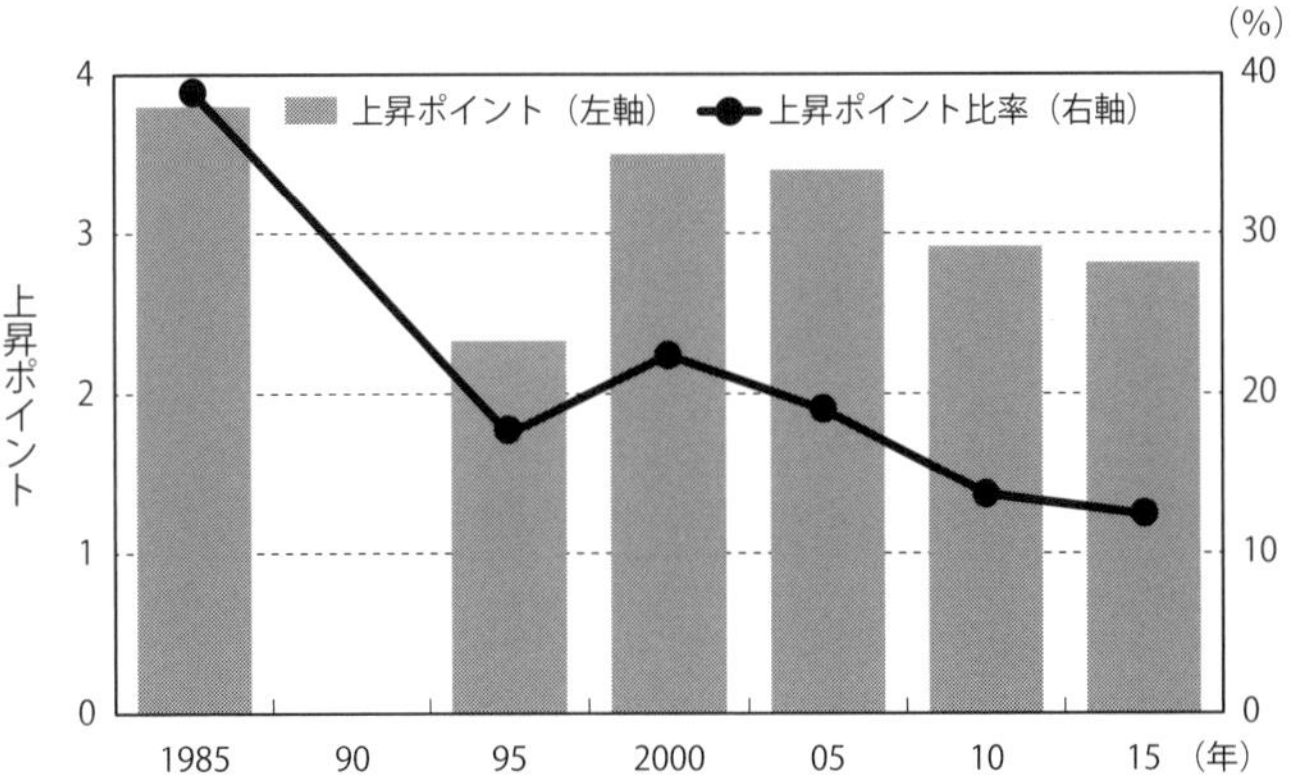

（出所）国勢調査、人口移動調査より筆者作成

対する効果は、東京圏外出身者のシングル率が東京圏内出身者のそれと同値であると仮定した場合に得られる東京都全体のミドル期シングル率シミュレーション結果と、実績値との乖離として把握できます。また、全国のシングル率に対する効果については、地域を東京都と東京都外に分け、やはり東京都に居住する東京圏外出身のミドル期人口について東京圏内出身者のシングル率を適用し、東京圏内出身の東京都居住者と東京都外居住者には実績シングル率を適用した場合の全国シングル率のシミュレーション結果を算出します。そのシミュレーション結果と全国のミドル期シングル率の実績値の乖離が、東京圏外出身の東京都居住ミドル期人口の卓越したシングル化傾向が全国のシングル化を促進した効果として把握されることになります。

これらのシミュレーションは男女別に実施し、図2―8には、東京都の分析結果について、男女計の値を示しています。ここで示されている値は、例えば1985年の東京圏外出身者によるミドル期シングル率の上昇ポイントは3・8ポイントあり、同年の東京都ミドル期シングル率9・7％に対する上昇効果の比率である上昇ポイント比率は39％となります。

上昇ポイントは2・3～3・8％ポイントの大きさがあり、1995年を除くとゆるやかな低下傾向があります。1995年はバブル崩壊後のタイミングと一致しており、景気が悪いときには上昇効果が小さくなるという東京都の経済事情が影響していると考えられます。また、2005年から2010年にかけての低下がやや大きいですが、これはリーマンショックが発生した時期であり、やはり経済事情による影響が生じているのでしょう。上昇ポイント比率をみると、上昇ポイントの変化と同様に1995年が小さく、2005年から2010年の低下がやや大きいといった特徴はあるものの、概ね低下傾向といえます。それでも東京圏外出身者のシングル化傾向が東京都全体のシングル率を1～2割程度は引き上げており、人口移動による比較的強い影響があるとみてよいでしょう。したがって、東京都への人口移動は、東京都内においてシングル化の卓越した人口集団を増加させることを通して、東京都全体のシングル化を促進する効果を持っていると結論付けられます。

なお、全国のミドル期シングル率に対する効果の大きさは数値のみの記述にとどめますが、

図2-9　第8回人口移動調査によるミドル期シングルの配偶関係別割合

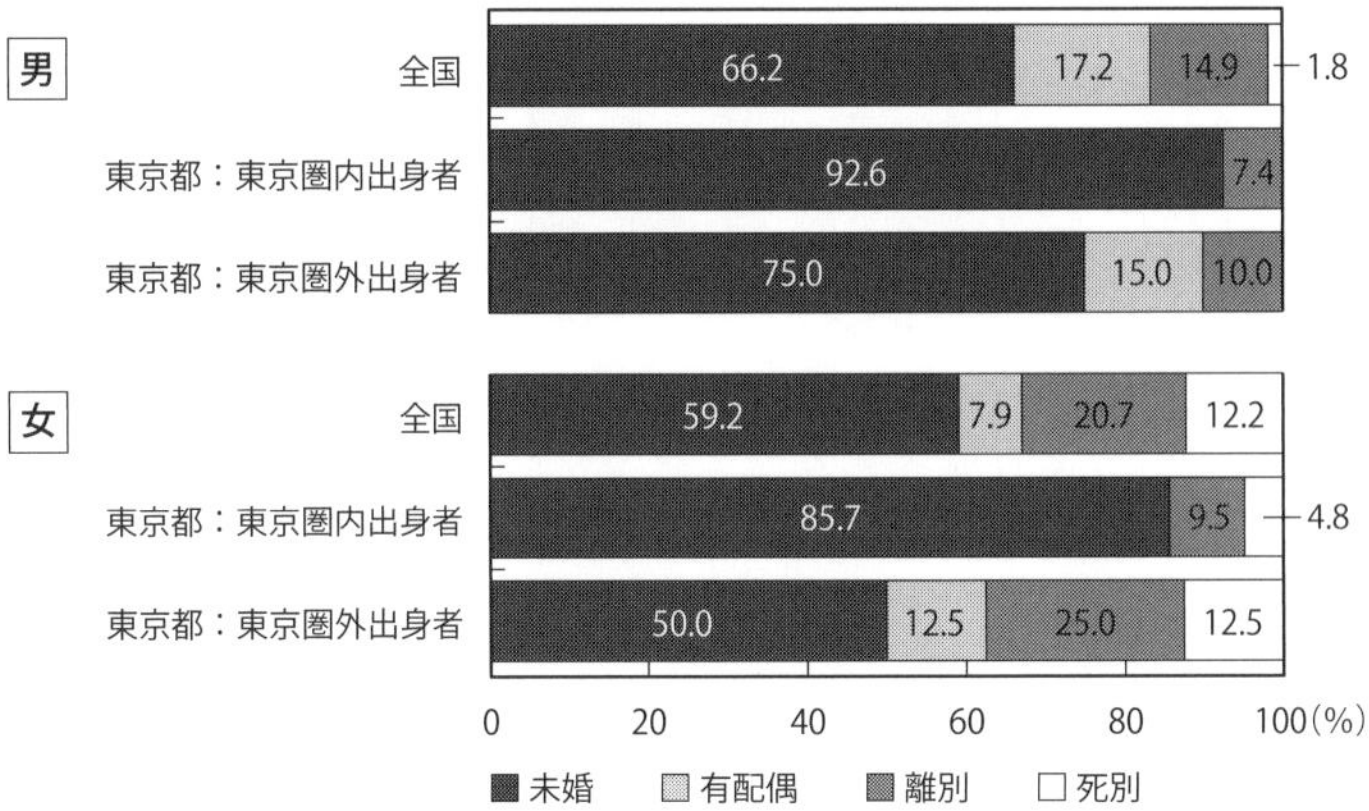

（出所）第8回人口移動調査より筆者作成

1985年、1995年、2000年、2005年、2010年、2015年の順に上昇ポイントは0・37、0・22、0・33、0・34、0・31、であり、上昇ポイント比率は6・7%、2・9%、3・7%、3・2%、2・4%、2・2%となりました。東京都内の東京圏外出身者の規模が縮小していることもあり、全国のミドル期シングル化に対する東京区部への人口移動の影響は限定的ではありますが、少ないながらもシングル率の上昇に寄与していることがわかります。

以上のように東京都に居住する東京圏外出身者が、東京都のシングル化の卓越に一定の寄与をしていることが明らかになったことを踏まえ、彼ら／彼女らのライフコースについて少し考察してみたいと思います。

図2−9は2016年実施の第8回人口移動調

査の個票を集計し、ミドル期シングルについて男女別に全国、東京都居住者の出身地別に配偶関係別割合を示したものです。男女とも、東京都の東京圏内出身者は未婚割合が大半を占めており、家族形成の遅れや回避によってシングル化している状況がうかがえます。それに対して、東京圏外出身者には有配偶者が一定数存在しており、単身赴任等の理由でシングルとして東京都に居住していると考えられます。

また、東京圏外出身の女性において離別割合が高いことも大きな特徴です。この配偶関係は第8回人口移動調査を実施した2016年時点の状況であり、離別状態になってから東京都に転入したか、東京都内に転入した後の家族形成行動の結果であるかは直ちには判断できません。ですが、東京圏外で離別状態になる経験をしたミドル期人口が、選択的に東京都への転入をしている例も恐らくあるでしょう。東京圏外からの東京都への転入は東京都の単身化の卓越に寄与しつつ、ミドル期シングルの生活状況の多様さも生み出しており、そうした多様性の許容が相対的に大きな東京都への転入は今後も継続するのではないでしょうか。

最後に東京都のミドル期シングルの親との地理的な関係に触れておきたいと思います。

図2–10は図2–9と同様に第8回人口移動調査による東京都のミドル期シングルについて、親の居住地を東京圏内か圏外か、あるいは両親とも死亡しているかに分類した割合を示しています。同じミドル期のシングルであっても、男女ともに東京圏外出身者の方が東京圏内に親が居住する

図2-10　第8回人口移動調査による東京都居住のミドル期シングルの親の居住地分布

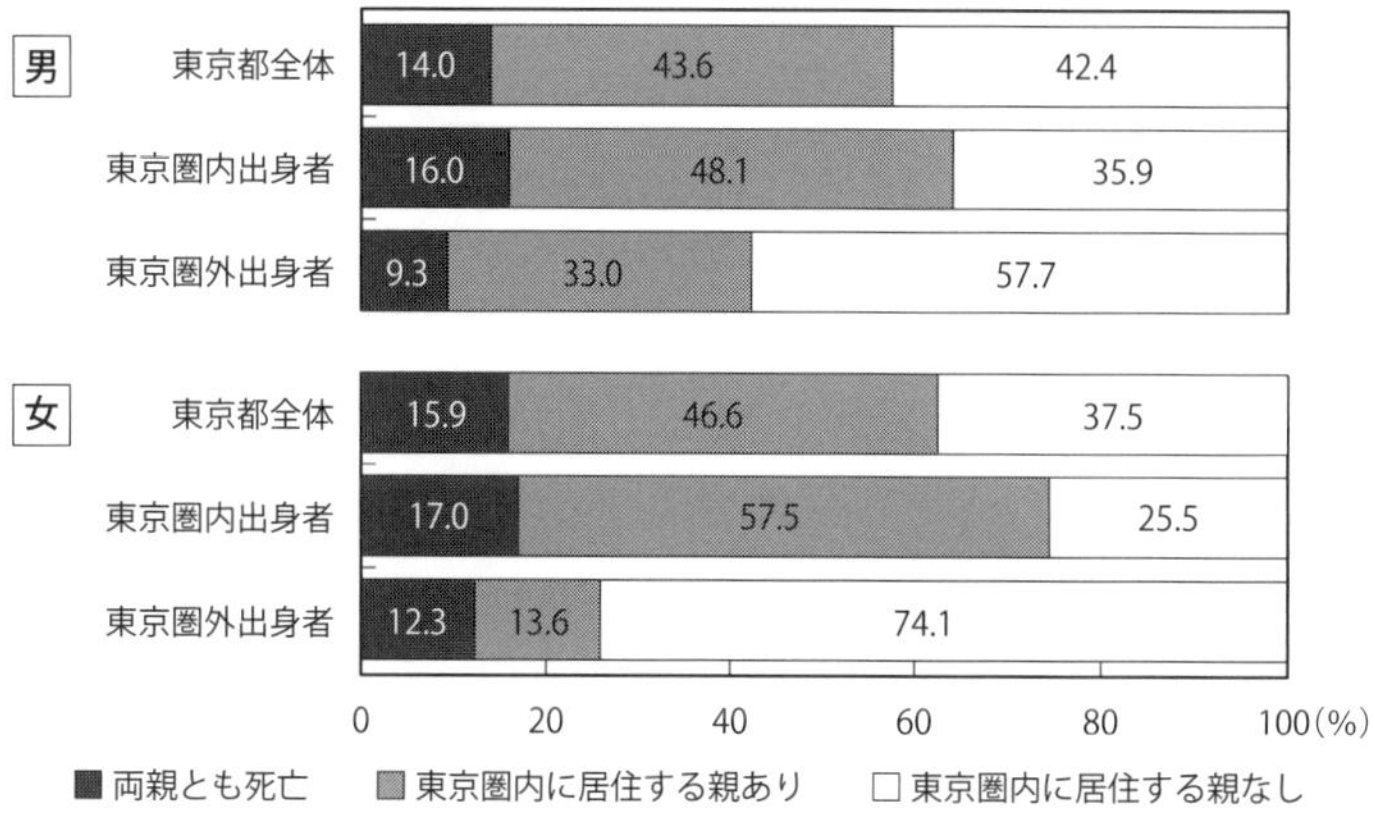

（出所）第8回人口移動調査より筆者作成

割合が低いことがわかります。また、東京圏内出身者で比較すると、男性よりも女性の方が東京圏内に親が居住する割合が高いのですが、東京圏外出身者では大小関係が逆転しています。これはミドル期シングル自身が親とともに世帯移動しているのではなく、ひとりで東京都に転入する傾向があることを意味していることに加え、男性よりも女性で出身地による親の居住地分布の較差が大きいことを示しています。

　これには東京圏外出身女性に離別が多いという配偶関係別割合の特徴との関連があるかもしれません。東京圏外出身者には地方圏出身者も多く含まれています。地方圏は東京圏と比較して相対的に伝統的規範意識の強い地域であり、地方圏出身者はそのような場で定位家族期を過ごしています。そうした規範の中には男尊女卑や過度な性別役割分業といった、女性にとっての負の要素もあります。ミドル期に離婚してシングル化することがきっかけとなり、これら負の側面から離脱するために地方圏出身女性が東京区部へ移動しているという解釈は可能でしょう。それは、そうした地域で居住し続けてきた親元からの離脱でもあり、より多様性を許容するような地域社会への移動と考えることができます。結果として、親との地理的な距離としてみると男性よりも女性の方が、多様な状況に置かれており、とりわけ東京圏外出身の女性は親と地理的に離れて暮らしている者が多くなっています。ただ、親子関係の強さは地理的な距離よりも連絡頻度に依存する傾向があり、女性のほうが男性よりも親との連絡を頻繁にとっていることが明らかにされています（特別区長会調査研究機構［2020］99ページ）。東京圏外出身の女性は、その生活スタイルの中で親とは地理的に距離を置きつつも、連絡の頻度を高めることで心理的な距離は近い状況を作り出しているともいえるのです。

4 ミドル期シングル増がもたらす東京区部の変容

日本全体で進行するミドル期シングル化の大きな要因は、晩婚化や未婚化といった家族形成行動の変化、すなわち生殖家族形成の遅れや回避に求めることができます。そのミドル期のシングル化が東京区部で卓越していることについて、本章ではその理由を東京区部および東京圏をめぐる人口移動との関係から分析しました。その結果として以下の内容を指摘できます。

まず、東京圏の転入超過が１９９０年代後半以降に拡大に転じていますが、それ以前とは異なり、東京区部の転入超過数が半数を占める状況が生じていました。そして人口移動の年齢パターンとして、コーホート・シェアの変化からは１９７０年代以降出生コーホートにて20代後半以降も東京圏や東京区部への転入超過が継続する変化がみられています。これは過去のコーホートと比較して、相対的にミドル期人口がより多く東京区部に集中するようになっていることを意味する変化です。

そして人口移動調査を用いて東京都を対象地域として分析したところ、ミドル期人口のシングル率は、男女ともに東京圏外出身者の方が東京圏内出身者よりも高い値を示しました。つまり人口移動が、よりシングル化傾向の強い人口集団の転入を促進する効果を持っており、それが東京区部のミドル期シングル化の卓越に結びついているということです。ただし、東京圏外からの転入者の人口規模は縮小しており、そのシングル率の相対的高さが東京都（あるいは東京区部）のシングル率を上昇させる効果は、拡大を続けているというわけではありませんでした。

この結果は、転入者が東京都や東京区部のシングル化を促進する一方で、それだけでは全国に対する東京都・東京区部のシングル化の卓越が説明しきれないことを意味しています。東京圏内出身者のシングル化も全国的な水準よりも強く進行していることから、仮説的思考として東京区部への転入者がミドル期でもシングルとして自由な生活を送っている様をみて、東京圏出身者もそれに倣《なら》うような家族形成行動、すなわち生殖家族形成からの回避をするようになっていると考えることもできるかもしれません。類似の視点は廣嶋（2016）にて、「人口移動は単なる量的効果以上に、大都市居住者自身の家族形成の遅れにも影響を及ぼしているとみるべきではないだろうか」として提示されています。

また、ミドル期シングルの配偶関係、親の居住地をみると、出身地と男女の組み合わせによる明確な違いがみられました。これは男女によって東京区部に居住するに至るライフコースの違いがあり、また親との関係性にも違いがあることを意味しています。就職や進学といったシンプルな理由ではない人口移動の多様性が東京区部のシングルにはあり、その多様性が人口移動によってさらに強まっているという循環構造の存在が考えられました。これは人口移動と家族形成行動との関係として提示した、移動晩婚相互作用仮説とも類似した構造といえるでしょう。

筆者はかつて東京圏をめぐる人口移動と家族形成行動との関係を研究し、1960～70年代生まれ以降の世代において、子どもが親との同居を選択しなくなるという形で直系家族制規範に基づく家族形成がなされなくなっていることを明らかにしました（丸山［2018］）。今回の分析対象となったミドル期人口の中心は、それらの世代であり、その新しい家族形成行動の典型的集団が東京区部に転入する東京圏外出身者ではないかと考えます。直系家族制規範に関する議論は森岡説や落合説、大江説(6)などあり、直系家族制規範の変容については見解が分かれていますが、いずれの説も戦後の核家族に新たな家族形成規範が生まれなかったという点は一致しています。そのような明確な家族形成規範を持たない世代の家族形成の1つの帰結が、生殖家族を持たなかったり、その形成を遅らせたりすることによるシングル化と考えることができるでしょう。

地方圏出身で東京区部に転入する者は、相対的に伝統的な規範意識の強い場で定位家族期を過ごしており、そうした規範意識の中でも、男尊女卑や性別役割分業といった負の側面からの逃避という意味が、地方圏から東京区部への移動により強く込められるようになったのではないでしょうか。そうした移動をする者の心の内にあるものは、画一性からの脱却と多様性への渇望であり、そうした考えを許容する環境が地方圏よりも大都市圏にあるという希望があるのだと思います。

ただし、そうした許容の大きさはあくまでも相対的な大きさでしかなく、近年のセクシャルマイノリティや同性婚等の議論をみても、大都市圏のそれは十分な水準に達しているとはいえません。それでも地方圏に比べて〝まし〟であるならば、多様化するシングルの生活実態に呼応して、東京圏や東京区部への人口転入は継続することになるのだと考えられます。

ミドル期シングルが増える東京区部は、これからどのように変容していくのでしょうか。本章の分析結果から考えられる方向性を示してみたいと思います。

将来的に家族を持たず、社会的に孤立しやすいミドル期シングルのさらなる増加は確実であり、その一部は非正規雇用による不安定な経済状況に置かれ、新たなアンダークラスを形成する可能性があります。

新宿区はミドル期シングルの生活実態を調査し、それに基づいて経済的安定度と社会的孤立リスクの高低によってシングルを4つに分類する視点を提示しているのですが（新宿区新宿自治創造研究所［2016］）、そのうち「生活不安群」は経済的安定度と社会的孤立リスクの一方が低く、もう一方が高い分類であり、一見すると生活に支障がないように見えて潜在的なリスクを有しており、何かのきっかけでたやすく両方の要素が低い「生活困窮群」に移行してしまう恐れがあります。将来的に増加が確実視されるミドル期シングルの多くが生活不安群となり、薄氷の生活を送る者が集住する場へと東京区部は変わっていくのかもしれません。

ただし、東京区部あるいは東京都のミドル期シングルは、東京圏外出身者よりも東京圏内出身者が多くなってきており、将来的な増加も後者を中心とするものとなると考えられます。これは従前と比較すると、親との地理的な距離の近いミドル期シングルが増加するということを意味するため、マクロ的にみて社会的孤立リスクが今よりも低下することにつながるかもしれません。また、ミドル期および高齢シングルが増加することをポジティブに捉え、シングル向けの各種サービスを官民共同で創設することができれば、東京区部がシングルフレンドリーな場になる可能性もあるでしょう。

結婚を選択せず、積極的にシングルであることを選択する自由を享受できる場となれば、その成立過程で多様性を深く広く許容する社会になっていくでしょうし、それがさらなる東京圏内出身者のシングル化、東京圏外出身のシングルの転入の増加につながるかもしれません。

いずれにせよミドル期シングルが増加していくことは確実であり、東京区部は常にシングルがもたらす新たな社会課題に対する答えを模索する場となっていくと思われます。

注

1 このような人口移動と結婚出生力の関係性を明らかにする一方で、結婚出生力の基底要因として人口移動の影響は相対的に小さく、結婚出生力の地域較差に対する人口移動の影響もあまり大きくないことも同時に指摘している。

2 人口移動調査の個票データは、社人研の人口移動調査プロジェクト研究会において、統計法32条の規定に基づき利用した。

3 ミドル期シングル率（男女計）は、国勢調査では1995年、2000年、2005年、2010年、2015年の順に9・7%、11・2%、13・5%、15・6%、17・8%、20・5%、21・25、21・9%であるが、第4回以降の人口移動調査では1996年、2001年、2006年、2011年、2016年の順に11・4%、12・7%、9・1%、16・9%、11・6%であり、特に2005年（2006年）以降の乖離がかなり大きくなっている。

4 第2回人口移動調査は10月1日の実施で、第3～8回調査は7月1日の実施である。なお、この分析で用いる国勢調査の男女年齢別人口は、1980年～2010年国勢調査は年齢不詳人口を按分して加算した値を用い、2015年と2020年国勢調査では総務省統計局が公表する参考表：不詳補完結果の値を用いている。男女年齢別シングル数は、2010年～

2020年では年齢不詳が表章されているため、これを年齢別に按分して加算している。

5　人口移動調査の回収率の低さを国勢調査結果によって補正しているわけだが、ここでの回収率についての仮定は、人口移動調査において出身地に拠らず、調査時点でシングルか非シングルかという居住実態によってのみ、同確率で調査に回答していないというものである。すなわち、シングルおよび非シングルの出身地別割合は、人口移動調査の値が正確であると考えることになる。こうした仮定に基づき、人口移動調査の集計によるシングルおよび非シングルの出身地別割合を国勢調査の実績値に乗じることにより、国勢調査の出身地別シングル数と非シングル数を推定することとした。これにより、国勢調査におけるミドル期人口の出身地別シングル率、出身地別ミドル期人口を得ることができ、その量的変化や大小関係の変化の分析ができるようになる。

6　戦後の核家族世帯の増加、核家族世帯率の上昇について、森岡は、核家族世帯の増加は夫婦家族制の浸透によるものであり、戦後の家族変動は直系制家族から夫婦制家族への移行あるいは転換であるという立場をとっている（森岡［1993］）。それに対して落合は、これらの変化は多産少死世代の持つ人口学的条件によるもので直系家族制的世帯形成規範に決定的な変化は起こらなかったとする立場であることを明確に表明している（落合［2019］）。大江は自身の立場がどちらかというと森岡説に近いとしつつ、多産少死世代からその後の世代まで直系家族制規範は一貫して弱まる方向で推移したとしている（大江［2008］）。

参考文献

岩澤美帆（2015）「少子化をもたらした未婚化および夫婦の変化」高橋重郷・大淵寛編著『人口減少と少子化対策』原書房、49–72ページ

江崎雄治（2006）『首都圏人口の将来像――都心と郊外の人口地理学』専修大学出版局

大江守之（2000）「新しい地域人口推計手法による東京圏の将来人口」『都市計画論文集』第35巻：1087–1092

――（2008）「大都市郊外地域における家族・コミュニティ変容と〈弱い専門システム〉の構築」大江守之・駒井正晶編『大都市郊外の変容と「協働」』慶應義塾大学出版会：1–29

落合恵美子（2019）『21世紀家族へ――家族の戦後体制の見かた・超えかた［第4版］』有斐閣選書

小池司朗（2006）「出生行動に対する人口移動の影響について――人口移動は出生率を低下させるか？」『人口問題研究』第62巻第4号：3–19

――――（２００９）「人口移動と出生行動の関係について――初婚前における大都市圏への移動者を中心として」『人口問題研究』第65巻第3号：3–20
――――（２０１４）「人口移動が出生力に及ぼす影響に関する仮説の検証――『第７回人口移動調査』データを用いて」『人口問題研究』第70巻第1号：21–43
――――（２０１７）「東京都区部における『都心回帰』の人口学的分析」『人口学研究』第53巻：23–45
国立社会保障・人口問題研究所（２０１８）『第８回人口移動調査報告書』調査研究報告資料第36号
新宿区新宿自治創造研究所（２０１６）「新宿区の単身世帯の特徴 (3)壮年期・高齢期の生活像」『研究所レポート２０１５ Ｎｏ．１』
特別区長会調査研究機構（２０２０）『特別区における小地域人口・世帯分析及び壮年期単身者の現状と課題』令和元年度調査研究報告書
日本人口学会編（２０１８）『人口学事典』丸善出版
廣嶋清志（２０００）「近年の合計出生率低下の要因分解――夫婦出生率は寄与していないか？」『人口学研究』第26巻：1–20
――――（２０１６）「地域人口問題と家族研究」『家族社会学研究』第28巻第1号：56–62
丸山洋平（２０１２）「東京圏への人口移動と晩婚化――１９４０年代～80年代女性コーホートの比較分析」『人文地理』第64巻第４号：３５０–３６５
――――（２０１８）『戦後日本の人口移動と家族変動』文眞堂
森岡清美（１９９３）『現代家族変動論』ミネルヴァ書房
山内昌和・小池司朗・鎌田健司・中川雅貴（２０２０）「東京大都市圏と非東京大都市圏および全国の結婚出生力に対する人口移動の影響」『人口問題研究』第76巻第２号：２６５–２８３
Kulu, H. (2005) "Migration and Fertility: Competing Hypotheses Re-examined," *European Journal of Population*, Vol. 21, No.1: 51–87

コラム

東京区部のミドル期シングルはどのような人たちか

酒井 計史

このコラムでは、本書で用いている東京区部のミドル期シングルを対象とした質問紙調査の調査方法や調査結果の概要ついて簡単に紹介します。この「コラム」、第3章と第5章の図表は、この調査データを集計・分析したものです。なお、この調査の詳細な結果や本書の内容の一部は、特別区長会調査研究機構[1]が発表している2冊の報告書（特別区長会調査研究機構［2020&2021］）で公表しました。これらの報告書も、本書の筆者らがすべて執筆したものですので、ご関心のある方はそちらもご参照ください。

1 調査方法

調査名：「単身世帯の生活と意識についての調査」

調査主体：特別区長会調査研究機構
調査対象：世田谷区、豊島区、墨田区の在住35～64歳の単独世帯の単身者
対象者抽出法：各区の住民基本台帳より単独世帯を各区5000人単純無作為抽出
調査期間：令和元（2019）年10月1日～31日（コロナ・パンデミック前）
調査方法：質問紙調査・郵送法
回収状況：推定有効回収率は各区とも約18％、3区計18・5％
（N＝2598、男性N＝1264、女性N＝1283、性別不明N＝51）

2 主な調査結果

年齢・出生コーホート対象（年齢不詳を除く、男性計1261人、女性計1280）
35～39歳：1981～85年生（男性N＝197 女性N＝244）
40～44歳：1976～80年生（男性N＝237 女性N＝221）
45～49歳：1971～75年生（男性N＝206 女性N＝239）
50～54歳：1966～70年生（男性N＝230 女性N＝224）

55～59歳：1961～65年生（男性N＝202　女性N＝185）
60～64歳：1956～60年生（男性N＝189　女性N＝167）

（1）若いほど高学歴、地方圏・東京圏郊外出身者増

・出身地は、若い年齢になるほど、地方圏や東京圏郊外の割合が高くなります。（図1）
・学歴も若い年齢になるほど大学以上が増え、女性では特に40代前半以下でその傾向が顕著です。（図2）

（2）高い職業意識と「働くこと」の比重の重さ

・従業上の地位は、男女差が比較的小さいといえます。（図3）
・仕事に対する満足度は68％と高く、男女別、年齢別で大きな違いはみられません。（図割愛）
・「仕事の専門性を高めたい」も75％と高く、若いほどやや高いという傾向はあるものの、男女での違いはありません。（図割愛）

▼ミドル期シングルは、暮らしの中での「働くこと」の比重が総じて高いといえます。

図1　性別・年齢別・出身地

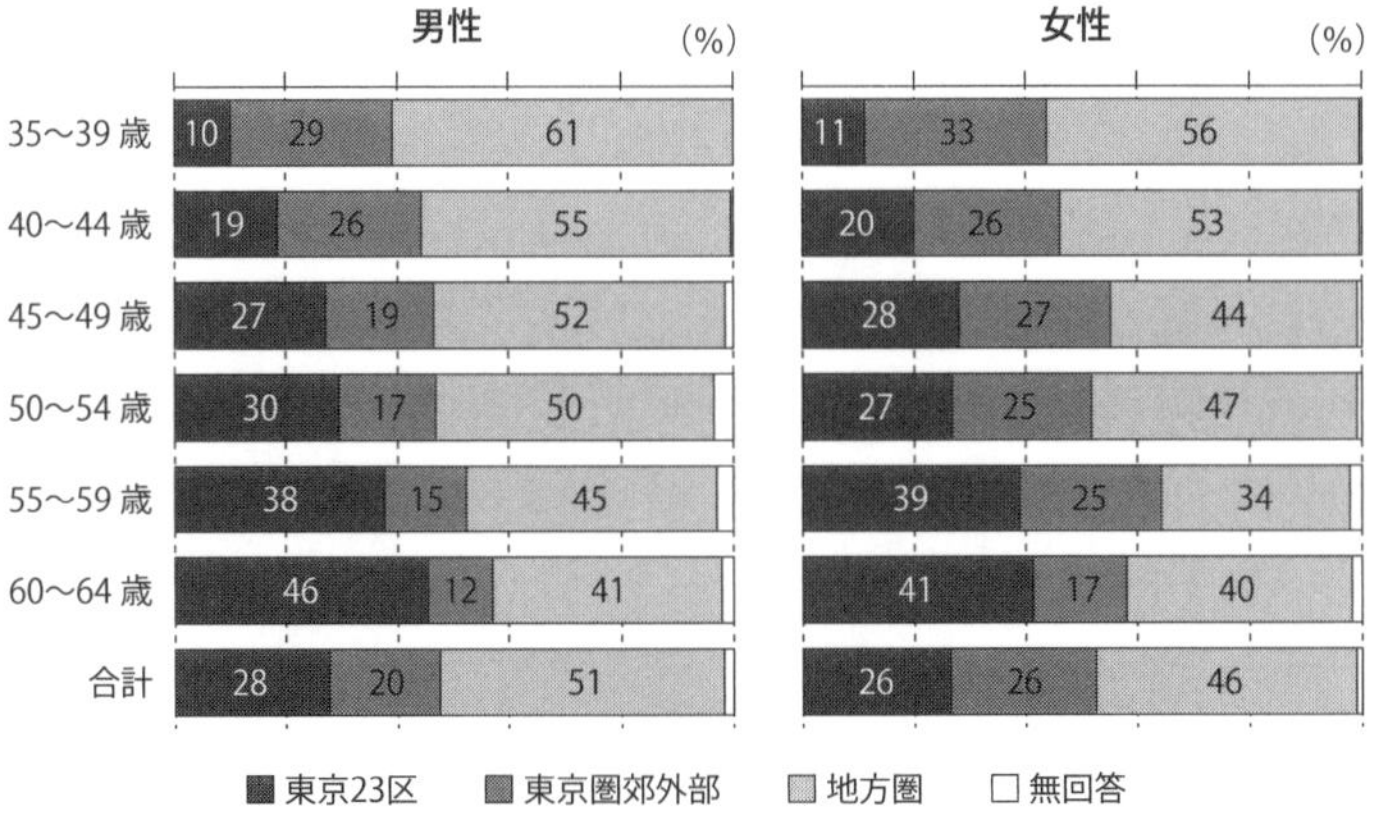

（注）%は小数点以下を四捨五入した数値。男女の各々の「合計」は年齢「無回答」を含めた%
（出所）「単身世帯の生活と意識についての調査」（2019）

図2　性別・年齢別・学歴

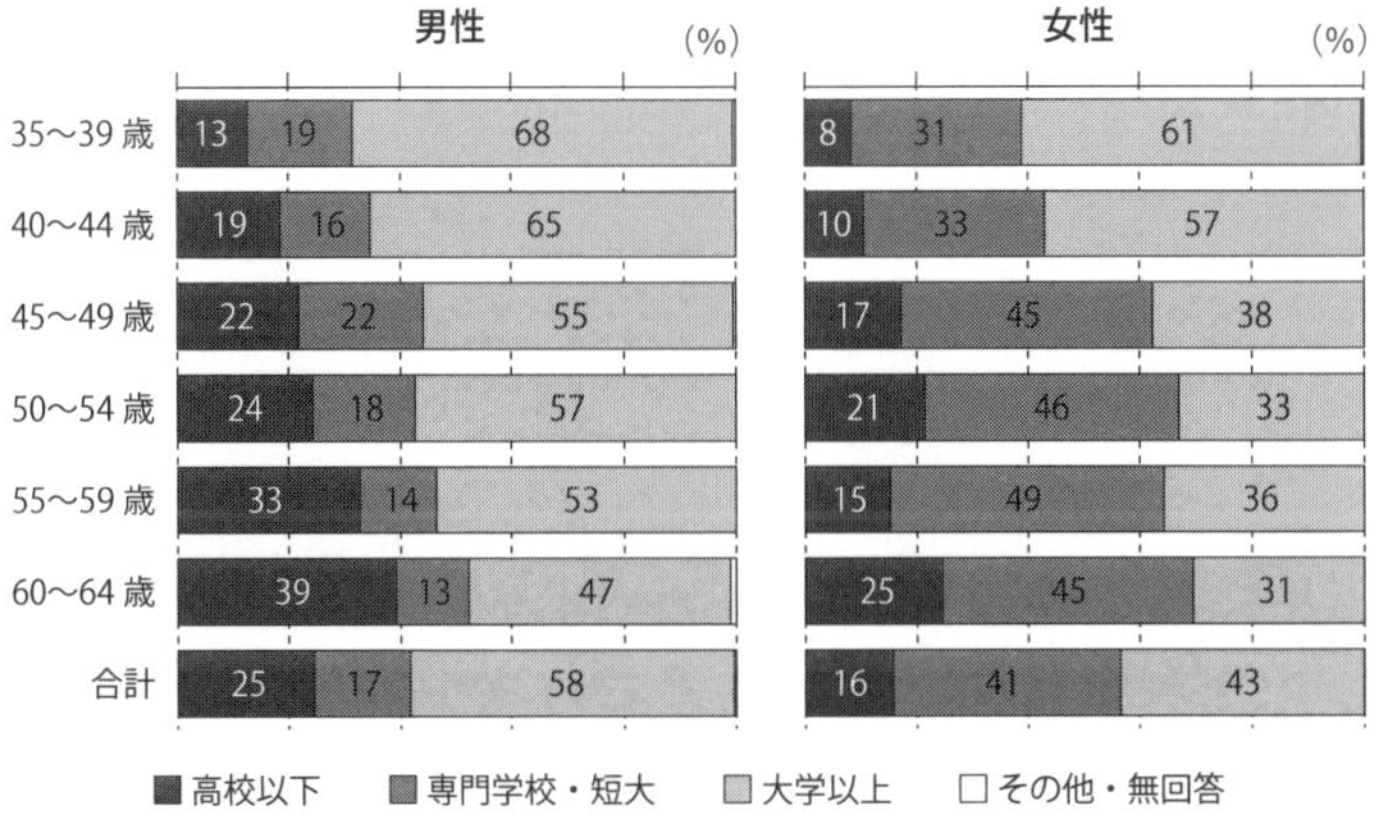

（注）%は小数点以下を四捨五入した数値。男女の各々の「合計」は年齢「無回答」を含めた%
（出所）「単身世帯の生活と意識についての調査」（2019）

図3　性別・年齢別・従業上の地位

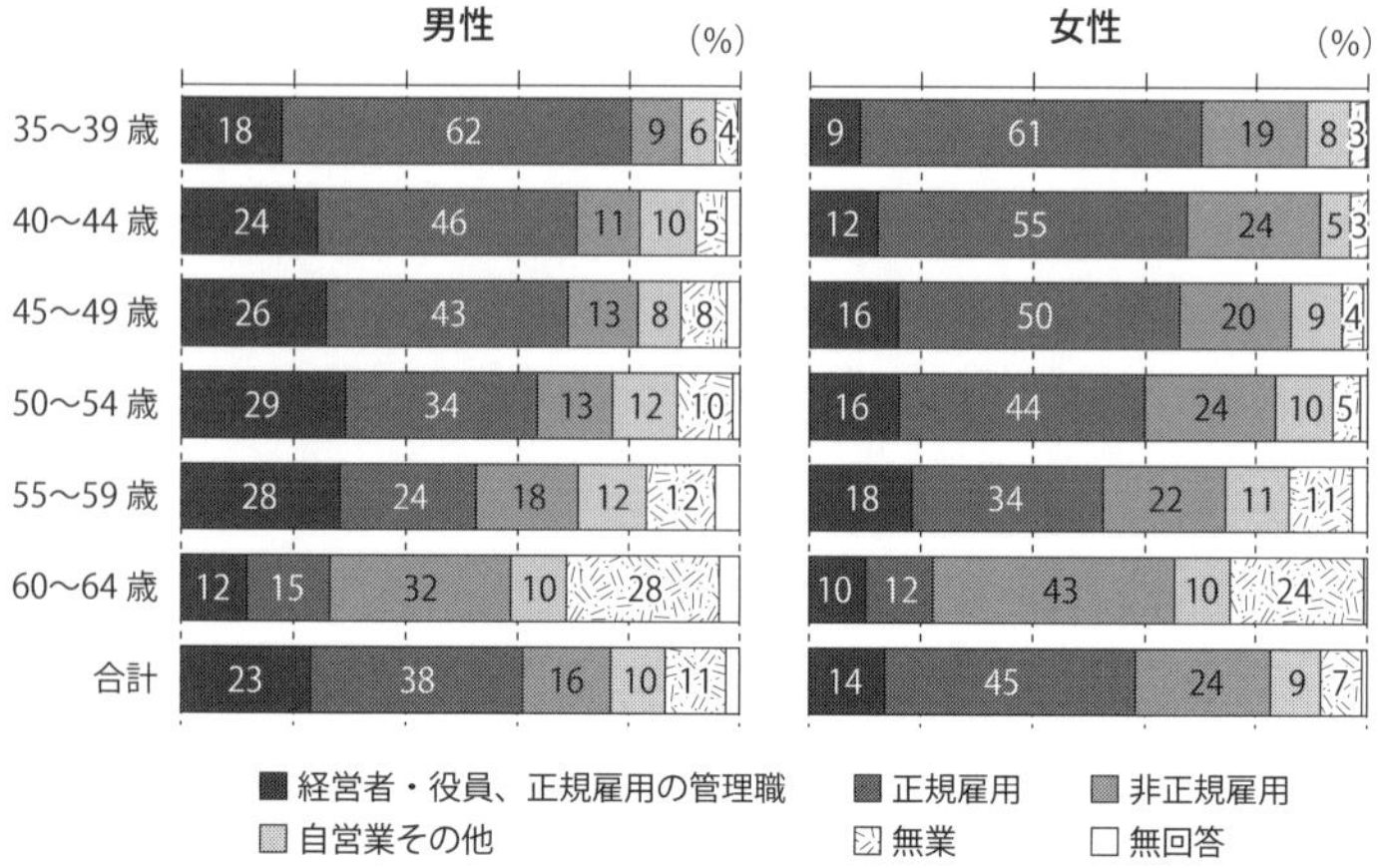

（出所）「単身世帯の生活と意識についての調査」（2019）

（3）経済格差と結婚

・年収300万円未満の低所得者は、男女とも年齢とともに増加し、全体に二極化の傾向を示しています。（図4）

・男女とも未婚が約70%ですが、特に女性では年齢があがると「離死別」の割合が高くなります。（図5）

・男性は、結婚しない理由（複数回答）として「収入面に不安」をあげる割合がどの年齢層でも30%前後なのに対し、女性は10%未満ときわめて低くなっています。（図6）

・「必要性を感じない」（女性では2位、男性では3位）に大きな差異がないのに対し、収入は年齢に関係なく、男性で結婚しない強い要因になっています。（図6）

図4　性別・年齢別・年収

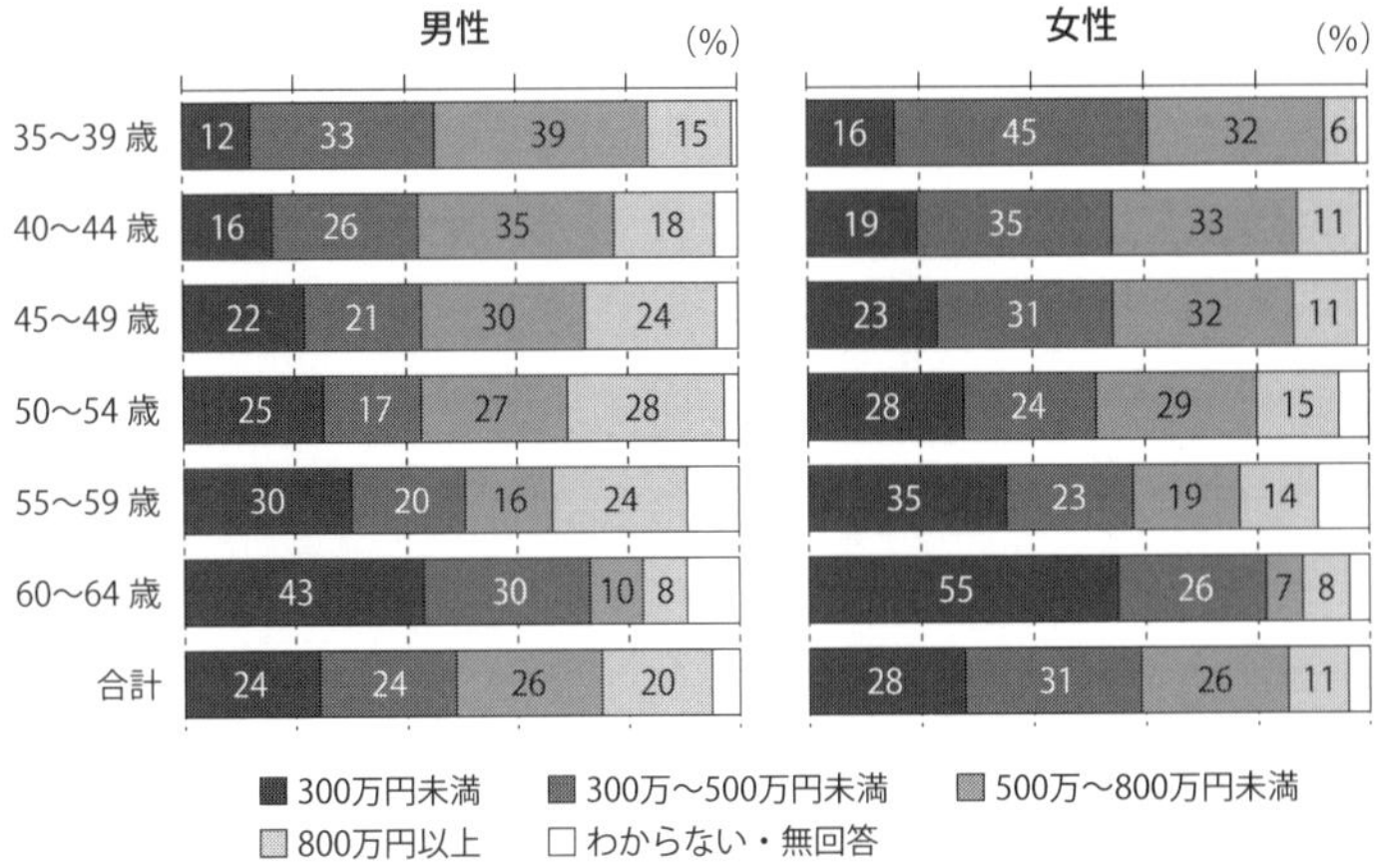

（出所）「単身世帯の生活と意識についての調査」（2019）

図5　性別・年齢別・未既婚

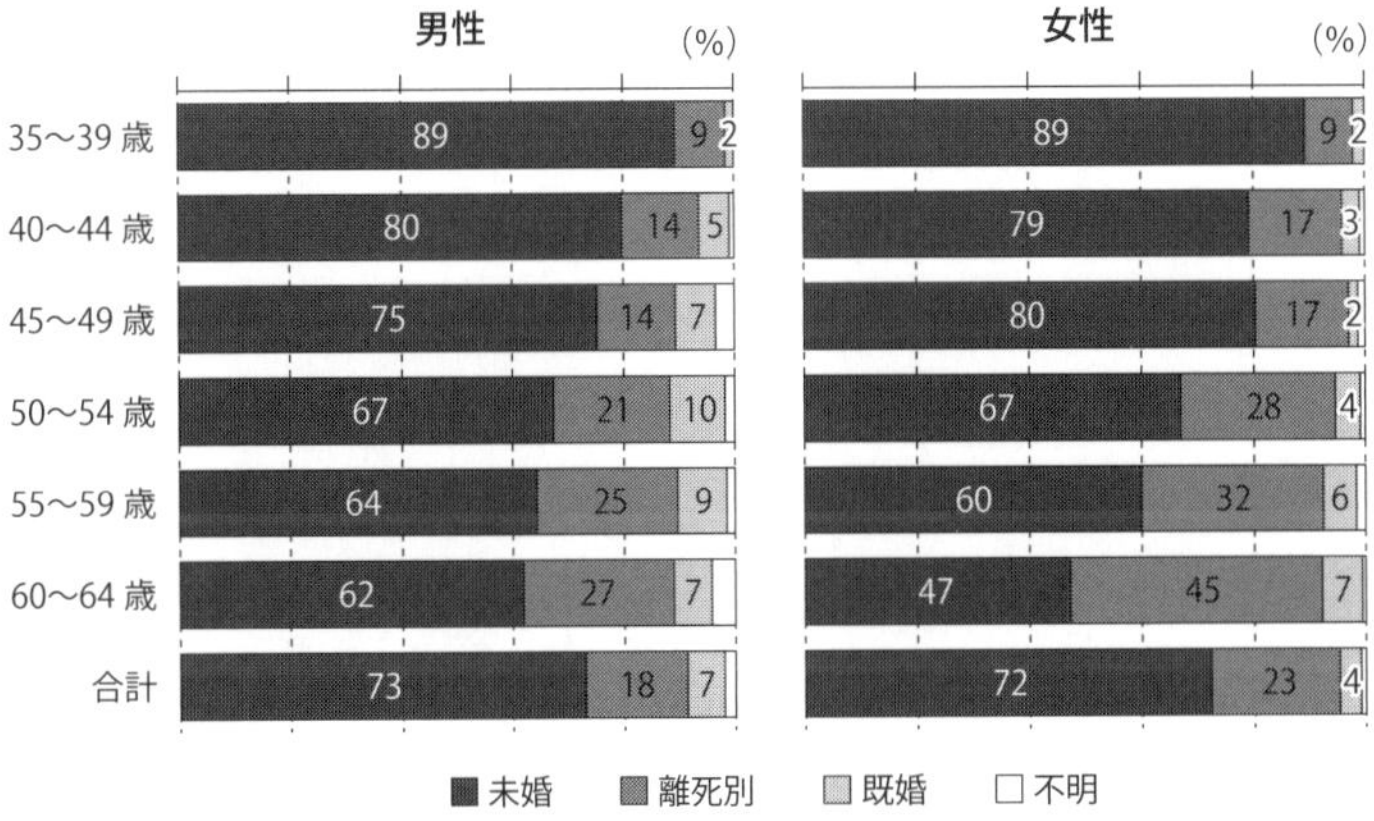

（出所）「単身世帯の生活と意識についての調査」（2019）

図6　（未婚・離死別者のみ）性別・年齢別・結婚しない理由（複数回答）

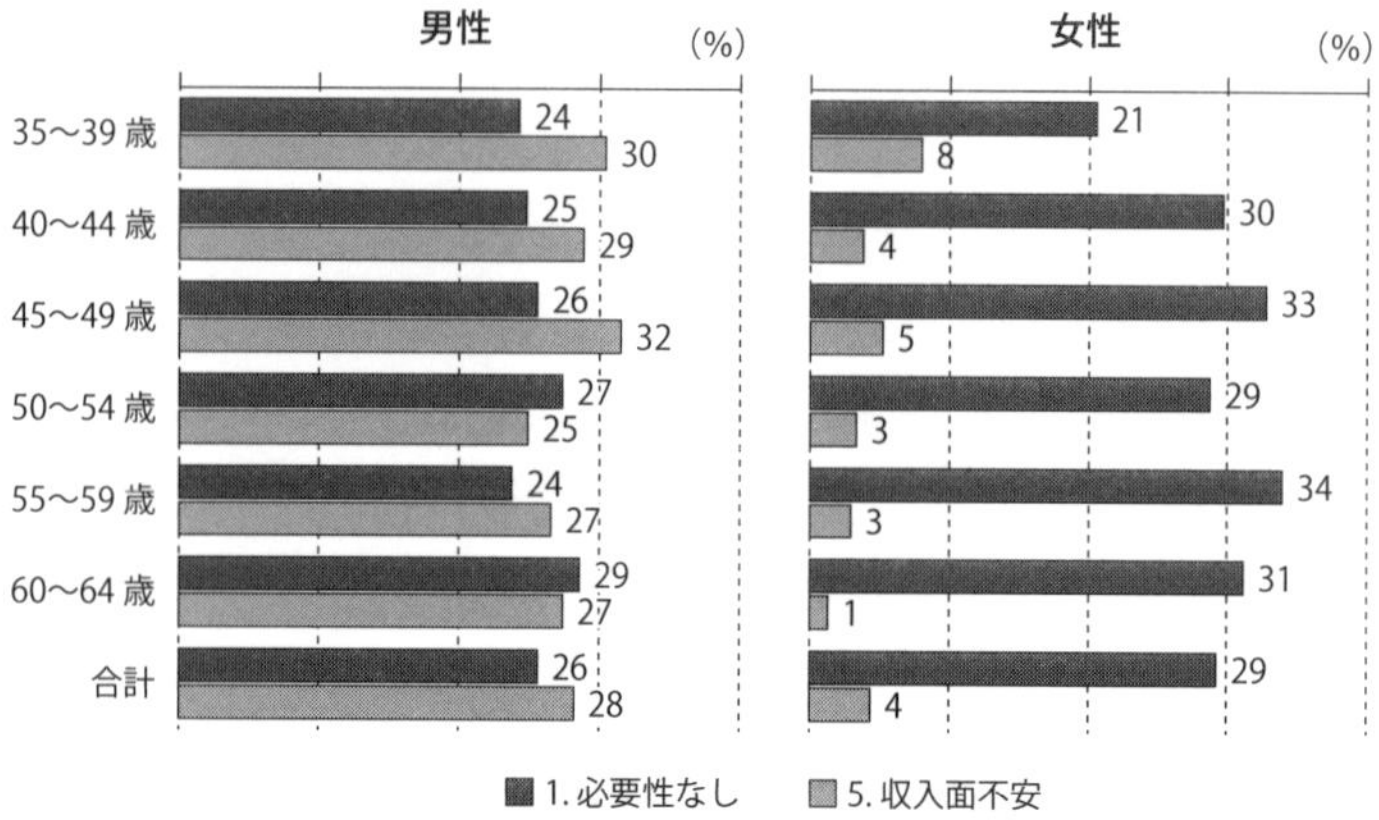

（出所）「単身世帯の生活と意識についての調査」（2019）

（4）ジェンダーによる「ひとり暮らし」の受け止めの違い

・女性は収入が男性よりも低いものの、暮らし向きに関する評価は高く（図割愛）、年齢の上昇とともに「ひとり暮らし」を受け入れる傾向を持ち、準備もしています。（図7）

・男性は、潜在的に家庭を持ちたいという願望があり、年齢が上昇してもその傾向に大きな変化はありません。（図7）

▼高齢期に入っていったときに、孤立化の問題は、経済基盤に加えて、ジェンダーによる違いが現れる点に注意する必要があります。

図7　性別・年齢別・ひとり暮らし希望

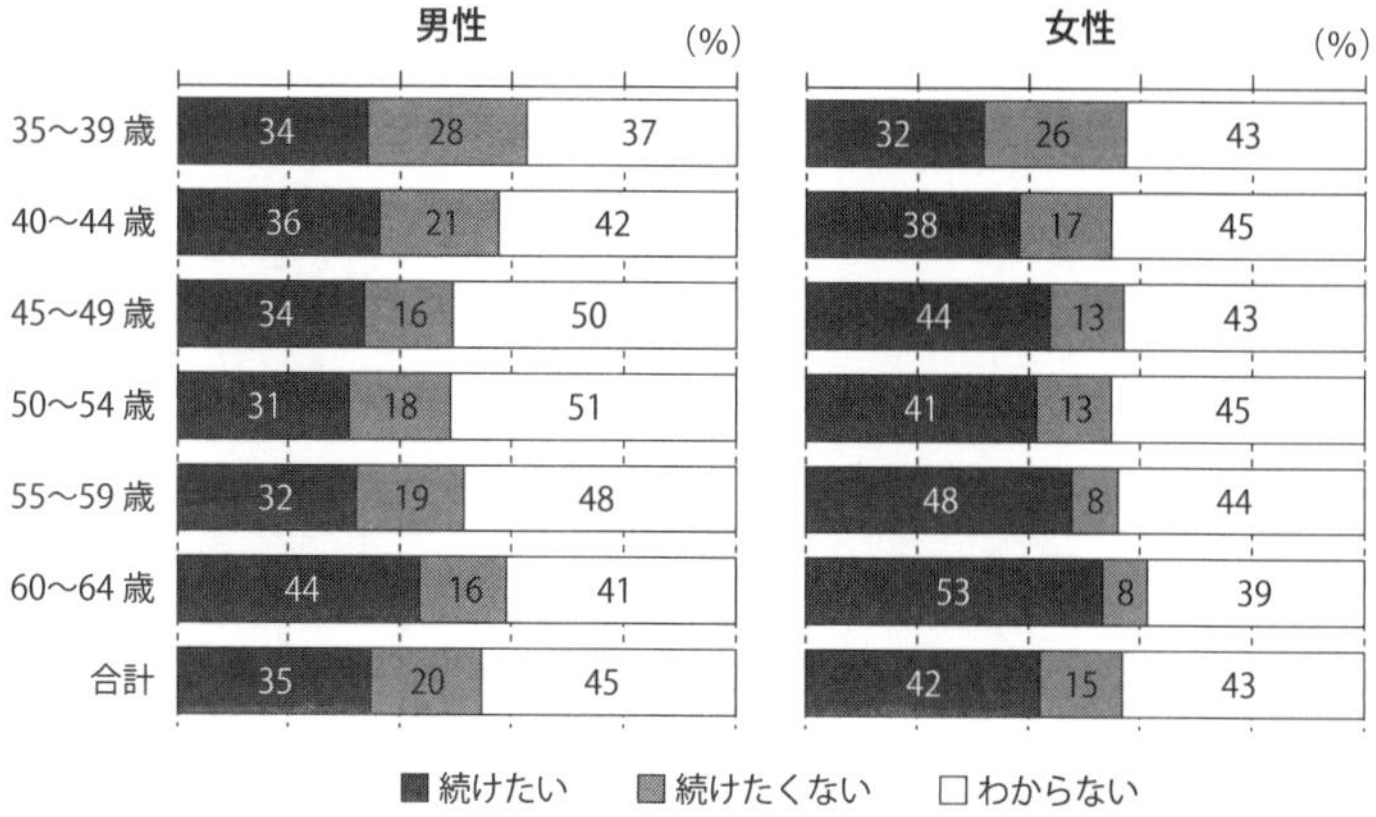

（出所）「単身世帯の生活と意識についての調査」(2019)

注

1　この調査の主体である特別区長会調査研究機構は、特別区及び地方行政に関わる課題について、大学やその他の研究機関等と連携して調査研究を行うために、特別区長会が設置した研究機関です。https://www.tokyo23-kuchokai-kiko.jp/index.html

参考文献

特別区長会調査研究機構（２０２０）『特別区における小地域人口・世帯分析及び壮年期単身者の現状と課題〈令和元年度〉』(https://www.tokyo23-kuchokai-kiko.jp/report/1/post_1.html)

——（２０２１）『特別区における小地域人口・世帯分析及び壮年期単身者の現状と課題（基礎調査）【継続】〈令和２年度〉』(https://www.tokyo23-kuchokai-kiko.jp/report/cat41/post_15.html)

第3章

ミドル期シングルにとって親密圏とは

──強まる血縁関係・広がらない社会関係

宮本 みち子

サマリ

シングルにとっての親密圏とは何を指すのか、シングルの増加は親密圏というものの変容を進めているのかを探りました。親とシングルの交流をみると、男女で差が大きく、女性は母親との交流頻度が高く遠方でも維持されています。病気や災害時などの困ったときは、親やきょうだいをあてにしています。一方、親の介護に関して女性の5割、男性の3割は自分が担うとしています。女性シングルにとって、親きょうだいを中核とする親密圏の重みが増しているのです。ただし、親・きょうだいと絶縁状態にあるシングルもいます。以上の分析結果をみると、ミドル期シングルの環境は、非家族的親密圏も中間圏も広く形成されている状態にはなく、孤立化するリスクを抱えていることが特徴です。シングル化が進む東京区部で、もっと柔軟な家族的関係が社会的に承認され、親密圏を形成しやすくなることが、非婚化の進行に伴う孤立と孤独、生活不安と貧困を押しとどめる条件となると思われます。

1 ミドル期シングルの親密圏をみる視点

シングルにとっての親密圏

シングルの増加に伴って親密圏というものが大きく変化しています。本章はその実態をみていきたいと思います。

まず親密圏とは何を指すのかを整理しておきましょう。親密圏とは具体的な他者との間の、関心と配慮によって結びつく持続的な関係性を指す用語です。それは心の拠り所として、他者の生命・身体への配慮が人と人とをつなぐ関係性で、相互に支え合うことができる関係であることに特徴があります。親密圏は家族的関係にとどまるものではありません。状況によっては、親しい友人・知人なども親密圏になりうることは押さえておかねばなりません。

大島（2014）は、親密圏に該当する圏域には6つがあると整理しています。

①継続的な性的関係を取り結ぶ領域
②生殖単位
③子育て単位
④生活単位
⑤家事や介護等のケア労働を無償で提供する・してもらう領域（ケア単位）
⑥親密な感情によってつながった領域、です。

近代では、これら6つの圏域はすべて、結婚した夫婦が形成する「単婚家族」とイコール（または擬制）でした。しかし、本書がテーマとするミドル期シングルの大半は、日常的に②③④⑤の親密圏を持っていないことになります。しかし、シングルにとっても、「単婚家族」に代わる親密な関係はあります。それが、同居していない親やきょうだい、あるいは恋人や別居パートナーです。ミドル期シングルは特に、親やきょうだいと親密な関係を維持し、それが、人によっては強化されているのです。その関係は、親密な感情によってつながった領域（⑥）であり、時には家事やケア労働を無償で提供したりしてもらう領域（⑤）を伴っています。つまりシングルにとっての親密圏は、単婚家族とは異なる形で広がっているのです。

本章では、シングルにとって、親やきょうだいなどの〝家族的関係〟とはどういうものなのかを問い、さらに、家族的関係に代わる親密な関係性とどのような関係にあるのかを探ろうと思います。もし、シングルの人々が、家族的関係に代わる親密な関係を豊富に持っているとすれば、非婚化は親密圏としての家族的関係の比重を低下させることが可能になります。しかし、結論を先に述べれば、現実には、シングル化は親やきょうだいなどの家族的関係を強める面がある一方で、第4章・5章でも明らかにされる通り、親密圏に近い友人・知人関係が広がっているとはいえず、特に男性シングルの孤立化が濃厚です。家族に代わる社会関係は豊かになっていないというのが筆者の問題意識です。

そこで、話の先取りになりますが、本章で明らかにしたいことを5点あげておきます。

①婚姻家族を持たないシングルにとって、親やきょうだいなどの家族的関係が配偶者や子どもにかわる重要性を帯び、親密圏となっているのではないか。その一方で、血縁関係を代替する友人・知人・恋人その他の社会関係は未成熟ではないか。

②親、きょうだいとの関係は女性によって維持されているのではないか。

③男性にとって親、きょうだいとの関係は希薄な傾向があるのではないか。しかも、シングルであることはその他の社会関係の希薄化にもつながっているのではないか。

④低所得層において家族的関係が著しく希薄なシングルがいる。しかも、その他の社会関係も著しく希薄であるといえるのではないか。

⑤親が介護を必要とするようになった際の担い手意識は女性において強い。高齢者介護の担い手は「嫁」中心からシングルの「娘」を含む多様な担い手へと移行するのではないか。

強まる家族への想い・矛盾する家族意識

調査結果の分析に入る前にまず、家族に関する人々の意識変化の特徴を追ってみましょう。家族が不安定化する中で、家族に関する日本人の意識には矛盾した傾向がみられます。NHK放送文化研究所の継続調査によれば、図3－1のように、親戚との全面的なつきあいを希望する人はしだいに減少し、形式的・部分的なつきあいを希望する人が増加しています。図3－1には示しませんが、老後の子や孫とのつきあい方に関しては、「いつも一緒が良い」は減少し、2000年を境に、「時々会って食事や会話をするのが良い」が最も多くなって、今も増加が続いていま す。

その一方で、図3－2のように、1958年から現在まで、「一番大切なものは家族」と答える割合が上昇を続けて、半数に近い状態に達した後やや低下傾向にあります。一方、多くの人々は親子間の対話や信頼を高く評価しているにもかかわらず、親子関係の充足度は低下を続けていま す。つまり、日本人の多くは家族や親族との煩わしい関係は好まず、ほどほどの距離を取ることを望んでいる一方で、家族の大切さを感じる割合は増加し続けていて、家族に満足している人は

図3-1　親戚とのつきあい方

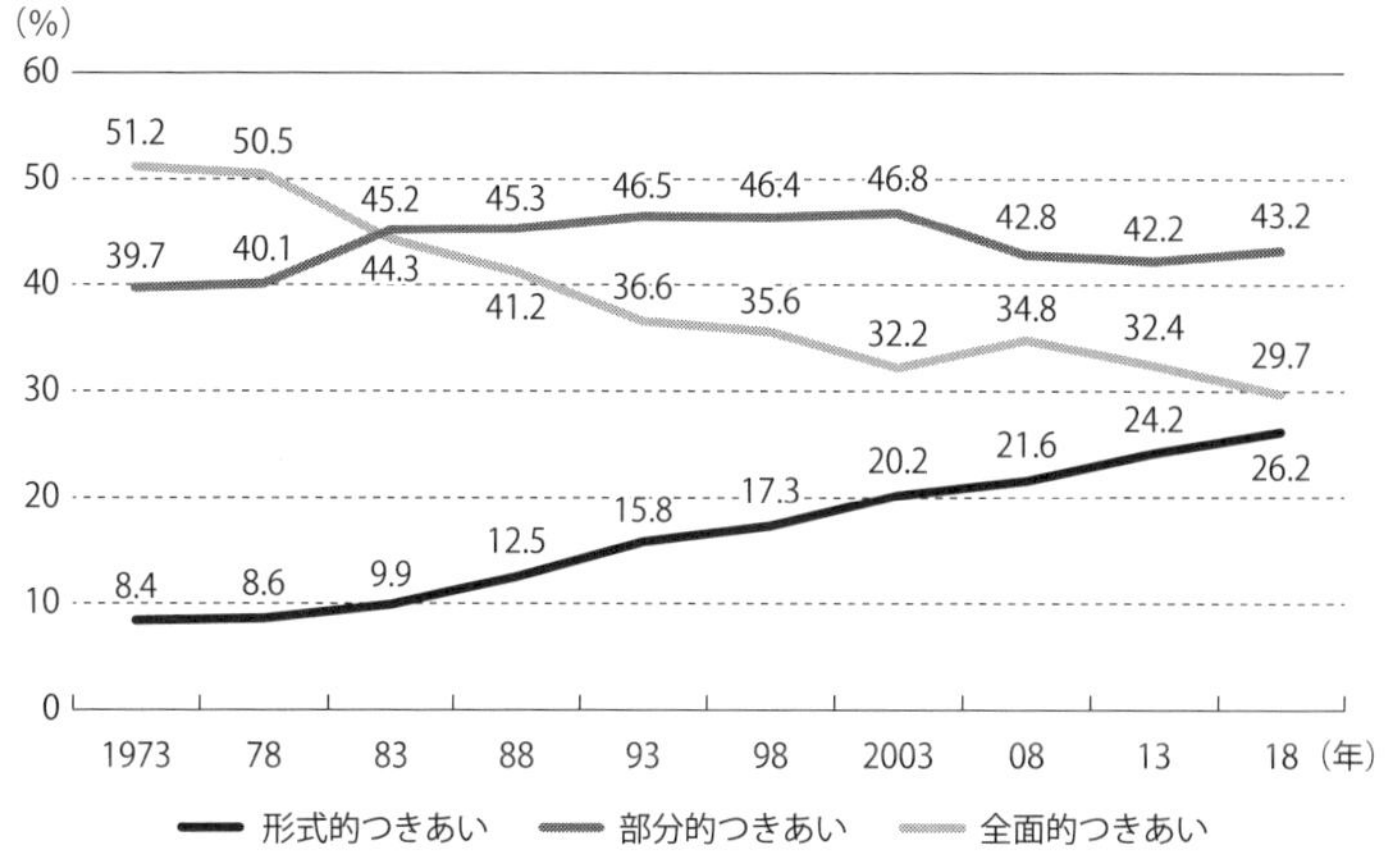

（出所）NHK放送文化研究所「『日本人の意識』調査」より筆者作成

減少しているのです。

しかも、家族を束縛と感じ自由になりたいと願う人々が増加しているにもかかわらず、家族以外の社会関係は著しく希薄です。例えば、OECD加盟国の20か国における交流の実態を比較した資料によれば、友人、職場の同僚、その他の社会団体の人々との交流が「全くない」あるいは「ほとんどない」と回答した割合は、日本は15・3％で圧倒的に多くなっています（OECD［2005］）。また、いざというときに家族以外には頼れない人々が少なくないという矛盾した状況にあるのです（石田［2011］）。

他者からのサポートの中で重要性が高まっているのは、身近な「家族的関係」で、なかでも親きょうだいの重要性がさらに上昇する傾向があると指摘されています。その理由の1つは未

図3-2　あなたにとって一番大切なもの

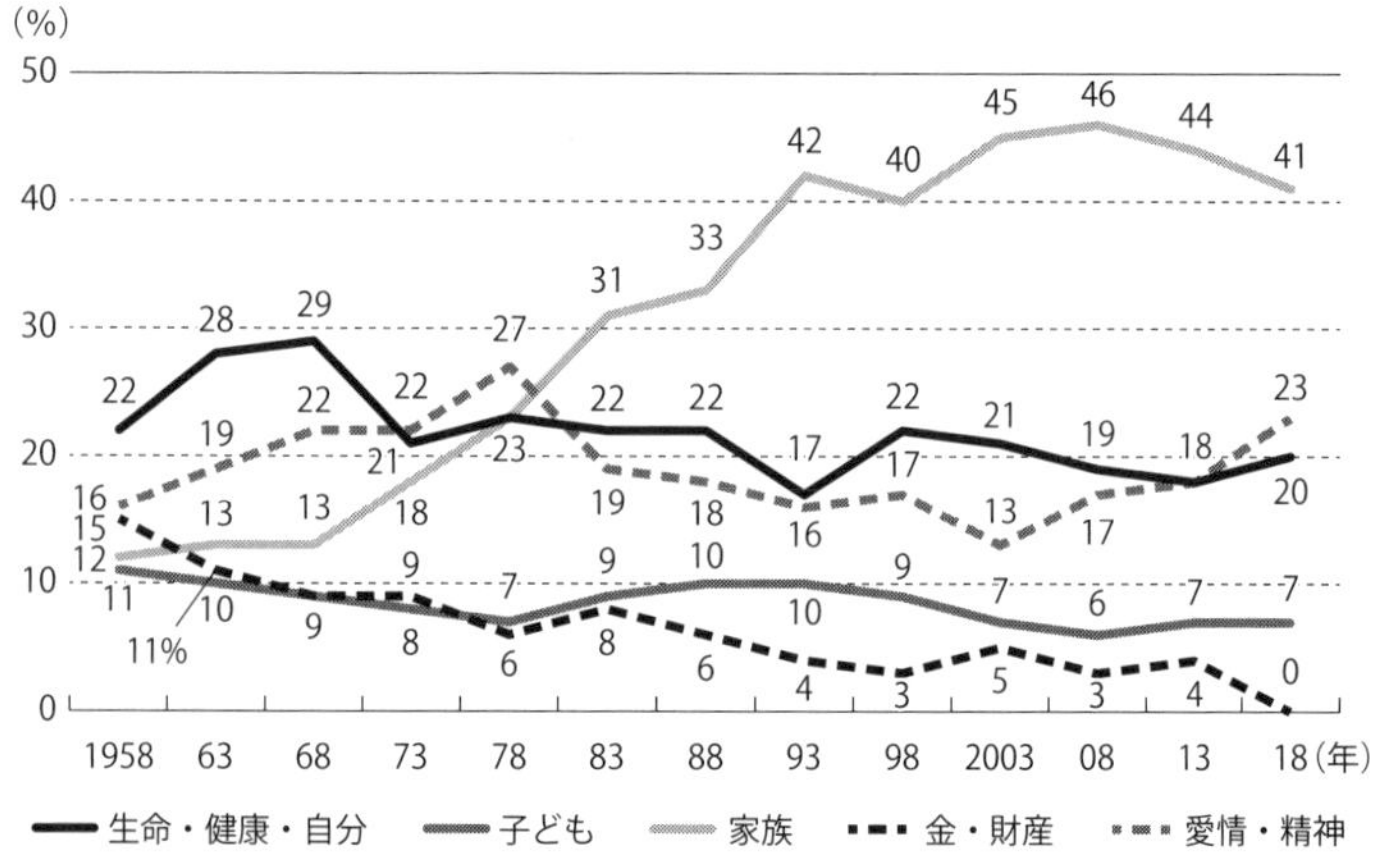

（出所）統計数理研究所「日本人の国民性調査」より筆者作成

婚化・晩婚化にあります。それに加えて、離婚と再婚の発生率の高まりによって、従来のモデルでは扱えないような家族が増加し、配偶者を主なサポート源とする層が社会全体に占める比率は小さくなっています。それに代わって重要性を高めているのは親の家で、不安定な状態にあるほど心の拠り所として、何かあったら駆け込める場所として、貧困を回避する場所として強力な資源となっているのです（大日・菅野［２０１６］）。

　石田（２０１１）は、重要な他者４人までのパーソナル・ネットワークにおいて、悩みを相談する相手をひとりもあげていない人を「孤独者」と操作化したとき、男性、高齢者、離死別経験者が孤立に陥りやすい一方で、「大半の人々は家族・親族を中心に情緒的サポートの関係を構成している」ことを明らかにしています。

長期化するミドル期の親子関係・弱体化する親子規範

◉長期化する親子関係・弱体化する親子規範

家族的関係の重要性は薄れていないことがわかったのですが、成人の子どもと親の関係が強まっているという現象は、シングルの意識やライフスタイルをみる上で重要なポイントです。親子関係の持続性が高まり、親子の関係が強くなっているのは、親の長寿化と子ども数の減少によるものです。特に、親が長生きするようになって、ミドル期シングルの親子関係の持続性を高めています。その姿をライフコースでみてみましょう。スタートは青年期以後の親子関係の変化です。

これまで青年期から成人期への移行モデルは、学卒・就職・離家・結婚・出産・住宅取得・子どもの教育という一連のイベントが順序よく進み、しかも一定の期間のうちに同世代の人々が同時に経験することが標準パターンでした。ところが、晩婚化と非婚化が進む世代で標準的パターンは崩れていきました。2000年代初頭に認識された〝パラサイト・シングル〟(山田［1999］)の存在は、晩婚化のために親の家を出る時期が遅くなっていることが背景にありましたが、その後現在までの推移をみると、晩婚化よりも非婚化による移行モデルの変貌が著しくなっています。婚姻率が高かった時代には結婚が親の家を離れるきっかけになったのですが、それが失われた結果、一方で長期に親元にとどまる人々が増加しました。その背景に、ミドル層や若年層の経済事情が濃厚にあります。

しかし第１章で大江は、第３世代（１９８６〜２０１５年生まれ）が順次ミドル期に入る２０２０年以降、20代後半や30代前半で大きなシングル率の上昇が起きていることを明らかにしています。いずれにしても、離家はしても家族を形成しないシングルの増加が進んだ結果、親子関係は、従来とは異なるものになりました。そこに、離婚経験者の増加が加わっています。シングルにとって親は、配偶者や子どもに代わる重要な人となるだろうことは容易に想像できます。しかし、誰でもが親子関係を持続できるわけではありません。何らかの理由で家族的関係を失ったシングルは、親密な関係性をどこでどのように持っているのかを探る必要があります。

ところで、親子の絆が強まっているという場合、押さえておかなければならないのは親子関係を律する社会規範が弱体化あるいは消滅している点です。大多数が都市化された社会で生まれた１９６０年コーホート以降の人々には、家族や地域社会の生存戦略に従って生きる必然性も強制力も弱体化しています。それが人生の移行パターンを変容させたと同時に、生まれた家との関係、親（同様にきょうだい）との関係も、個人の自由な選択にゆだねられるようになりました。親子の絆は規範による義務ではなく、当事者の選好によるものへと比重が移りつつあるのです。それだけ、家族的関係は壊れやすいものにもなっているのです。

◉変化する中期親子関係の互酬性と介護

親子関係の長期化に伴い、子どもを養育する時期（前期親子関係の時期）と子による扶養や介護を受ける時期（後期親子関係の時期）の間に、親と子の対等性を前提とする成人同士の時期（中期親子関係の時期）が生じました。春日井（1997）は、中期親子の母と娘はお互いに与え手であり受け手であるという「互酬性の認知」を強く抱いていることを明らかにしました。その結果として母親の介護を自ら引き受ける娘が存在するようになっているといいます。親子関係の長期化は、親子という縦関係が親族関係の重要な柱となり、親族ネットワークが、配偶者、きょうだい、おじおばなどの横や斜めに広がらず縦につながっていることが特徴となりつつあることを示しています（岡村［2004］）。

本書が対象とするミドル期の人々には、既婚、未婚を問わず、向老期から高齢期の親がいますが、この時期の親子関係は大きな変容を遂げています。その原因は、第1に、子どもが減少した結果、子どもの性別が一方に偏りやすく、また長男、長女が増加していることです。その結果、親を介護するのはかつてのように長男夫妻（実際は妻）とならない例が増えました。仮に息子の妻（嫁）がいたとしても、少子化のために夫妻双方の親をそれぞれが介護しなければならない例も増えました。第2は、子どもが結婚せずに親元にとどまる例が増えて核家族という家族形態が続き、「嫁」や「婿」のいない向老期から高齢期の親が増えました。第3は、他出した子どもが未婚状態を続けるために、その子どもとの関係が長く続き、将来介護を受ける可能性も高まりました。第4は、離婚する子どもが増加した結果、配偶関係に代わって親子関係の重要性が高まりました。第5に、結婚した子どもが少なく、孫がいない分、未婚の子どもとの絆が強化されました。

日本の介護体制は、介護保険制度があるとはいえ、家族の責任を残したままで、身内なしには介護サービスを利用することがむずかしい状態にあります。その一方で急ピッチで進む少子・高齢化とシングルの増加によって、高齢者介護の担い手は配偶者や、息子の妻（「嫁」）や娘とは限らなくなりました。それにもかかわらず、家族主義的ケア体制が続くことによって、介護負担の強化、介護離職者の増加、介護者不在等の現象が子ども世代に広がることが危惧されます。

加えて、長男同居規範などの伝統的規範が弱まった状況下では、世代間の居住関係はより状況依存的な要因によって決定されやすくなり、未婚子と親が同居を続ける例が増加する可能性があります（田渕［2012］）。

以上のような知見を踏まえて、特別区のミドル期シングルの親子関係およびきょうだい関係をみていきましょう。

2　ミドル期シングルの家族的関係をみる

親との交流は女性中心・絶縁状態の親子も

まず、ミドル期シングルの人々が、親とどのような交流をしているのかをみてみましょう。親の状態をみると、親の健康は40代までは父母共に良い状態にありますが、50代に入ると3割強の父母は健康が良くない状態にあります。50歳未満の人では、父親4人に1人が亡くなり、50歳以上の人では7割が亡くなっています。一方、母親に関してはそれぞれ1割、4割が亡くなっています。つまり、ミドル期後半まで母親が存命の人は少なくないのです。

ではシングルは親とどのくらい交流しているでしょうか。交流頻度をみると男性と女性とで大きな違いがあります。男性は年数回の交流が最も多いのに対して、女性は週1回以上、月数回が多くなっています。週1回以上の頻繁な交流をしているのは女性で、男性を大きく上回っています。年齢でみると図3-3の通り、女性の場合60～64歳で最も交流が多く、週1回以上が半数を占めるのは、高齢に達した親を気遣っているからではないかと思われます。これらの人の中には親が遠方にいる場合もあることをみると、携帯電話やSNSによる交流が頻繁に行われているの

図3-3　年齢別、親との交流頻度

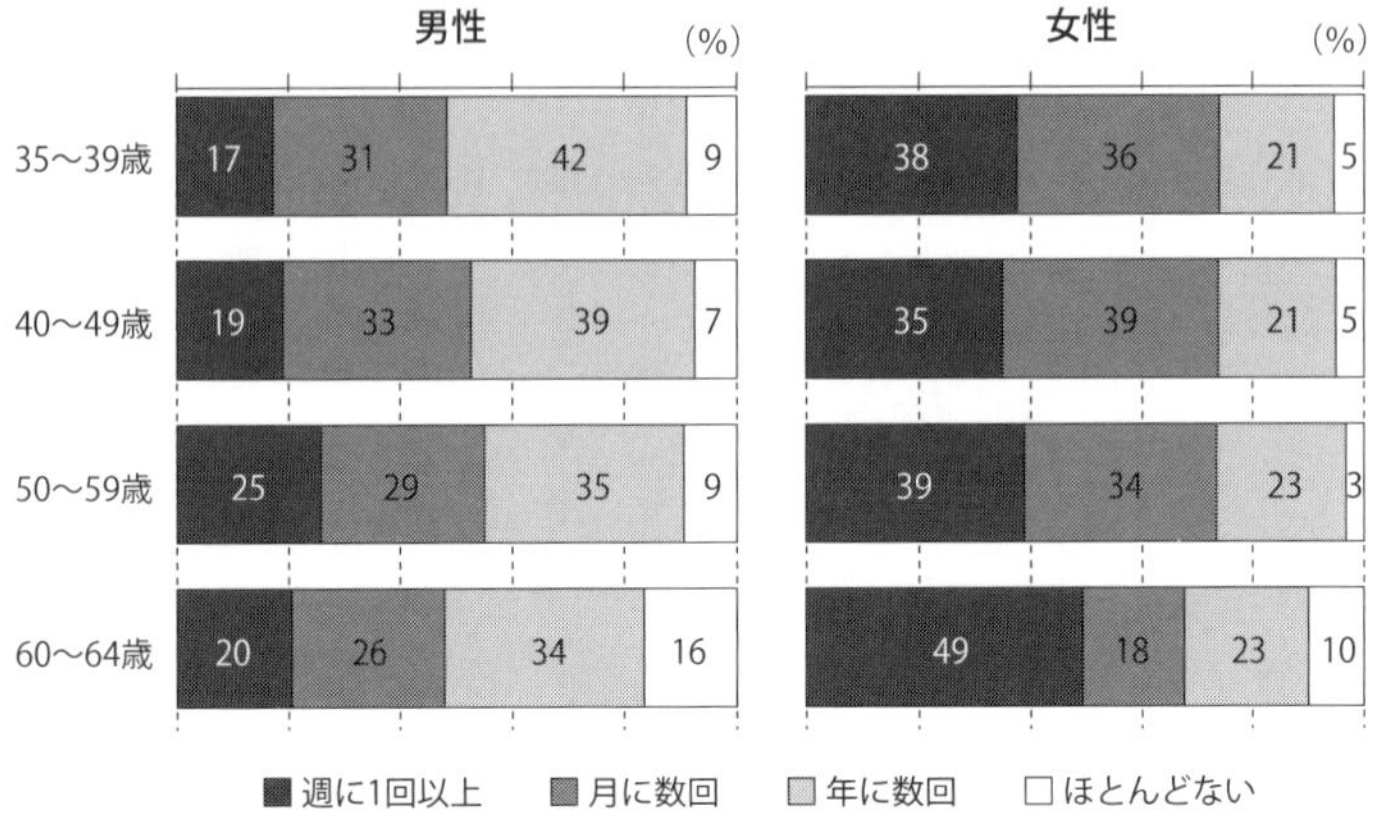

（出所）「単身世帯の生活と意識についての調査」（2019）より筆者作成

ではないかと思われます。それとは対照的に同年代の男性にはそのような傾向はみられません。

インタビュー調査から、親子関係がどのように維持されているのかをみてみましょう（新宿区新宿自治創造研究所［2014］）。

毎日電話している女性、誰かとつながる必要を自覚して親との関係を復活させた女性、未婚の息子を頼る孤独な母親の姿が浮かびます。

・宮城県の親とはほとんど毎日電話をしています。（47歳女性）

・母親とはあまり仲がよくなかったのですが、最近やっと話せるようになりました。仕事中心の生活で、母親と話すことは時間の無駄ぐらいに感じていましたが、自分ひとりでは生きていけない、大きな仕事をしようと思ったら、誰かとつながっていないと何もできないという思いをもつようになってから、いろいろ話すようになりました。（41歳女性）

・母親は寂しいようで、よく電話をかけてきます。毎日かけてくることもありますよ。姉や弟は結婚しているので、気兼ねしているみたいです。母親の電話に出なかったら怪しむでしょうし、母親は家も知っているので、何かあったら来ると思います。（43歳男性）

コラム

本章で用いるインタビューのデータは、新宿区新宿自治創造研究所が2014年に、新宿区で暮らす35歳以上のシングルに実施したインタビュー調査で得たものです。本章でそのデータを活用する理由は、家族的関係に関する質問紙調査結果を補う生の声が豊富であると判断したためです。この調査の対象者は、新宿区広報、ホームページ及び単身世帯意識調査対象者からの公募によって選定しました。インタビューは、区の施設やインタビュー協力者の指定した場所において、研究員2名による面接方式で実施しました。但し、この調査の実施年は質問紙調査の実施時期より5年早い2014年です。その点を考慮して、データから質問紙調査の対象者の生まれ年に該当する40代・50代の44ケースを選んで本章で利用することにしました。筆者は調査プロジェクトのアドバイザーとして調査に参加しました。データの使用については使用許可を研究所から得ています（新宿区新宿自治創造研究所［2014］）。

図3−4　出身地別、親との交流頻度

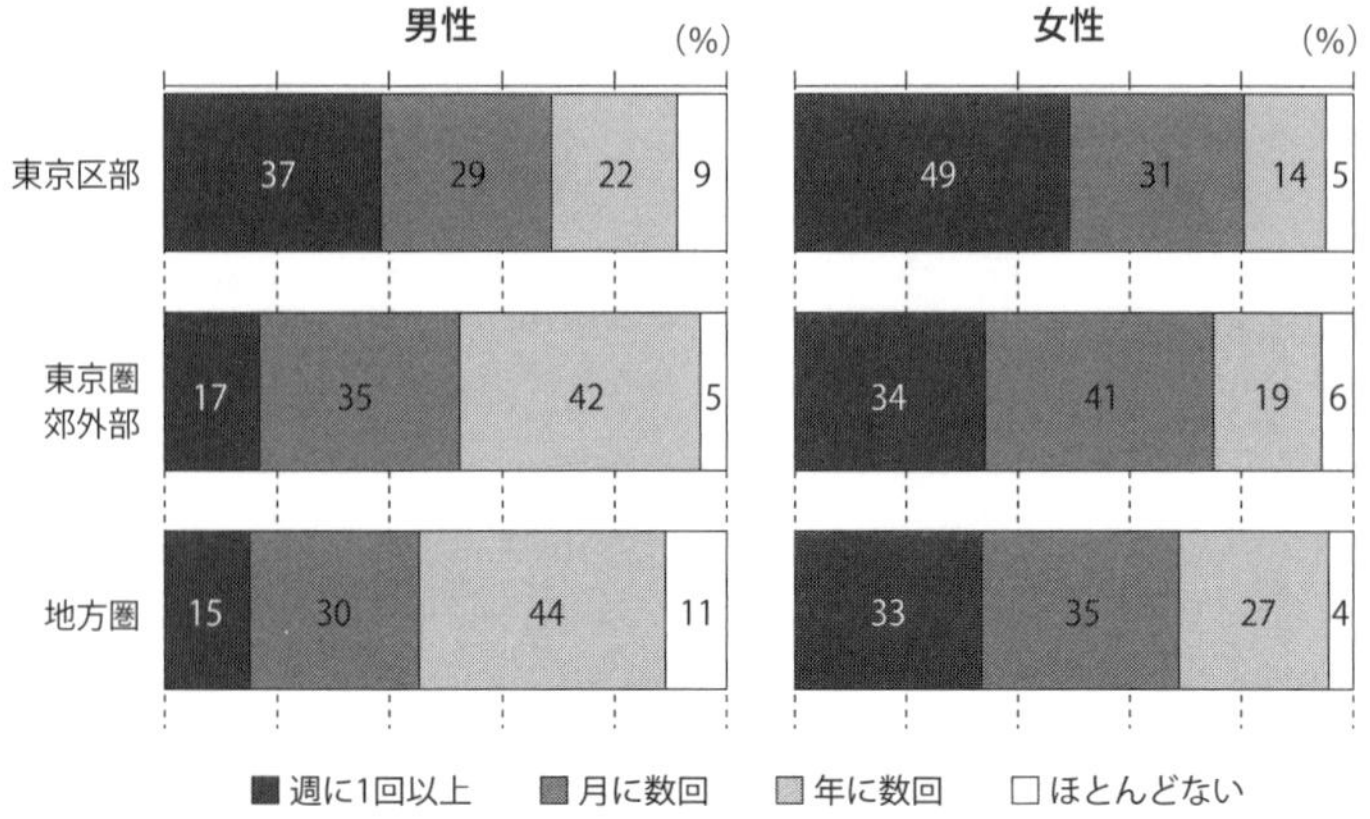

（出所）「単身世帯の生活と意識についての調査」（2019）より筆者作成

親との地理的距離（出身地でみる）でも関係をみてみましょう。図3−4は、出身地との関係を示しています。男性と女性とでは傾向がまったく異なっています。男性の場合、出身地が遠くなるほど交流頻度は下がり年数回が多数を占めるようになります。一方女性の場合、距離による違いはそれほどなく、週に1回以上、または月に数回の交流をしている人が少なくありません。なお、東京区部出身者の場合は週に1回以上接触している人が男性で約4割、女性で約5割と接触頻度が高くなっています。日常的に親と行き来している人が少なくないものと思

図3-5　年収別、親との交流頻度

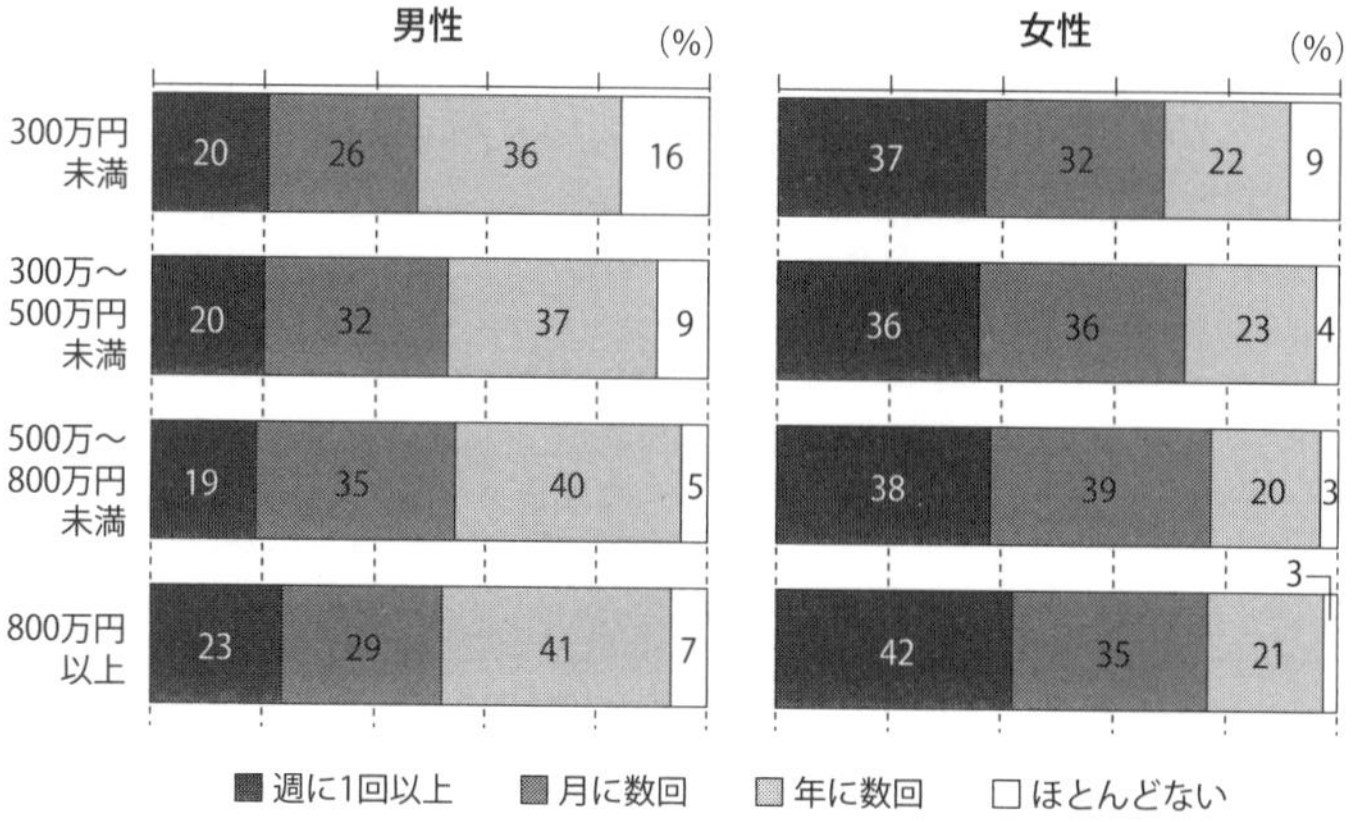

（出所）「単身世帯の生活と意識についての調査」（2019）より筆者作成

われます。

東京区部出身の女性は、身内が近くに複数いるので頻繁に連絡をとっているといっています。

・家族はみんな都心にいるので、すぐ連絡を取り合えます。（41歳女性）

なお、「ほとんど交流がない」という人に限ってみると、男女とも必ずしも親が遠方にいるとはいえません。距離のバリアのために頻度が低いというよりも何らかの理由があって疎遠になっていることが感じられます。

交流頻度が経済状況と関係するかどうかを「年収」でみると、図3-5の通り、週1回から年数回までに関してはそれほど大きな違いはみられません。一方、「年収300万円未満」の

図3−6　年齢別、お正月を親と過ごした人の割合

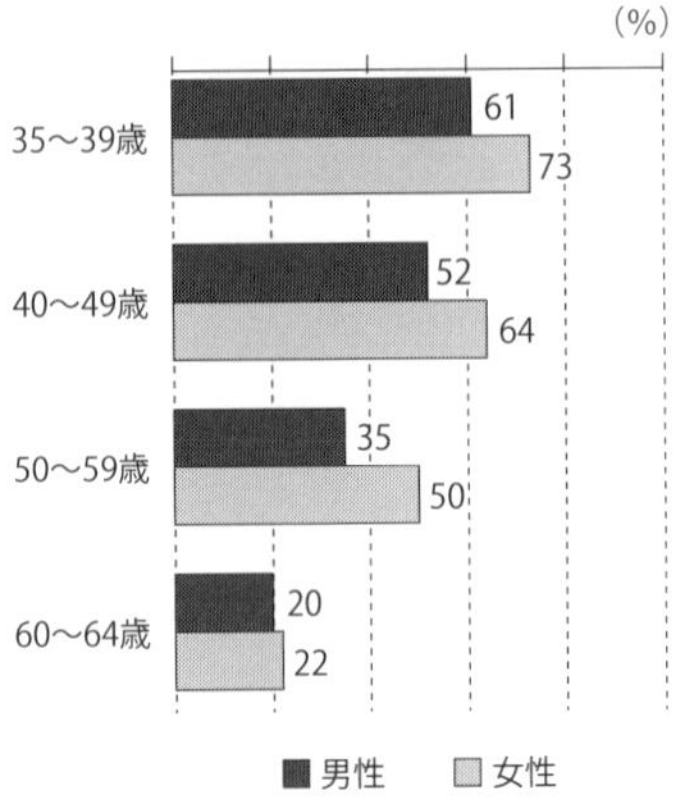

（出所）「単身世帯の生活と意識についての調査」（2019）より筆者作成

図3−7　年収別、お正月を親と過ごした人の割合

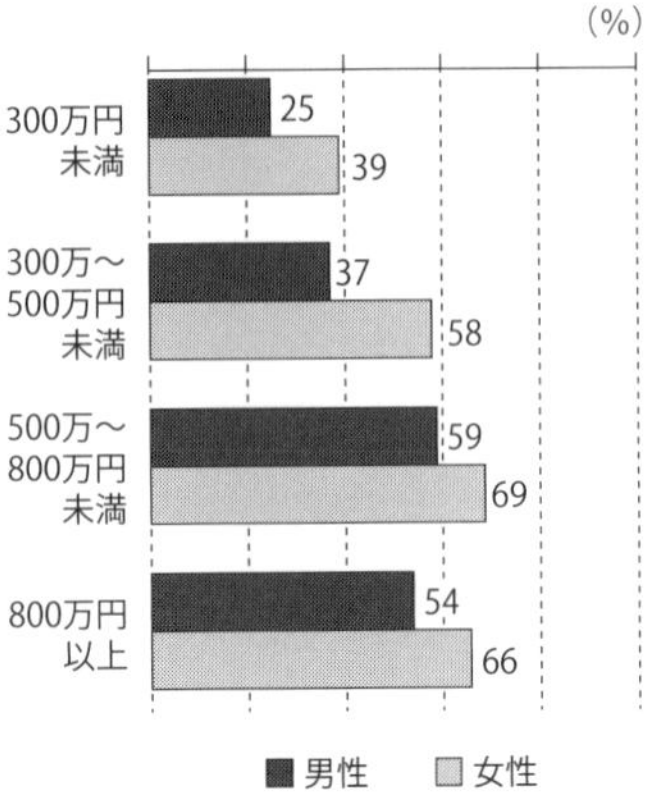

（出所）「単身世帯の生活と意識についての調査」（2019）より筆者作成

層に限ってみると、親との交流が「ほとんどない」人がやや多くなっています。特に男性にその傾向がみられます。

・実家には用事がない限り電話もしませんし、実家からも連絡は来ません。（37歳男性）

・母親が青森に住んでいて、たまに連絡をとるくらいです。母は足が少し悪いですが健康です。青森には仕事がないので、母も戻って来いとはいいません。（45歳男性、生活保護受給）

次に、親との交流の具体的例として、正月を誰と過ごすのかをみてみましょう。親のいない人は除外した上で、年齢でみると、図3−

6の通りで、若いときほど親と過ごす比率が高くなっています。男女で比べると、どの年齢でも女性のほうが10％以上上回っています。出身地による違いはありません。正月に郷里で過ごすには費用がかかりそれが障害になる例もあると思われますので、年収との関係をみますと、図3－7の通りで、300万円未満層で正月を親と過ごす人が顕著に少なく、男性では300万～500万円未満でもややその傾向がみられます。先にみた交流頻度と比べて年収との関係が顕著に出ているのは、実家に帰るための費用が障害になっているのかもしれません。

ただし、日頃の交流頻度が少ない場合でも正月をともに過ごす比率が高いのは、正月というものが身内で過ごす行事として定着し、シングルにとっては親と正月を過ごすことが年中行事となっているのだろうと思われます。

きょうだいとの交流も女性中心・絶縁状態のきょうだいも

次にきょうだいとの関係をみてみましょう。まずきょうだい数をみると半数が2人きょうだい、3割が3人きょうだいで、約1割はきょうだいがいません。50歳未満より50歳以上のほうがきょうだい数はやや多くなっています。全体としてきょうだい数が少ない世代であることがわかります。きょうだい数が少ないことは親密な関係を作りやすいともいえますが、気が合わなかったり遠方にいるきょうだいとは疎遠になりやすく、きょうだい関係が希薄な人が生まれることにもな

図3−8　年齢別、きょうだいとの交流頻度

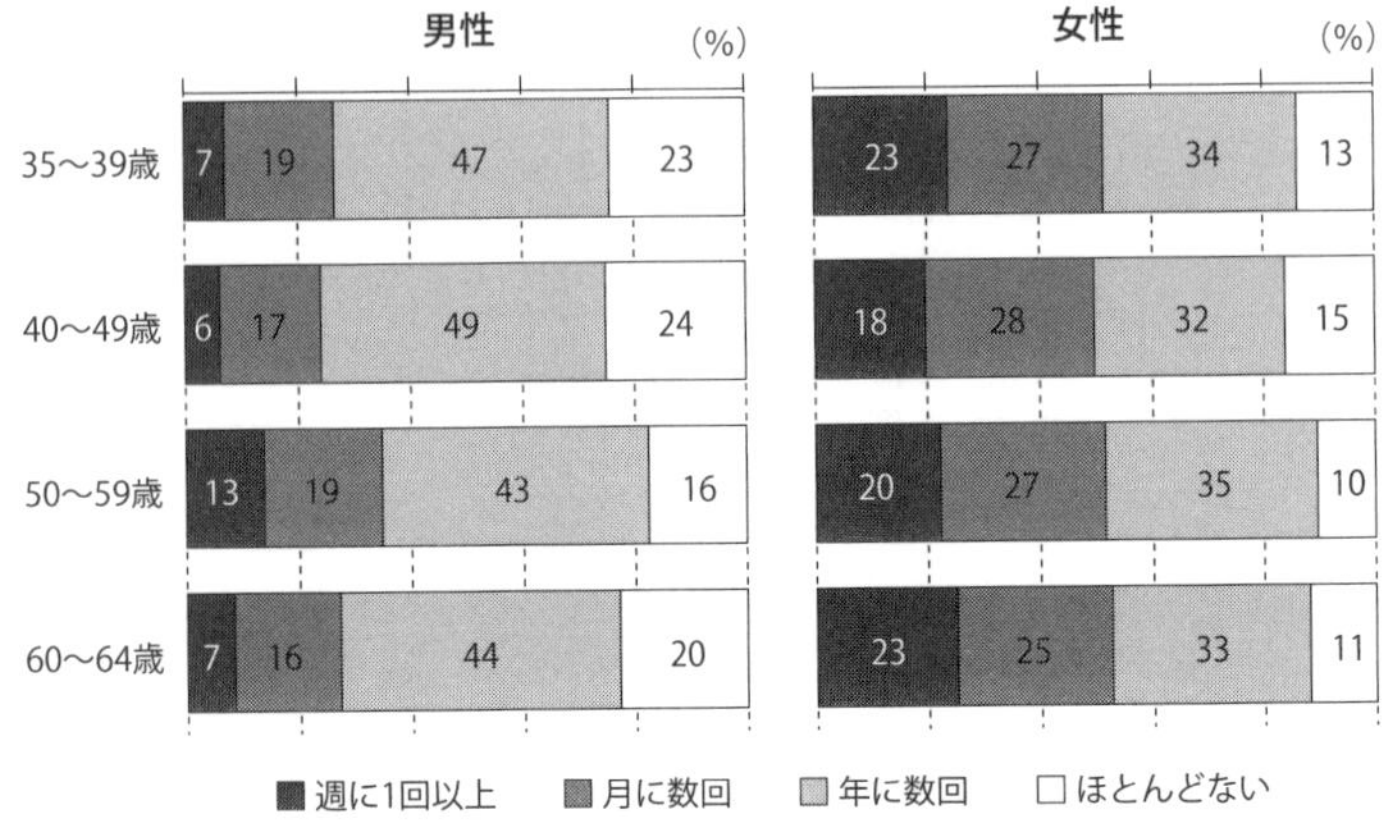

（出所）「単身世帯の生活と意識についての調査」（2019）より筆者作成

ります。

親しくしているきょうだいの居住地は、「地方圏」（35％）「東京圏郊外部」（25％）が多いのですが、約3割の人は23区内にきょうだいがいます。親に比べるときょうだいのほうが首都圏居住者が多いのは、東京区部外からきょうだいも東京区部に移動した例が多いことを示しています。

きょうだいとの交流頻度をみると、「年に数回程度」（39％）が最も多く、「月に数回程度」（23％）が次に多くなっています。「ほとんど・まったく連絡をとっていない」は17％です。親との交流頻度と同じで、図3−8の通り男女による違いがあります。

女性は男性より「週に1回以上」から「月に数回程度」まで連絡をとる頻度が高くなってい

図3-9　年収別、きょうだいとの交流頻度

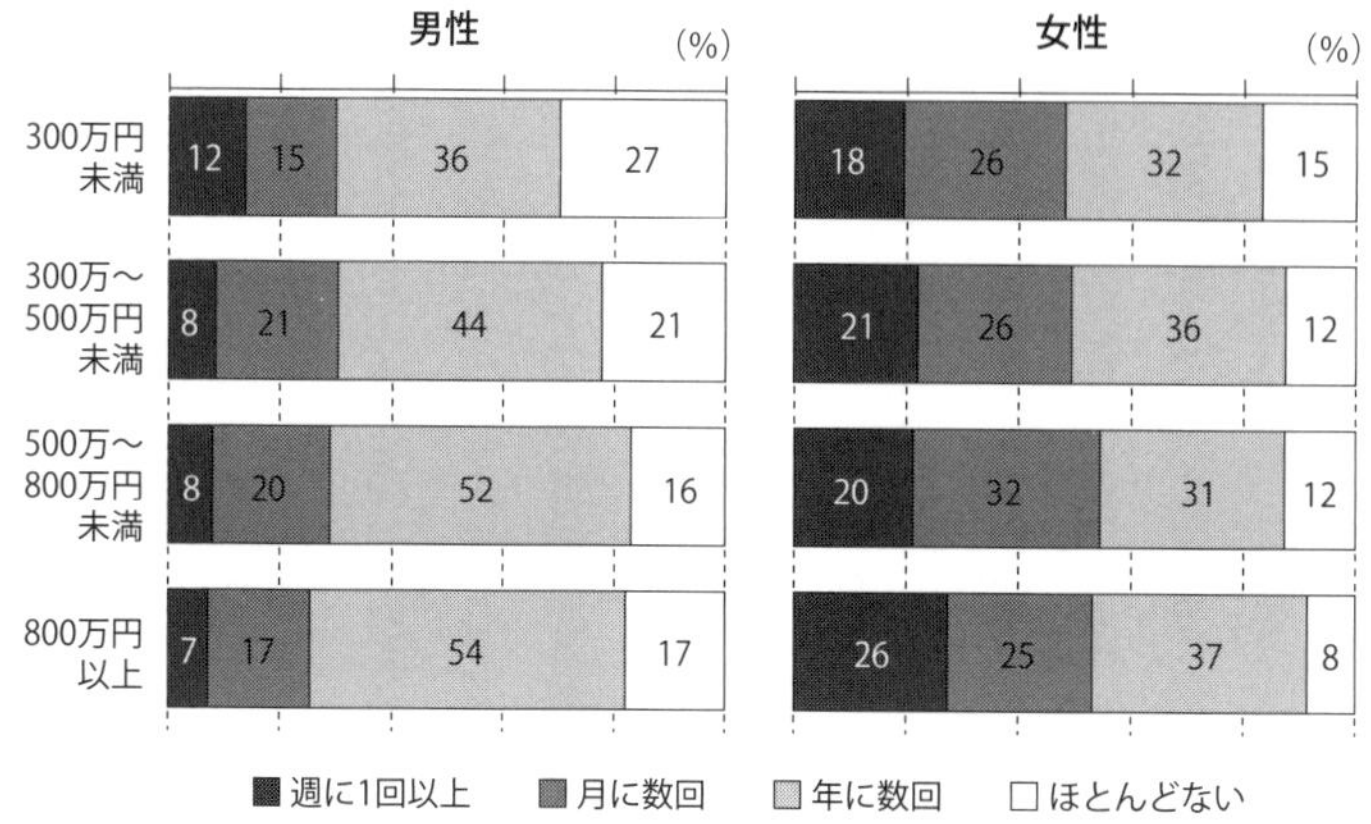

（出所）「単身世帯の生活と意識についての調査」（2019）より筆者作成

ます。一方、男性の約2割は「ほとんど・まったく」連絡をとっていないのですが、女性は1割強と少ないです。また、男女共に年齢が高い方で頻度がやや高くなっています。出身地でみると、遠方になるほど交流頻度は低くなっています。しかしここでも、男女差が大きいのです。きょうだいとの交流頻度が経済状態と関係するかどうかをみたところ、図3―9の通りで、低所得層の交流回数がやや少ない傾向がみられます。特に、「ほとんどない」人の中に暮らし向きが「苦しい」と答える人がより多くなっています。

親との交流頻度ときょうだいとの交流頻度の関係もみておきましょう。特徴と思われるのは、親との交流がほとんどない人は、きょうだいとの交流も少ないことです。数値でみると、男性

で親との交流がほとんどない人の約7割はきょうだいとの交流もほとんどありません。それが女性の場合には約6割とやや少なくなります。

・兄が千葉に住んでいます。兄とは仲が悪いわけではありませんが、お互い忙しくてほとんど連絡をとっていません。（39歳女性）
・兄弟が2人いて、2人とも独身です。兄が実家、弟が福岡に住んでいます。兄と弟とは私が20歳で実家を出てから疎遠です。もう本当に自分の家族がいません。（48歳女性）
・両親が亡くなり、きょうだいともほとんど行き来がなくなりました。冠婚葬祭で顔を合わせたのも、両親の法事が最後です。（64歳男性。対象年齢から外れるが参考として掲載）
・姉と弟は結婚していて、姉は埼玉県の川口、弟は江東区内に住んでいますが、めったに連絡はとりません。（43歳男性）
・姉と弟がいますが、仲が悪くつきあいはないです。（36歳男性）

ひとりっ子であるために、親の死後、親族関係を失った人もいます。

・両親が亡くなって、きょうだいがいないので、犬と暮らしています。親戚でつきあっている人は2組くらいいますが、四国で遠いですし、親の代から子どもの代に代わってだんだん疎遠になっています。（62歳男性。対象年齢から外れるが参考として掲載）

なお、シングルには未婚者以外もいます[1]。

困ったときに親きょうだいをあてにする度合い

シングルは、親やきょうだいとどのような助け合いをしているのでしょうか。本調査でそれがわかる情報は次の4つです。

①あなたは、災害時に助けてくれる人が住まいの周辺にいますか（選択肢のうち該当するのは、「親・子・きょうだい」である）

②あなたが病気やケガで入院や介護が必要になったとき、身の回りの世話をしてくれそうな方はどなただと思いますか（選択肢のうちで該当するのは、「親、恋人・（元）配偶者・パートナー、きょうだい、子ども」である）

③次のような点について、あなたは高齢期の生活に不安を感じますか（「親やきょうだいなどの世話」と回答した人に着目）

図3－10　災害時に助けてくれる人が周辺にいる〈親・子・きょうだい〉

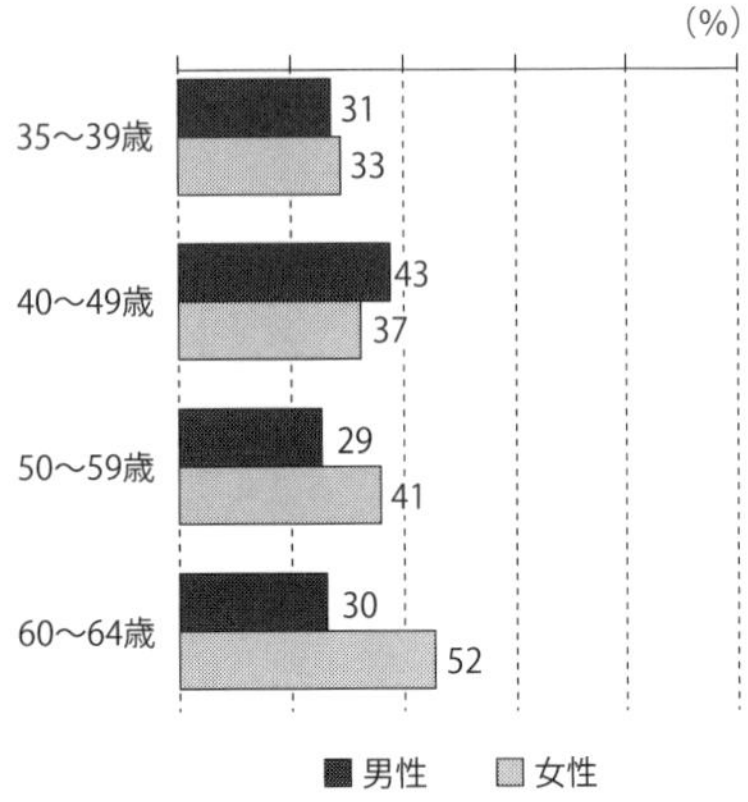

（出所）「単身世帯の生活と意識についての調査」（2019）より筆者作成

④あなたのご両親がひとりになって、介護が必要になったとき、主に介護をする方はどなたになると思いますか

◉災害時に助けてくれる人がいるか

まず、①の「あなたは、災害時に助けてくれる人が住まいの周辺にいますか」で親・子・きょうだいをあげた人に注目してみましょう（質問は親・子・きょうだいを分けていない）。図3－10の通り、女性の約4割、男性の3割強が「助けてくれる親・子・きょうだいがいる」と答えていて、友人と並んで多くなっています。男性の場合、40代が最も多く、その他のどの年代でも、約3割の人が「親・子・きょうだいがいる」と答えています。一方、女性は年代があがるほど増加し、60代では5割を上回っていて、同年代の男性より22％も多いのです。この年代の女性にとってはきょうだいの存在が大きいのでしょう。出身地でみると東京区部出身者では6割前後と多く、遠方になるほど少なくなります。学歴、年収による違いはみられません。

図3-11　介護が必要なとき、身の回りの世話をしてくれそうな人は親（年収別）

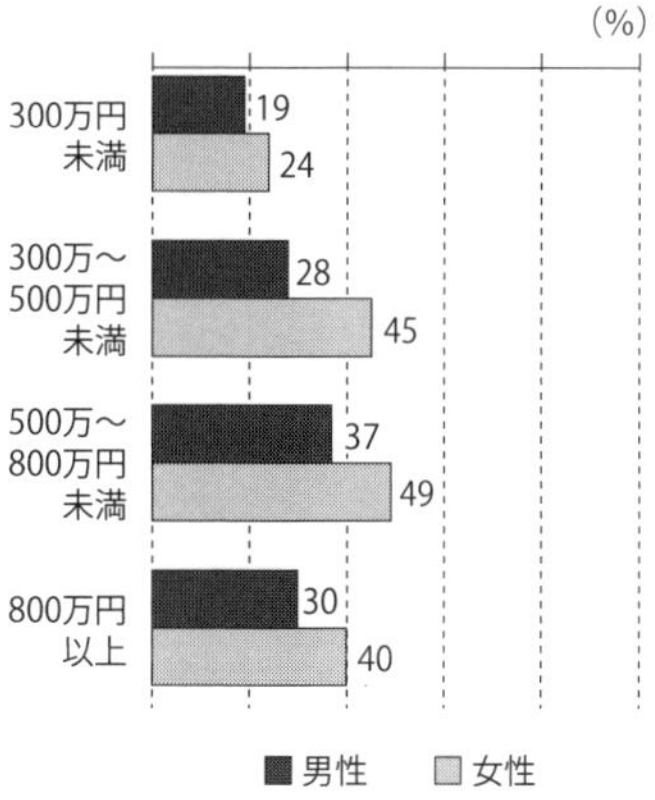

（出所）「単身世帯の生活と意識についての調査」（2019）より筆者作成

図3-12　介護が必要なとき、身の回りの世話をしてくれそうな人は親（学歴別）

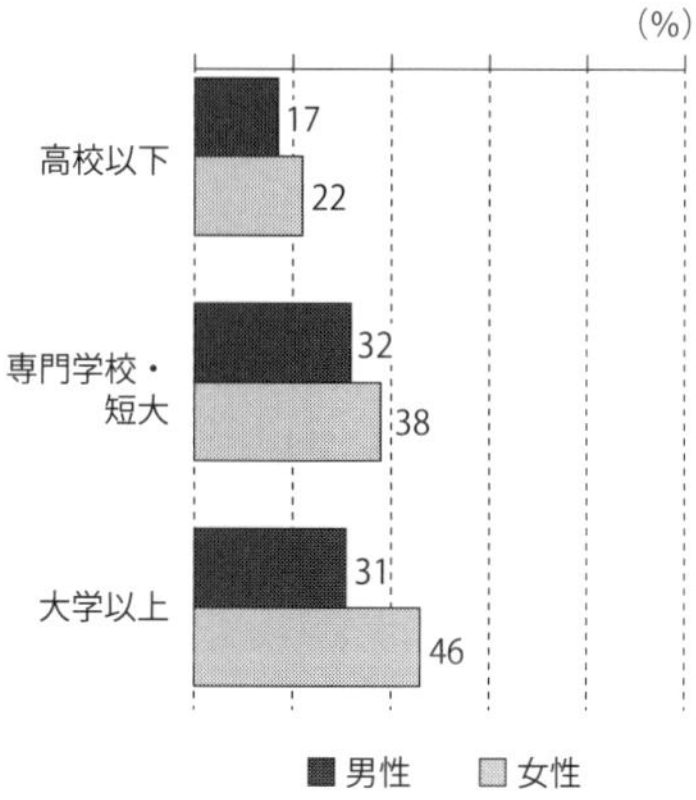

（出所）「単身世帯の生活と意識についての調査」（2019）より筆者作成

◉介護が必要になったとき助けてくれる人がいるか

次に、②の「あなたが病気やケガで入院や介護が必要になったとき、身の回りの世話をしてくれそうな方はどなただと思いますか」では、親と答えた人が男性で3割弱、女性で4割、きょうだいと答えた人はそれぞれ3割弱、4割半ばで、親きょうだいは他の人と比べて圧倒的に多くの人の頼りとなっています。特に女性にその傾向が強くみられます。また、親との交流頻度が高いほど、親をあげる人が多い傾向がみられます。一方、年収でみると300万円未満層で（図3-11）、また学歴が高校以下で（図3-12）顕著に低くなっています。

東京で暮らすことに不安を感じ、郷里に帰ろうかと逡巡している例もあります。

・今のところ、いざというときに頼れるのは親になってしまいます。親も歳をとってきているので、実家に帰ろうかなと考えます。（45歳女性）

・このまま東京に住み続けるのか、仕事がみつからなくても田舎に帰って暮らすのか、考えを巡らせていますが、具体的な答えは出ていません。（47歳女性）

先に書いたように、入院や介護が必要になったときに世話をしてくれる人として「きょうだい」をあげるのは、男性では3割弱であるのに対して女性は4割半ばに達しており、男女でかなり差がみられます。学歴などによる差はみられませんが、年収でみると女性の場合だけ、年収が高いほどきょうだいをあげる傾向があります。

・いざというときは、他の区に住んでいる妹を頼るしかないので、妹に自宅マンションの鍵を渡してあります。仲良くせざるをえないですね。（49歳女性）

・手術のときはさすがに、弟とか友人に連絡して手伝ってもらったりしましたけど、これから歳をとってくると、友人ともつき合いが疎遠になったりしますし、親は病気持ちだし、そう

なったらきょうだいを頼るしかないですね。（43歳男性）

一方、「介護が必要なとき誰もいない」と答えたのは、女性12％に対して男性27％と2倍を超えています。年収との関連をみると、図3-13の通りで、男性は年収が低くなるほど「誰もいない」が多くなり300万円未満では4割弱に達しています。女性は男性ほどはっきりした傾向はみられないものの、300万円未満では16％で女性の中では最も高くなっています。

図3-13　年収別、介護が必要なとき誰もいない人

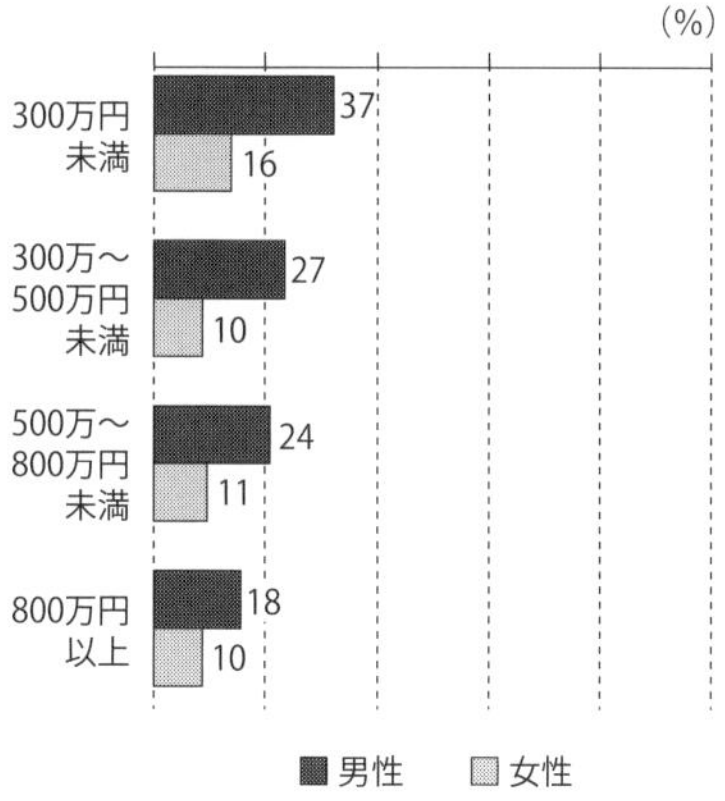

（出所）「単身世帯の生活と意識についての調査」（2019）より筆者作成

以上のように、親やきょうだいは、いざというときのサポート源として意識されているのです。その比率は友人や知人より圧倒的に多くなっています。しかし、男女で大きな差がみられます。女性は高い頻度で親との交流が続いています。その関係をベースにして、病気や災害時に親のサポートを期待（予定）することができています。きょうだいとの関係も持続していて年齢による差がみられません。親が遠方にいる地方出身者もきょうだいが首都圏にいる例が多

く交流が維持されているのです。また、年収が低い層では、親やきょうだいを頼れる人が少ないことがわかります。

◉家族的関係を失ったシングル

親やきょうだいとの関係が強い人がいる一方で、家族的関係を失ったシングルもいます。その傾向は不安定就労者、低所得者、失業者、生活保護受給者に顕著にみられます。

- 家族は私のことを理解してくれていないので、私が病気だと知っても多分、助けてくれないと思います。（36歳男性）
- 父親が亡くなる直前から相続の話が出始めて、弟が私を実家から追い出しました。それ以来、弟とは絶縁状態です。（49歳男性）
- ひとり暮らしを始めてから実家と疎遠になり、父と母の葬式でしか戻っていません。父が危篤と言われて帰ったら、2日後には亡くなってしまいました。手紙では、回復しているようなことが書かれていたので、安心していたのですが、ホスピスに入っていました。母も4か月後に心臓発作で亡くなりました。（48歳女性）

特に生活保護受給者は、親やきょうだいと音信不通の状態にあることが多いのです。

・妹とは、母が亡くなって以来、音信不通です。母が生きているときも、電話代や電車賃が惜しかったので、1年に1回連絡をとる程度でした。（49歳男性、生活保護受給）

・地元には両親と妹2人が住んでいます。親とは絶縁状態ですので、亡くなった後は東京で無縁仏になるよういわれています。東京には親族がいますが、連絡はとっていません。（51歳男性、生活保護受給）

・働いていないし、更生寮にいるしで普通の生活をしている人から何をやっているのと聞かれたら返事できません。姉とはたまに連絡をとりますが、両親が亡くなったときに声をかけてくれれば、それ以外はもう赤の他人でもいいよと伝えました。断腸の思いでしたね。（57歳男性、生活保護受給）

◉甥や姪、友人の存在

なお、聴き取り調査からは、自分が老いて困った際には甥や姪の援助を期待する声が複数あがっています。

・妹の子どもの甥っ子と姪っ子には、お金を貯めておくからといって将来をお願いしています。まだ小学生ですけどね。（42歳女性）
・私は妹とはすごく仲がよくて、甥のことも可愛がっています。甥が区内にいてくれたおかげで、私のネットワークも広がり、地域に溶け込むことができました。（50歳女性）
・両親は亡くなって、姉が埼玉に住んでいます。姪がいるので、相続人は姪になると思います。（55歳男性）

老後をきょうだいと甥に託して、意識して面倒をみるなどの貢献をしてきた女性もいる。

・血のつながりのある人にみてほしいと思っているので、きょうだいと甥のいる田舎に自分の住む家と墓は建ててあります。きょうだいの子や甥の子を東京で、学生のときや就職の際に面倒をみてあげていたので、その子たちからは帰ってこいといわれています。いってもらえているうちに帰ろうかなと思っています。これから誰かと知り合って、暮らしていくと考えるとめんどくさいと思います。自分である程度できる間だけでも、身内の子どもの面倒をみてあげて、老後についてもきちんとリビングウイルをしておけば、結婚しないほうがいいかなと思います。（64歳女性。対象年齢から外れるが、参考として掲載）

親やきょうだいが近くにいない人の中には、友人と助け合おうと意識している人もいる。家族的関係を超えた連帯関係性が育つことは、シングル社会の可能性を高めるものであるが、その例は多くはなかった。

・万一病気などで寝込んでしまったら、親や親戚には頼れませんね。そうしたことが起きることを予想して、親しい先輩とはお互いに助け合おうと話し合っています。（38歳男性、フリーランス）

・同業者が近所に住んでいて、何かあったときには助け合おうと約束しています。（44歳男性、自営業）

女性シングルは親の介護を引き受けようとしている

親子双方が健康で交流し親のサポートを期待できる時期はやがて終わります。親は介護の必要なステージに入りますが、親に対してシングルはどのような意向を持っているのでしょうか。

◉独身者は既婚者より親への支援が上回る

調査データをみる前に、子が親へのサポートをどうしているのか、またどのような意向を持っているかを全国で比較した第一生命経済研究所の調査結果をみておきましょう[2]（株式会社第一生命経済研究所［2019］）。親やきょうだいに対する支援の状況をみると、既婚者より未婚者のほうが支援する人が多くなっています。自分の親に支援が必要な場合、未婚者の8割弱（既婚者は7割弱）が支援をしています。きょうだいに関しては、5割強（既婚者は4割強）です。自らの生計を維持し独立した生活を送っているはずの未婚者は、身内への義務や負担から解放されているわけではなく、家族サポートの潜在的担い手になっているのです。また、将来、親に支援が必要になった場合に、子の7割弱は何らかの支援をする意向を示しているのですが、独身者のほうが、「経済面、生活面の支援の両方をするつもり」が、既婚者を上回っています。同様に、自分の最も近しいきょうだいに対しても、「経済面、生活面の支援の両方をするつもり」が既婚者を上回っています。またいざというとき、経済面でのサポートが既婚者を上回るということは、扶養する家族を持たない独身者に余裕があるからといえるかもしれません。身軽な未婚者はあてにされやすい面があるのでしょうが、単にそれだけではないでしょう。配偶者や子どものいない未婚者にとって親やきょうだいは心の拠り所として重要な存在であり、自らサポートを買って出ようという面があるのではないかと思われるのです。

◉誰が親の介護をするか

そこで、私たちの調査結果をみていきましょう。まず、高齢期の不安を聞いたところ、約3割が「親・きょうだいの世話」をあげています。その割合は、「病気や収入の不安」の半分以下ではあるのですが、シングルが親の世話に不安を感じていることは軽視できない現象でしょう。不安を感じるのは男性より女性で多く、学歴でみると大卒者ほど多くなっています。

次の聴きとりは、親の近くにきょうだいが住んでいる人のものです。きょうだいが親の近くにいることに安心感を持っているということは、裏返せば高齢の親がいることはそれだけで心配の種になっていることを示しているともいえます。

・弟と妹も実家の近くに別々に住んでいます。弟と妹が両親の近くに住んでいるので安心です。（46歳男性）

その一方で、親やきょうだいは、ひとり暮らしをしているシングルを案じていることも次の聴き取りから察しられます。

・母親と弟が実家の福島県で一緒に住んでいます。母は弟と一緒に住んでいるので安心ですが、かえって私のことを心配しています。（56歳女性）
・姉の家族が郷里の実家で母と同居しています。母の介護が発生しても当面の心配は無用です。家族がみんな私のことを心配しています。（47歳女性）

将来、親の介護が必要になった場合には、女性の46％、男性の30％が、介護を自分が引き受けるといっています。図3-14の通り、年齢別にみるとジェンダー間には大きな差がみられます。出身地でみると図3-15の通り、東京区部出身者および東京圏郊外部出身の女性の5割強は介護を引き受けようとしていて、「自分のきょうだいがみる」を大きく上回っています。しかし親が遠方にいると思われる地方圏出身者においても、介護を引き受けるとしている人が約4割というのはけっして低い値ではありません。きょうだい数が少ないことの反映ですが、それだけでなく親との深いつながりゆえではないかと思われるのです。

誰が親の介護をするかについてさらに詳しくみてみましょう。まず男女差がくっきりと出ています。男性は、どの年代でも「自分の兄弟・姉妹」が最も多くなっています。それに続いて30代、40代では約3割が「自分」と答えているのですが、50代以後はその割合が低下しているのは、きょうだい数がより多いからともいえるでしょう。そして、すでに他のきょうだい等が介護役割を

図3-14　親に介護が必要になったときの介護者は誰か（年齢別）

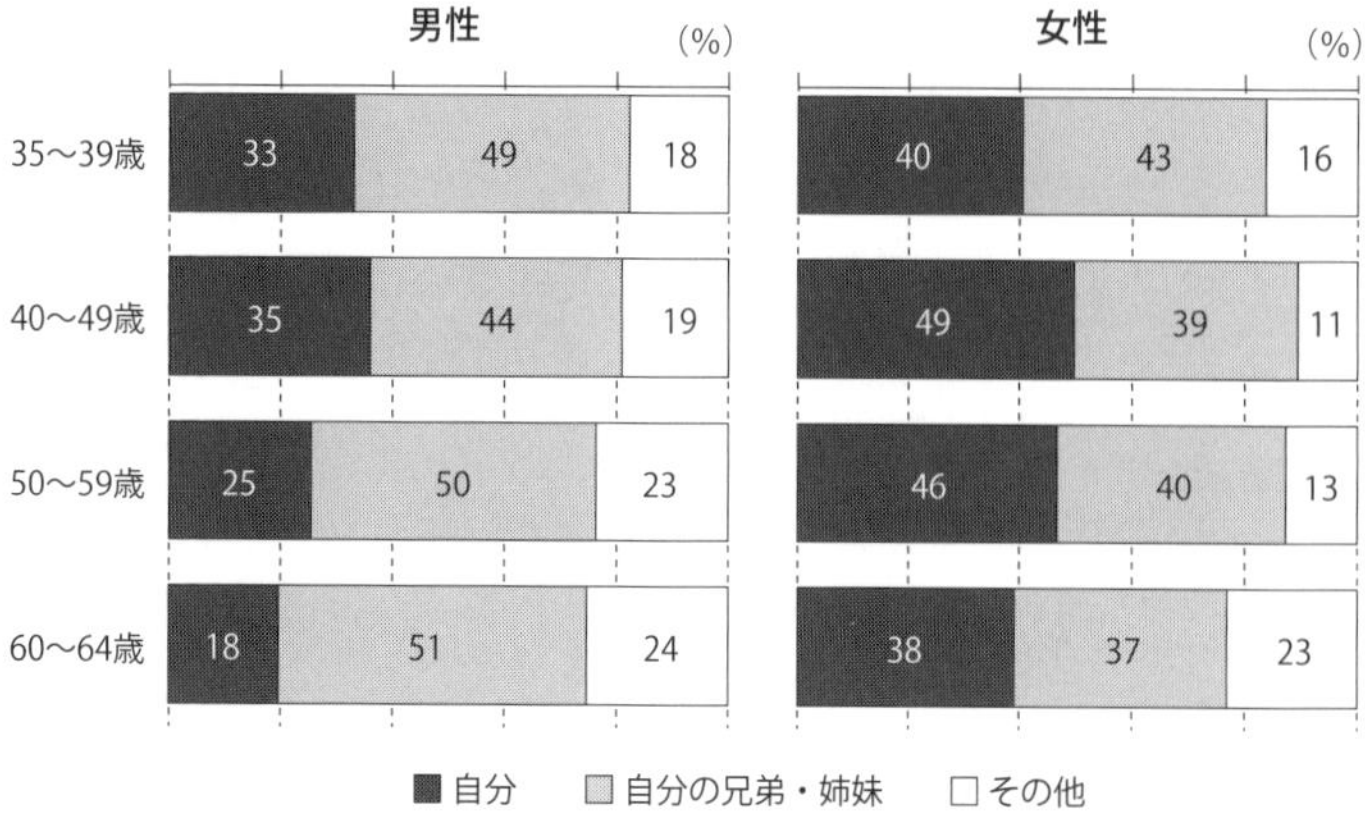

（出所）「単身世帯の生活と意識についての調査」（2019）より筆者作成

図3-15　親に介護が必要になったときの介護者は誰か（出身地別）

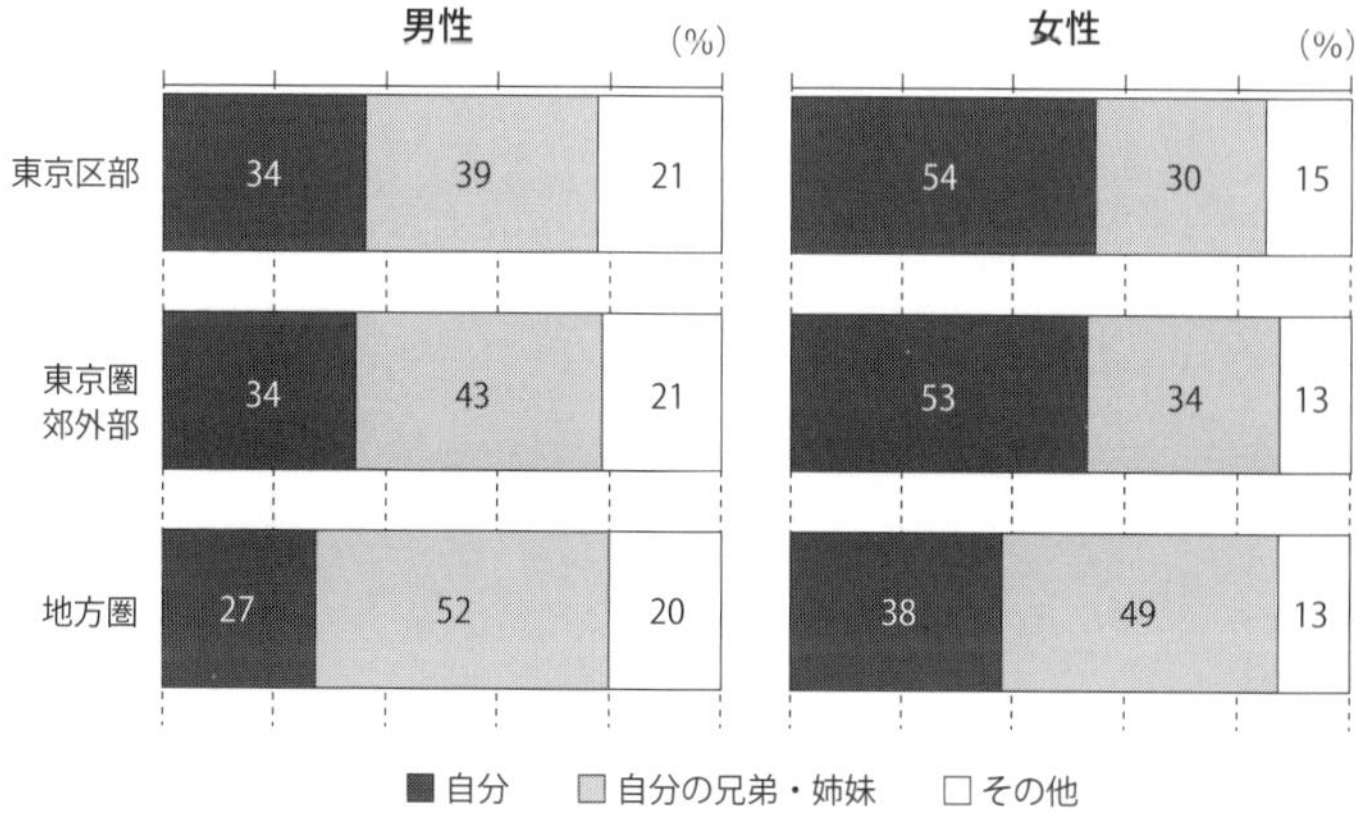

（出所）「単身世帯の生活と意識についての調査」（2019）より筆者作成

図3-16　親の介護が必要になったときの介護者は誰か（交流頻度別）

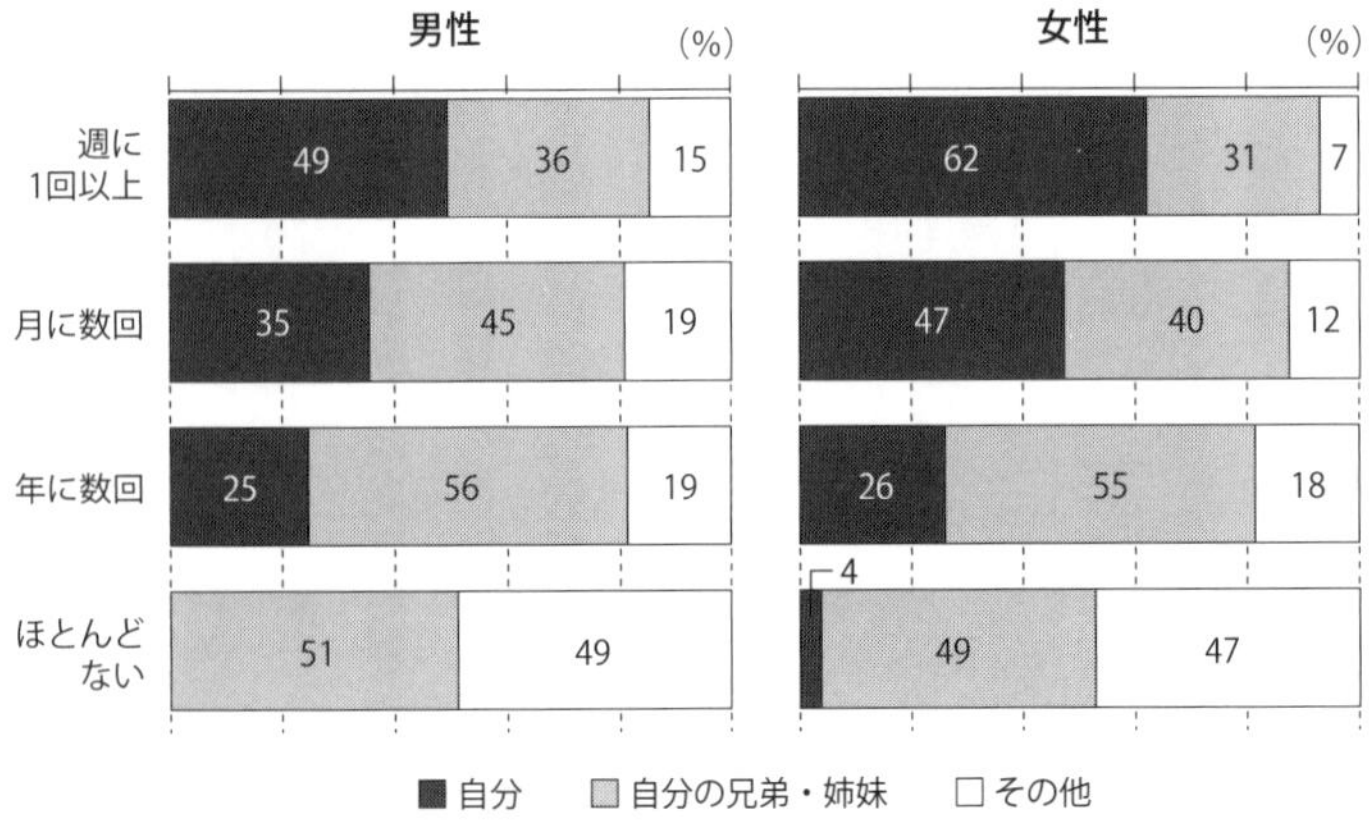

（出所）「単身世帯の生活と意識についての調査」(2019) より筆者作成

負っているからでしょう。一方、女性の場合は、4割から5割が「自分」と答えていて、「他のきょうだい」に勝っています。これを親との交流頻度との関係でみると、図3-16の通り、交流頻度が高いほど「自分」と答えています。特に女性の場合、交流頻度が週1回以上の場合は6割強、月に数回以上の場合は5割弱が「自分」と答えています。男性の場合も週1回以上の交流がある場合は、約5割が「自分」と答えているのは、近居などが多いからかもしれません。

なお、経済状況と関係があるかどうかを「年収」と「暮らしむき」との関係でみたところでは、女性の場合、年収が500万~800万円、800万円以上では、「自分で介護」が増える傾向がみられます。逆に800万円以上の男性の場合、自分のきょうだいが多くなっている点は、女性と対照的です。

◉なぜシングル女性は親の介護を引き受けようとするのか

それにしてもシングル女性の半数近くが親の介護を引き受けようとしているのはなぜなのでしょうか。残念ながら、私たちの調査では介護意向に関する掘り下げた設問を設けなかったため、「なぜ介護を引き受けるのか」をつかむことはできません。しかし、すでにみてきた親、特に母親と娘の交流頻度の高さ、いざというときに親をあてにしている信頼感や安心感をみる限り、介護が必ずしも押しつけられたものとはいえない面があります。配偶者や子どもを持たないシングル女性にとって親は愛情の対象であり、それゆえケアの対象として重要な存在となっているのです。その一方で、「身軽である」という理由できょうだいから介護を押しつけられている例があることも否定できない現実です。シングルが増加することは、高齢者の介護担当が「嫁」からシングルの娘へ、さらにはシングルの息子へと比重が移り、介護の様相が変わっていくことが予想されるのです。

未婚者の多くがミドル期まで親との頻繁な交流を続け、やがては親の老後を引き受けようとしているのは、結婚しないがゆえに親子の縦の関係が長期にわたって続く傾向にあることを示しています。結婚による横の関係（配偶関係）と子どもの出生による縦の関係（親子関係）のどちらも持たないシングルは、初老から高齢の親との関係によって家族機能を補完していることの結果ではないでしょうか。

しかし、親の介護を引き受けることは、今の仕事を失うことにつながりかねない不安となり、経済的負担となり、郷里に帰らなければならないかもしれないこととセットです。悩みを抱えるシングル女性は少なくありません。

・広島の母親が心配なので、年に最低2回、多ければ3回くらい帰っています。今のマンションは病院に近いので、母がひとりで住むのが心配になってきたら、母にこのマンションに住んでもらって、私はパートナーと一緒に住んでもいいかなと思っています。(45歳女性)

・両親に何かあったとき、面倒を誰がみるかは、不透明というか難しいところです。本当は、私が実家に戻って結婚してほしかったみたいです。(37歳女性)

シングルゆえの親介護リスク

きょうだい数が減少する中で、親の介護を誰が引き受けるかは、ますます大きな課題になっているのですが、介護がシングルの暮らしを蝕む例も出てきます。その例としてNHKスペシャル取材班が紹介している女性の例をみてみましょう(NHKスペシャル取材班[2020])。

横浜市のシェアハウスに住む53歳の原真由美さん（仮名）は、非正規雇用の仕事をつなぎながら、北海道の過疎地にひとりで住む父親の世話のために3か月に1回、1週間から10日ほど通っています。そのために2、3か月の短期契約の仕事を探し転々とすることになりました。月の手取り収入は10万円ほどです。「待遇のいい仕事が見つかるっていう気がしないですね。50代という年齢も年齢だし、『自分の能力を発揮できることって、この世の中にある？』って考えても、見つかる気がしないです。50を過ぎちゃうと、なにか普通に（人生が）下り坂だと思ってしまいます」。

20代の頃、原さんは外資系の証券会社の派遣社員として、多いときには月収が40万円になることもありました。その生活が劇的に変わることになったのは、派遣の仕事が45歳で契約更新されなかったとき。リーマンショックによる派遣切りでした。その後、バブル崩壊後の長引く景気低迷の中、職を転々としてきました。ところが3年前故郷に住む母親が突然亡くなり、92歳の父親がひとり残されたのです。親戚は独身の原さんに世話を押しつけました。原さんは義務感で父親のもとに通いつめています。「でも、ずっと自分ができるのかというと、できない」。しかし父親は施設に入ることをかたくなに拒否しています。

実家に滞在していると恐怖が襲ってくるといいます。「ここにいると、自分が牢屋に閉じ込められているような気持ちになるんです。私、車の免許もないし、自由にどこかに出かけることもできないし、なにか父のもとで、とらわれの身という自分の姿を思ってしまいます」。

この原さんの事例で気がつくことが4点あります。第1は、シングルは経済困窮のリスクを抱えていること、第2は、親の介護に関して、協力してもらえる家族的関係が希薄なこと、第3は、シングルであるという理由できょうだいから親の世話を押しつけられやすいこと、第4に、仕事と親の世話と生計の不安の板挟みになりやすいこと、などです。地方圏における8050世帯[3]の中には、大都市で働いていたシングルの娘や息子が親の介護のためにやむなく実家に戻り、まともな仕事がみつからないまま親の介護に専念せざるをえなくなり、生活困窮していく例が少なくありません。親の介護は、シングルの生活困窮者を生み出すことが危惧されるのです（NHKスペシャル取材班［2016］）。

3 あらたな親密圏は生まれるのか

ひとり暮らしの意向

ここまでの記述は、シングルの人々がこれからもその状態を続けるであろうことを前提にしてしまったきらいがありますが、それは確定したものではありません。そこで、ひとり暮らしに関する意向をみてみましょう。

◉ひとり暮らしの意向は女性のほうが強い

「あなたは、今後もひとり暮らしを続けたいと思いますか」という問いでひとり暮らし継続意向をみました。図3-17は、年齢とひとり暮らし継続意向の関係を示したものです。男性は「わからない」が最も多く、「続けたい」を大きく上回っています。その比率は40代後半から50代で最も高くなっています。女性は「続けたい」と「わからない」が拮抗しています。なお、「続けたくない」が男女共に30代後半で最も高いのは、この年齢では結婚の可能性があると感じている人が多いからと思われます。40代では女性は男性より「続けたくない」が低い値を示しています。

図3-17　ひとり暮らしの継続意向（年齢別）

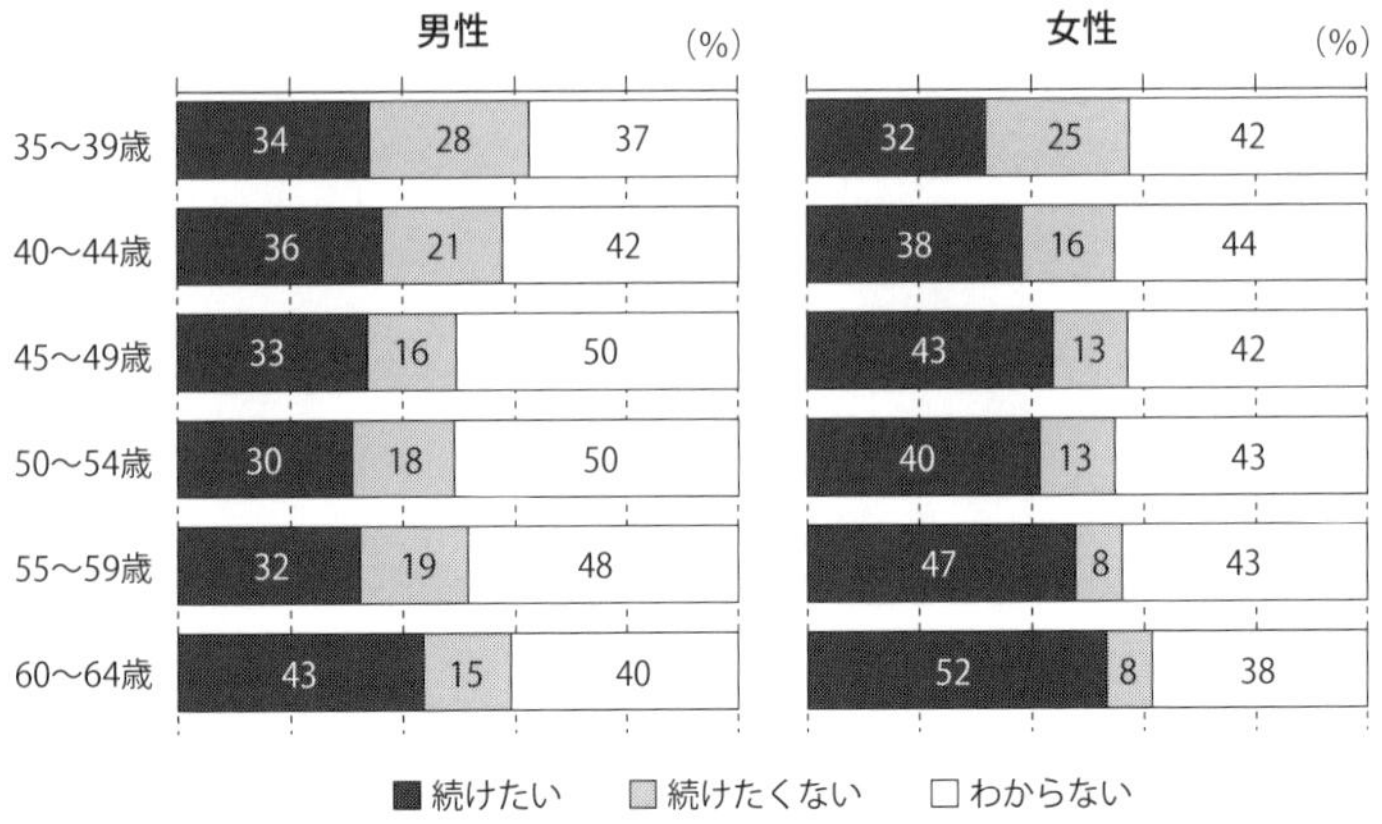

（出所）「単身世帯の生活と意識についての調査」（2019）より筆者作成

全体として、女性のほうがひとり暮らしを続けることを受容する傾向にあります。

図3―18は、所得とひとり暮らし継続意向の関係を示したものです。男性のほうが女性より「ひとり暮らしを続けたい」人が少ないことはすでにみた通りですが、この図でみると男性は所得が高いほど「続けたい」の比率は低く、「続けたくない」が高くなっています。男性の結婚可能性が所得と深い関係を有していることは、結婚していない理由として「収入に不安があるから」をあげた人の年収との関係（図3―19）に示されています。経済上の不安が結婚していない理由となっている割合は男女でまったく異なっています。年収３００万円未満、３００万〜５００万円未満の男性のそれぞれ約5割、4割は収入の不安ゆえに結婚していないと答えてい

図3-18　ひとり暮らしの継続意向（年収別）

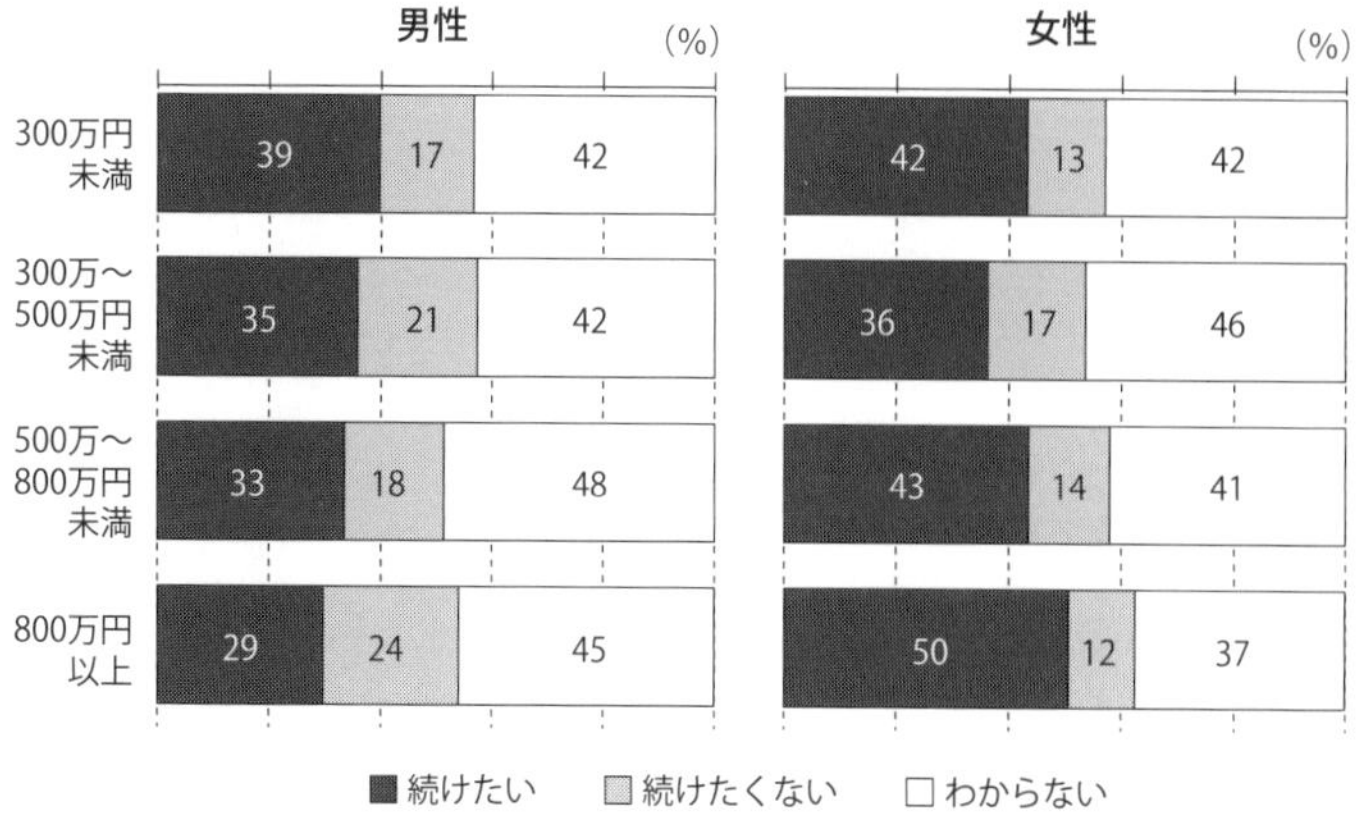

（出所）「単身世帯の生活と意識についての調査」（2019）より筆者作成

ます。一方女性には、そのような傾向はみられません。ということは、所得の高い男性はこれからでも結婚可能性があると感じているとみることができるでしょう。

女性はどの所得層でも「ひとり暮らしを続けたい」とする比率が男性より高いのですが、そ

図3-19　結婚していない理由〈収入に不安があるから〉（所得別）

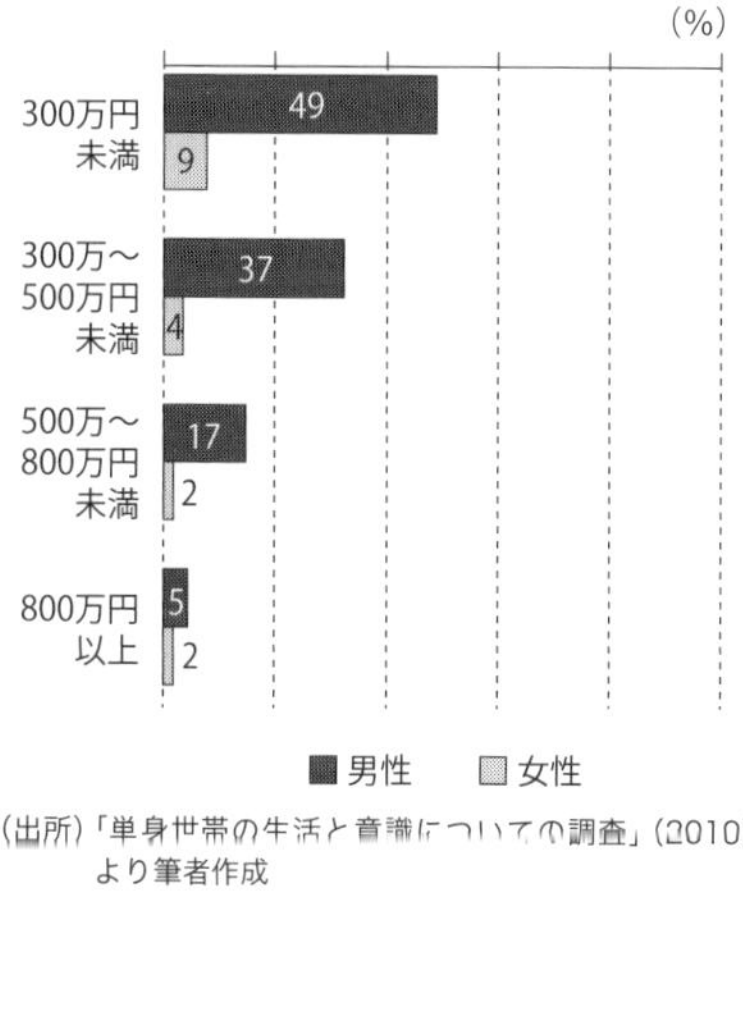

（出所）「単身世帯の生活と意識についての調査」（2010）より筆者作成

の傾向は800万円以上の高所得層で最も顕著です。ということは、男性は経済力があるほど結婚への可能性と期待が高まるのに対して、女性は経済力があるほどひとり暮らしの可能性が高まるといえます。

このように、ひとり暮らし継続意向は男女の間で大きな差があります。女性の場合は30代から40代前半までは「わからない」が多いのですが、その時期を過ぎるとひとり暮らしを続ける意識が固まっていくのでしょう。しかもこの過程で多くのシングル女性は親やきょうだいとの密接な交流を続けて親密圏を築き、親族関係の点で孤立していません。また、第4～5章でみるように、友人・知人との関係も男性に比べて豊かなのです。このようにして、ひとりで暮らすことを支える人間関係を築いていることが、女性のひとり暮らし意向を高めていると思われます。

◉シングル女性にとっての東京の魅力とリスク

女性たちにとって、東京という自由な環境は魅力的です。地方圏の女性たちが東京に出てきた最大の理由は、自由へのあこがれです。40代後半の女性は次のように語っています。

・東京はひとり暮らしをするにはいいなと思います。実家に隣組というものがあり、葬式などのときに地域の人がご飯を作るなど、手伝ってくれます。そういったつきあいは、家族がいないとできません。実家で独身のままだと他の人から嫌な目でみられるのですが、都会ではそういった煩わしさがないのです。(48歳女性)

また、東京はミドル期の女性がフルタイムで働き自活できるメリットがあります。ただしそれは、結婚しないことと引き換えになっているともいえるのです。しかし、女性の中には年齢とともに収入が減少して生計の不安を抱えた状態に置かれている例もあります。

・東京で、一番長くいた職場は6年くらいです。今、ルームシェアをしていますが、解消してひとり暮らしをしたいので、もうちょっと月収のいいところに移りたいという希望があって、長くいた職場を辞めました。その後、入る会社、入る会社が最低賃金法違反などでやめざるをえない感じでした。今の会社は広告代理店が名目の会社ですが、実態は社長ひとりと自分だけの会社です。いろいろひどい会社を経験してきましたが、今の会社が一番ひどいと感じます。(中略)デザインの技術を持っていても、この年齢だと面接に行くこともできず悩んでいます。50代になったら、ますますフルタイムで働ける仕事がなくなるのに、身動きがとれない状態で、貯金もできず、前年度の保険料も払えていません。(48歳女性)

◉なぜ男性はひとり暮らしを続けるかどうか「わからない」が多いのか

一方、男性は50代まで「わからない」が多く、ひとり暮らしを受け入れるような気配はみえません。「わからない」は所得が高いほど多く、「続けたくない」も女性のように減少しません。この過程で男性は、女性のように親やきょうだいとの密接な交流を続けている人が少ないことはすでに指摘しました。男性は結婚の可能性を留保したまま、自分自身のライフスタイルの落ち着きどころを時の流れに任せている状態にあります。また、これも第4〜5章でもみるように、友人・知人との関係も女性に比べて希薄で仕事中心のライフスタイルを続けている例が多いという特徴がありました。第5章で酒井は、シングル男性については、性別役割分業に基づいた家族の中での稼得役割中心のライフスタイルに代わるライフスタイルが確立しておらず、パートナーを得て結婚するまでのモラトリアムのまま時間が過ぎている状態にあると表現していますが、本章の分析結果は、この表現の妥当性を裏打ちするものとなっています。そのため、法律婚に縛られない共同生活が普及するほどではなく、シングルの多くは、ひとり暮らしを続ける公算が高いといえるでしょう。

無意識的にでも結婚して家庭を持ちたいという願望のあるミドル期シングルの男性の多くが、結婚できない状態にあるのは、結婚が個人の選択に任される時代となっていることに加えて、東京区部の環境がシングル化を助長している面もあるのです。それはどういうことでしょうか。大都市の環境には、結婚する・しないの自由が許されるメリットがあるとともに、家庭を持てるかどうかは自己責任の問題として放置されてしまう傾向があるからです。しかも、結婚できるかどうかが男性の経済力と密接に絡んでいて、低所得の男性が結婚しにくいことは前段で指摘した通りです。低所得でもふたりが協力すれば暮らしていけるという展望も自信も持てないのです。男らしさ規範の強さと家族形成を支援する政策や環境の不在の結果といえるのではないでしょうか。

その一方で、50代以後の男性シングルの、「ひとり暮らしを続けたくない」「ひとり暮らしを続けるかどうかはわからない」という回答が多いのは、ひとりで暮らすことを支える人間関係を築くことなくひとり暮らしを続けてきた結果といえなくもありません。調査によれば、男性の暮らし満足度は女性より約1割低くなっています。女性の所得水準を上回る男性が、暮らし満足度において女性より低いのは、シングルで豊かに暮らすという点で大きな欠落があるからではないでしょうか。

親きょうだいを核とする親密圏から、多様性のある親密圏へ

本章でみてきた実態から、ミドル期シングルの親密圏は、夫婦を核とするものから親ときょうだいを核とするものへと代わり、それが女性によって形成されていることがわかりました。ここには、親密圏に関する日本の特徴がくっきりと表れています。西洋諸国の親密圏は、性関係が中

心的位置を占めています。近代家族が変容する過程で、同棲、事実婚、ＬＧＢＴＱ＋、国際結婚など、個人が選択して作る親密なパートナー関係を国家が承認して保護するという道筋で親密圏が拡大してきました。これらの多様な結婚やパートナー関係に対して、「家族」「家族的関係性」と同等の保護や福祉サービスを国家が付与したからでした。

一方、日本の親密圏は、親やきょうだいの存在が西洋諸国より大きいことはみてきた通りです。制度中心的、または「運命」として与えられた関係性が強いため、結婚の柔軟化・多様化が進みにくいということができます。非婚化が進み、増加したシングルにとっては親やきょうだいを中心とする親密圏の比重が高く、家族に代わる多様な生活共同体（別居パートナー、コレクティブハウス、シェアハウスなど）が発達しにくく、未婚者、離婚者、ひとり親の多様な居住スタイルが発達しにくいのです。

このような事情を反映してシングル化する女性は、ひとり暮らしに伴う経済的不安、孤独、犯罪に巻き込まれる不安、病気の不安を男性以上に感じやすい分、親やきょうだいと頻繁に連絡をとって、結婚によって築く親密圏に代わる親子関係を軸とする親密圏を築いています。それに加えて、趣味やレジャーの活動で会う人や同窓生などとの〝柔らかい紐帯〟を〝固い紐帯〟と共に築いている人が男性より明らかに多いといえます。自立生活ができるだけの仕事があること、古い社会慣習から自由であること、豊かで多様な文化や消費環境に、女性のほうが都内でのひとり暮らしに順応し満足しているといえそうです。それが、ひとり暮らしを続けたいという意向に現れているのです。

調査結果によれば、ジェンダーによらず病気やお金で困ったときに頼るのは親・きょうだいで、友人・知人に頼る比率を上回っています。特に男性にあっては、友人知人に頼るよりケアマネジャーやヘルパーなどの行政の専門家をあげているのは、日ごろから頼ることのできる家族的関係や友人知人関係を作っていない結果といえるでしょう。一方、地域の諸活動や行政サービスとの関係は男女ともに極めて希薄です。健康で働ける年齢のシングルには当面は不要であるともいえるのですが、病気や障がいその他の生活困難に陥ったときに、適切な支援にたどりつくことができるかどうかは問われるところです。

以上の分析結果をまとめると、ミドル期シングルの環境は、非家族的親密圏も中間圏も広く形成されている状態にはなく、孤立化するリスクを抱えているといえます。シングル化が進む東京区部で、もっと柔軟な家族的関係が社会的に承認され、親密圏を形成しやすくなることが必要です。加えて、親密圏と公共圏の間に多様な「出会い」の場が可視化した「中間圏」を広げていくことが必要です。そのことが、非婚化の進行に伴う孤立と孤独、生活不安と貧困を押しとどめる条件となるのではないでしょうか。

注

1　シングルには未婚者以外に離別、死別を経験している人が2割ほどおり、また、事実婚を含むひとり暮らしで「結婚している」という人が5％ほどいる。人数は少ないが、男性で事実婚を含む「結婚している」人が女性より多い一方で、「離別」「死別」については女性の方がやや多い。男女年齢別でみると「死別」を経験した人は50代以降の女性でもっとも多く（8％）また「離別」も男性と比べてもやや多い。一方事実婚を含む「結婚している」人は、50代以降の男性で9％となり、女性の6％よりやや多い。

2　2019年実施の、全国の18～69歳を対象とするインターネット調査。

子どもがいる人は10％強で、そのうちの8割以上が子どもの数は1人ないし2人である。男女別にみると、子どもがいるのは女性（11％）より男性の方が多い（16％）。子どもと、週に1回以上連絡をとっている人が全体の4割近くに達するのに対し、「ほとんど・まったく連絡をとっていない」もしくは「年に数回程度」という人もほぼ同数いる。子どもとの連絡頻度は男性では低く、女性では高い。特に女性では「ほとんど・全く連絡を取っていない」人は数パーセントにすぎないが、男性では4分の1が連絡を取っておらず、「年に数回程度」という人を加えるとおおよそ6割の人は連絡頻度が低いか皆無である。離婚の場合、多くの場合子どもは母親と暮らすことになるためであろう。

3　ひきこもりなどが長期化して50代に達した子どもと、高齢化して働けない80代の親との同居世帯。社会的孤立と生活困窮に陥った状態を指す。

参考文献

石田光規（2011）『孤立の社会学――無縁社会の処方箋』勁草書房
一般社団法人社会的包摂サポートセンター『よりそいホットライン　2021』
NHKスペシャル取材班（2016）『老後親子破産』第3章　講談社
――（2020）『ミッシングワーカーの衝撃――働くことを諦めた100万人の中高年』NHK出版新書
NHK放送文化研究所『日本人の意識』調査（1973～2018年）
大島梨沙（2014）「親密圏の多様化に家族法はどう対処するのか――日仏比較の視点から（シンポジウム親密圏と家族）」『法律時報』86巻3号：65-69

岡村清子（２００４）「高齢社会の親子関係」有賀美和子・篠目清美編『親子関係のゆくえ』勁草書房
春日井典子（１９９７）『ライフコースと親子関係』行路社
株式会社第一生命経済研究所編、宮木由貴子・的場康子・稲垣円著（２０１９）『人生１００年時代の「幸せ戦略」――全国２万人調査からみえる多様なライフデザイン』東洋経済新報社
新宿区新宿自治創造研究所（２０１４）「新宿区の単身世帯の特徴――壮年期を中心として」『研究所レポート２０１３ Ｎｏ．３』
大日義晴・菅野剛（２０１６）「ネットワークの構造とその変化――『家族的関係』への依存の高まりとその意味」稲葉昭英・保田時男・田渕六郎・田中重人編『日本の家族１９９９-２００９』東京大学出版会
統計数理研究所『日本人の国民性調査』
田渕六郎（２０１２）「少子高齢化の中の家族と世代間関係――家族戦略論の視点から」『家族社会学研究』第24巻第1号
特別区長会調査研究機構（２０１９）「単身世帯の生活と意識についての調査」
山田昌弘（１９９９）『パラサイト・シングルの時代』ちくま新書
OECD (2005) *Society at a Glance: 2005 Edition*, p.88

第4章

ミドル期シングルと地域コミュニティ

松本　奈何

サマリ

本章では、2019年から2020年にかけて東京都心部で暮らす22人のミドル期シングルに行ったインタビューを通して、ミドル期シングルの日常生活、家族や仕事以外での人とのかかわり方、そして彼ら、彼女らが持つ将来への不安や展望について描いています。そしてその姿から、これまでほとんど焦点があたってこなかった、ミドル期シングルたちがどのように地域とつながっていくのかについて考察を行いました。インタビューではミドル期シングルたちの多くが趣味などを通して活発な社会関係を持ち、特に地域での社会関係を現状では必要としない様子が浮かび上がってきました。一方で、将来高齢者となった場合や、災害や病気になった場合など、どうしても地域で過ごさざるをえない状況になったときの不安も垣間見えます。様々な語りからわかることは、ミドル期シングルたちは地域、近隣の人たちと何かあったときに助け合うような関係性について拒否をしたり、ハンカーダウン、つまり引きこもったりしているわけではありません。地域コミュニティに参加することへの時間的および心理的負担が取り除かれ、何らかのきっかけがあれば地域へとつながっていく可能性は十分あると考えられるのです。本章では今後ますます高齢化していく中で、ミドル期シングルは重要な地域活動の担い手であり、彼らを包摂していくことの重要性を提示していきます。

1　ハンカーダウンする都市

アメリカの社会学者ロバート・パットナムは多様化が進行する都市において人々が「Hunker Down」すると述べています（Putnam［2007］）。これはこれまで、多様化が進行し、バックグラウンドや見た目が異なる人々が近くに暮らすことによって、より理解が進むのか、それとも衝突が起こるのか、という様々な研究に対し、人々はより私的な空間に閉じこもり、他者への信頼度が下がり、なるべくかかわらないようにしている、ということを述べた研究でした。ハンカーダウンという言葉のイメージは、人々がしゃがみこんでなるべく外とかかわらないでいる姿を表現しています。欧米ではこれは主に人種、民族の多様性という文脈で語られますが、ミドル期シングルが増加するということは、家族の形態が多様化し、様々なライフスタイルを持つ人々が地域に集まってくる、という地域の多様化であるとも考えられます。そしてもしパットナムのいうように多様化が地域のつながりを弱めることになるのであれば、東京都心部の単身世帯の増加は地域コミュニティをさらに衰退させることになりえます。

一般的にもシングルは地域とつながりが薄いというイメージがあります。シングルは家族を持つ人と比べて持ち家率が低く、移動が多いというデータがあります。[1] また国交省による平成17（2005）年の調査[2]によれば、日本においていわゆる「地域コミュニティ」が衰退しており、その原因の1つとして、特に都市部では「学生や単身赴任者など地縁的関係を志向しない住民の増加」があげられています。若年、中高年層は本来地域にとって重要なコミュニティの構成員であるにもかかわらず、都会のミドル期シングルはあまり地域での関係を持つことに積極的ではないことを示唆しています。また海外の研究でもNasar & Julian（1995）がミドル期シングルは転居が多く、地域社会の長期メンバーにはならず、結果としてコミュニティの脆弱化につながる恐れがあるという指摘をしていますので、東京だけの現象ではありません。

これを裏づけるように、都市生活研究所による都市生活レポート「集合住宅に住む未婚単身者の地域コミュニティの実態と意識」（2016）[3]では、未婚単身者の近所づきあいの実態と意識について集合住宅居住者に限って調査を行い、希薄な近所づきあいと、それを望まない彼らの姿勢を次のように指摘しています。

- 集合住宅に暮らす未婚単身者は2人以上の世帯と比べて近所づきあいをしている人の割合が低い。
- 同じ集合住宅内で「あいさつする習慣がある」と回答した人は2人以上世帯では約6割であるのに、単身者は3割程度であり、約4割は隣人の顔をみたことがない。
- 未婚単身者が近所づきあいしたくない理由は、「どんな人が住んでいるかわからない」や、「仕事以外に気を遣いたくない」、そして「プライベートを重視したい」から、という回答が多い。

このように地域との関係が薄いのは、子どもがいない、もしくは離死別をしたシングルで子どもがいない、もしくはもうすでに成長して家を出ている、などの状況にあって、引っ越しも自由で、学校での活動などにも参加しないことも1つの理由でしょう。さらに大きな理由としては、都会の良さ、つまり誰かに干渉されたりしない自由を楽しんでいる人には、地域での活動など煩わしいものと捉えられるのでしょう。必ずしも近くに住んでいるわけではないが気の合う友人と連絡をとり、時にどこかで会って話をしたり、遠出をすることで、現在の社会関係は十分満たされていると感じる人もいるでしょうから、何も地域で知り合いを作らなければ、ということはないかもしれません。居住地も仕事に行きやすいなどの理由で選んでいるので、便利であることが重視され、地域での社会関係は重視されていないかもしれません。

そんな中で東京のミドル期シングルたちにとって、居住している地域、コミュニティとはどのような存在なのでしょうか？　彼らにとって、地域への愛着や地域コミュニティへの参加ということは難しいものなのでしょうか？　いまだかつてないほど多くの人々がシングルとして都会で暮らす現代は、パットナムのいうようなハンカーダウンする社会なのでしょうか？　地域コミュニティは彼らを包摂していくことはできるのでしょうか？　本章ではその可能性と展望を、インタビューによって浮かび上がってきた東京ミドル期シングルの社会関係や日常生活からみていきたいと思います。

コラム

インタビュー調査は2020年後半にオンラインで実施されました。限られた時間の中で、対象者は都内23区に暮らす40代、50代を中心に行いました（30代・60代 各1名を含む）。これは、この2つの年代がミドル期の中でもやや異なる社会背景の中で人生を経てきていると考えられ、そこから多様な姿が浮かび上がると考えたからです。40代ミドル期シングルは就職時にいわゆる氷河期を経験している年代であり、その雇用の不安定さがしばしば指摘されています。一方50代の多くはバブル景気の最中に就職をし、安定した職に就いているとされています。もちろんそのような類型にあてはまらない人たちも多くいるわけですが、年代によって生きてきた社会の雰囲気が異なるということは頭に入れておきたいと考えました。また、この2つの世代の親について考えるとさらに状況は異なると想像できます。一般的には40代ミドル期シングルの親はまだ自立している親が多い一方、50代ミドル期シングルの親は他界した人もおり、後期高齢者として介護など様々な問題に直面していることが想定されます。いい換えると、40代から50代という年代は親世代の大きな変化によって様々な影響を受ける可能性が高い、ともいえるでしょう。

インタビューでは参加者のこれまでの居住歴、職業歴、親きょうだいなどの家族や友人との社会関係、日常生活、将来への展望などを90分から120分ほど、オンラインで聞き取りました。また、前年に行われたアンケート調査にはなかった項目として、2020年年初からのコロナ禍での生活の様子も聞くことができました。

もちろん、22名という限られた数の証言から、ミドル期シングルのすべてがわかるわけではありません。しかし、22名がなぜ東京でシングルとして暮らし続けているのか、そして将来に対してどのような展望を持っているのかを聞き取ると、そこからは多様でありつつも、しかしどこか共通する生活の様子や将来への思いがみえてきました。

2 ミドル期シングルの日常生活——自由と不安

これまでの議論では、ミドル期シングルの多くが親との強い関係を持ち、また生活の中では仕事の比重が高いことがうかがえます。ここでは日常生活として、彼ら、彼女らがどのような日常生活を誰と送っているのか、親などの近い家族以外、仕事以外の社会関係、つまりどんな友人と過ごすのか、もしくはひとりでどのように過ごすのか、についてみてみましょう。

趣味でつながるシングルたち

まず1つの特徴は、経済的にも比較的安定している人たちが、何か趣味を持ち、そこで知り合う人たちと時を過ごしているパターンです。シングルには配偶者と離別や死別したケースも含まれていますが、数としては子どものいない人が多くなります。育児にかかる時間、教育にかかる費用などがなく、気兼ねなく趣味を楽しむ人がいます。自らの家族がいる40代、50代に比べると、自由になる時間とお金が比較的多くなる人たちです。

例えば、今回の22名のインタビューでは、複数の人たちが趣味をオートバイ、ツーリングと答えています。このような趣味には維持費も含めて多くのお金がかかること、そしてツーリングをするのに週末出かけるためには身軽なシングルであることの利点は大きいのだと考えられます。Mさんはオートバイに乗り始めた経緯をこう説明してくれました。

（中略）、こっち来たらやっぱり車持つのはかなり費用的に難しいところがあってやってなかったんですけど、何かもう、そうですね、3年ぐらい前になって、何か新たな趣味、何かないと自分がだめになるかなと思って考えて、そしたら、昔、そうやってバイクに乗ってみたいというのがあったようなって、今考えると、今だったら費用もそこそこ余裕があるから、一発ちょっとやってみるかぐらいの、そんなノリですね。（Mさん、男性、50代前半）

ここではMさんは40代近くで何か始めよう、と思い、かつては経済的にも難しかった趣味を始めたことを語っています。Mさんが自分がだめになるかも、と思ったことが何かは語ってはいないのですが、何かしなくては、という気持ちがあったことがうかがえます。

また、オートバイとならんで多かったのが、コンサートやライブ、スポーツ鑑賞です。自分が前から好きだったアーティストのコンサートに出かけ、ファンクラブなどで他のファンと出会い、地方の公演にも積極的にでかけていく様子をLさんやGさんはこう語っています。

学生時代の友達っていうのあまり連絡、それほど持っていなくて、東京に出てきてから、趣味のつながりですとか、趣味でつながった友達がさらに連れてきた全然関係ない友達とかの機会がすごく多かったりします。私は割と音楽が好きで、今のコロナ禍とかになる前は、元気だったというか、上京したころの状態のときは、割とコンサートとかに行ったり、コンサートをみに行くがてら地方に遊びに行ったりのときが多かったんです。で、出会った友達がすごく多

いので。（Lさん、女性、40代前半）

（趣味は）音楽ですね。なので、結構地方とかにも行ってしまうぐらいなので、今のような、何か自分で調整できるスケジュールっていうのがとてもありがたくて。（Gさん、女性、40代前半）

ここでは、地方の公演などに行く場合、自由が利く仕事をしている身軽なシングルの像が浮かび上がってきます。

また、離婚をして、子育ても終わったRさんはあるサッカーチームのファンで、サッカー好きの友人とスタジアムで試合を観戦することを楽しみにしています。コロナ禍でスタジアムに行くことが難しい時期であっても連絡を頻繁に取り合っている様子を話しています。

2002年のワールドカップの前の年にテレビでやってた代表戦をみて、イケメンの選手がいて、その選手がその（地名）のチームの所属だったんです。（中略）その後で働き始めたところにその同じチームを応援してる女の子がいまして、それでちょっと話してみたら、じゃあ一

緒に行こうっていうので、子どもらも手離れてからは、その女子らと一緒に行くようになりました。（Rさん、女性、50代前半）

また、彼女はコロナ禍でサッカー観戦を楽しむことが難しい時期であってもその友人たちと連絡を頻繁にとりあっている様子を以下のように話しています。

そうですね、（コロナ禍の規制で観戦できても）何か拍手するだけとか聞いてたので、つまらないなっていうのもあって。で、地上波じゃないか、BSとかテレビでやってるときは、やっぱりオンライン飲み会も兼ねつつ、テレビみつつっていうような。テレビつけて、そう、一緒にわあって。ああだこうだいうのは2、3回、やっぱりやりました。そういうのもできるんだっていうのも発見でしたかね。（Rさん、女性、50代前半）

また、幼少のころから野球ファンのSさんは、球場での臨場感を楽しむ様子を述べていて、地方の球場にも友人たちと足を運んでいます。

（球場に行くということは）そのチームを応援したりっていう、はい、だからチーム、最近はもうチームを応援するっていうこともそうなんですけど、特定の選手だったり、もう野球っていうスポーツを楽しんでるって感じで。やっぱり一体感っていうかすごく何か盛り上がって応援するっていうその行為が楽しいっていうか、うん。結構それは野球仲間みたいなような人はいるので、割とおじさんが多いんですけれども、はい、そういう方と一緒に行きます。（Sさん、女性、40代前半）

このようにみていくと、シングルたちの中には、趣味の世界を楽しみ、新しい場所に出かけ、知り合いもできる、というように、活発な社会関係を持つ人が多いようにみえます。むしろ、シングルである利点、自由であることを活かして誰に遠慮することなく様々な場所に出かけていく、そしてその拠点としての便利な東京に住む、という選択をしているのだ、という様子が見受けられます。

軽やかで自由な日常

このように彼らはシングルである、という利点を最大限に活かしながら、自由に生活を楽しもうとしています。そんな彼らのライフスタイルには東京という大都会、つまり便利な交通網や、簡単にアクセスできるお店が多い場所で暮らすことは重要です。

そうですね、やっぱり交通の便だったり生活しやすさっていうと漠然としてますけれども、別に毎日毎日デパート行きたいわけじゃないんだけれども、例えば家の近所だってドラッグストアみたいな5、6軒あったり、でも地方に行くと車で10分行かないとなかったりしますけれども、そういうものが当たり前にそろっている。例えば家の近くにスーパーも5、6軒あったりして、別に5、6軒なくてもいいんだけれども、いつだって自分の好きなところを選べる。電車でちょっとどっか行きたいと思ったら電車は常に5分に1本来るみたいな、地方に行くと1時間待たないと電車が来ないみたいな。そういう違いですね。もうやっぱり利便性が圧倒的に高いです。（Sさん、女性、40代前半）

車を使わずに、車、別に持ってるわけじゃないけど、車使わずにどこでも行けるっていうのはやっぱり23区だけだと思う。あと、同じ1つのとこ住んでても、私鉄、ＪＲ含めていろいろありますから、1つの場所から。だから、結構どこ行くにも便利ですよね、早くて。（Ｊさん、男性、50代後半）

アメリカのオルデンバーグという社会学者が提唱した「サードプレイス」という概念がありま

す（オルデンバーグ［1989＝2013］）。サードプレイスとは人々が自宅（ファーストプレイス）や仕事の場所（セカンドプレイス）以外で、社会的なつながりを築き、リラックスや交流を楽しむ場を指します。このサードプレイスとして代表的なものがコーヒーショップであったり、図書館、公園などです。一方で本章のミドル期シングルたちが語っているのはそこにとどまらない、地域を超えた場所、例えばツーリングに出かける先、コンサート会場やスポーツ観戦の場所など地域コミュニティには存在しない「イベント的」サードプレイスです。そしてそこでの社会関係は現在のミドル期シングルにとって重要な場でありますが、同時に、そこは居住する地域にはない、ということがわかります。

一方でその社会関係は、〝その場を楽しむ〟ということに限定されており、必ずしも、何かあったときに支え合う、家族の代替になるものではなさそうです。このような友人とは、多くの場合話題はその趣味についてであって、仕事や家族の悩み、困ったことなどについてはあまり話さないようです。

私が入ってるサークルの中では、相手の何ですか、勤めてるところとか、そういう情報は詮索しないというほうが、何かおきてじゃないですけど、紳士協定で結ばれてる。みんな、相手がどこに勤めてるか大体知らない。どういう業界かは知ってるんですけど。そういう内情はあんまり聞かないことにしてる、というのがお互いのためか、趣味でやってるだけだから、それでいいだろうという話ですね。（Mさん、男性、50代前半）

イベント的であるが故にそこには深刻な話題を持ち込まない、その場を楽しむということが重要になってくることがわかります。

もちろん、友人たちとではなく、ひとりで趣味を楽しむミドル期シングルたちもいます。Cさんは仕事を優先させながら空いた時間に音楽を楽しむために、友人とスケジュールを合わせることに煩わされないよう、ひとりで行動することを選んでいます。

別に集中したいからというわけじゃないんですけど、人とスケジュールを合わせるのが大変というか、人と一緒に約束をすると、ある程度前に約束してチケットを押さえてとかっていうことに結構なりがちだと思うんですけど、私仕事柄、いつ休みになるかとか、あとは急にぽっと仕事が入ることも、間近になって仕事が入ることもあるので、できれば仕事入ったらそっちを優先したいなというのが本心なんですね。なので、自分ひとりで取る場合には1週間切ったチケットしか取らなくて、なのでぎりぎりだと何か本当に例えば2枚連番で取るのは難しかったりとかというのもあるんですけど、ひとりだとあんまり気にすることなく取れたりするんで、本当に3日前にぽっと取って行くとか。（Cさん、女性、40代前半）

他にも干渉されたり、他の人に気を遣うことなく暮らせる東京の生活を肯定的に捉えている人が多くいます。

もうひとり暮らしが非常に長いので、ひとりでいることの自由さのほうが勝ってるといいますか。あまり不便は日常は感じていないです。（心配なのは）その体調が悪くなったときぐらいですね。（Oさん、男性、50代前半）

はい、自分の好き勝手な時間に寝て、やろうと思えば寝て起きてお風呂も入れて食事もできてという、そういう干渉も全くないんで、もう自分からするとありがたいことこの上ないですね。（Mさん、男性、50代前半）

ここにみられるのは、人間関係に深入りしない、軽やかな友人との社会関係を楽しんだり、ひとりで気ままに過ごす自由や利便性を大事にする東京のミドル期シングルの様子です。

将来への漠然とした不安

このような様子と同時に、一方でミドル期シングルたちは自分たちの将来に不安も感じています。アンケート調査からも、ミドル期シングルたちの中で高齢期（65歳以上）になったときの生活に不安のない人は全体の3・7％しかおらず、ミドル期シングルは孤独感や将来への不安を抱いている人が多いことが明らかになっています。例えば病気になったときに身の回りの世話をしてくれる人がいない、という不安は64％にも上ります。さらに自分が「孤独死」をする不安を多少でも持っている人は半数に上ります。これらの問題は、身近な家族、配偶者やパートナー、子どもといった血縁や法的に結ばれた人々に頼ることができないシングルたちが高齢化していくにあたって避けて通れない問題です。なかでも多い心配は自分が病気になったときや介護が必要となった場合誰に頼ればよいのか、高齢期になってお金は足りるのだろうか、住むところはあるのだろうか、そして災害時に誰が助けてくれるのか、ということです。インタビューでは以下のような不安が語られました。

そうですね、今は自由に動けていますし、働けてもいるのであまり不安はないんですけど、先々どうなるかはやっぱり分かりませんで、自分の老後を考えると、やっぱりちょっとこのままの状況では不安はあるなと思います。うん。まあ、生活上のこともですし、健康のこと、経済的なこと。いろんなことを考え出すときりがないんですけど、ちょっとそこは不安ですね。
（Oさん、男性、50代前半）

不安はやっぱり、単身なので、体に何かあったときの支えがない、要は孤独死的なものとかやっぱりよぎったりもしたりします。（Qさん、男性、40代前半）

（災害が起こったとき）その次の日っていうか、その日から、じゃあどこで暮らすんだっていうことになると、相当、多分それは、単身の高齢者は多分、切実な問題としてあると思うんです、いくら金があったとしても。（Jさん、男性、50代前半）

つまりミドル期シングルにとって、現在はそのような状況に陥っていなくとも、ひとたび何らかの困難な状態に置かれることを想定すると、大きな不安が生まれます。そしてその多くの困難な状態は住んでいる場所、つまり地域と大きくかかわっていると考えられます。例えば、介護サービスなどの多くは地域で行われることになります。医療であれば地元の病院に行くことも多いでしょう。そこに行くまでの交通も、車が運転できなくなれば公共交通機関を利用するかもしれません。また、災害時には、近隣の避難所で共同生活をしなくてはいけないでしょう。パットナムがいうようなハンカーダウンをしているだけでは通常のように生活を続けていくことがいつまでもできないかもしれない、そんな不安を抱えているのが今の東京ミドル期シングルの現状です。

3 ミドル期シングルと地域

ここまでみてきたところでわかるのは、東京のミドル期シングルたちは親や仕事関係だけではなく、趣味などを通して活発な社会関係を築いている人が少なくない、ということです。しかしそこでつながった友人の多くが必ずしも近隣に居住しているわけではない、むしろ別の地域で暮らしていて、あるときだけつながる、ということもみえてきました。SNSやスマートフォンの普及で、遠くの人とも容易につながることが可能な現代においては、友人たちが近くにいる必要は必ずしもなく、実際に会うのであれば、むしろイベントとして遠くのどこかで非日常を楽しんでいるのかもしれません。またその関係は軽く、ゆるやかで、何か深刻なことを相談したり助けてもらったりするものではないようです。

そして、ミドル期シングルたちは、地域については居住する場所としての利便性や快適性は重要ですが、一方そこでの社会関係についてはあまり気にしていません。あるインタビュー対象者は、近所には知り合いがいますか？　という質問にむしろ驚いた表情を見せて、近所に誰か友人がいるなど考えたこともなかった、と述べました。また、むしろ近所で知り合いなどがいると、何か干渉されたりして煩わしくならないのか、自分たちの自由を脅かすようなものを想像して警戒するような人もいました。では彼らはパットナムのいうように、地域では引きこもって、極力他と関係を持たずにハンカーダウンしているのでしょうか？

前述のアンケート調査によれば、ミドル期シングル全体の約8割が地域での活動や集まり、例えば町内会、区主催の地域イベントや習い事に現在参加していません。この数字だけをみると、ミドル期シングルの地域活動への参加はかなり少ないといえます。活動しない理由としては、仕事をしているミドル期シングルにとっては時間がない、ということのほかにも、人間関係が煩わしいと感じたり、このような活動に参加しにくい雰囲気を感じていることがインタビューから読み取れます。

自由を満喫するシングルたちにとっては、何か不必要に拘束されたり、干渉されたりするくらいなら東京に暮らす意味がありません。煩わしい人間関係は極力避けて暮らしていきたいという思いは強いのでしょう。お笑い芸人が好きなDさんは、地域とのかかわりを聞かれると、

（地域で知り合いが欲しいとか）あんまり感じたことなかったです。もう何ていうか、お仕事が楽しいし、仲のいい同僚もいるので、それで結構充足されて。（Dさん、女性、50代前半）

さらに、ミドル期シングルの日常生活では、これまでの地域活動に参加する時間帯や曜日が合わないこともありそうです。残業が多かったり、フリーランスで不規則な勤務だったりする人には、土日や夜に何か地域のためにする、ということが難しいこともあります。

そうなんですよ。割と土日なんかは仕事をしてることが多いので、そうすると昼間は仕事をしてるし、夜の何かお祭りの夜の屋台に行くとかはできるんですけど、早く帰ってくれば、行ったことがないわけじゃないですけど、ゼロではないですけど、あんまりないですね。（Cさん、女性、40代前半）

そして、よく聞かれたのは、引っ越しの多い自分たちは新参者であり、受け入れてもらえない

気がする、と思って積極的に参加することができない、という意見です。

すごくにぎやかなんですよね、この辺は。ただ、やっぱり本当にそれお祭りに主体的に参加してる人っていうのは、何ていうかもう昔からそこに住んでる人で、私みたいなここ1年で来ましたみたいな人はあんまり参加するっていうより見てるだけみたいな。（Sさん、女性、40代前半）

Kさんも引っ越してきたあとに感じた疎外感のようなものをこう話しています。

はい。かなりこう、マンション中古で買ってるっていうのもありますので、私が入ってきたときはもう、長い間、昔から住んでる方がたくさんいらっしゃって、で、かなりこう年配の人たち、お年寄りの人たちが多いと思うんですね。なので、そういう人たちが集まってお茶を一緒に飲んだりとか、何か、マンションの何か取り決めをしたりだとかということはやってるみたいですけど、それに対しては参加はしたことがないですね。（Kさん、女性、50代前半）

これらの発言からみられるものは、ミドル期シングルたちは近所、地域というものを否定的に捉えているわけではなく、お祭りもあれば眺めたり、そぞろ歩きをしたりはするが、それを地域の人と一緒に担っていこう、というところには踏み込めていません。自らハンカーダウンしている、というよりも、受け入れられないような気がする、自分には関係のない場所であるような気がする、と思い、傍観しているように見受けられます。そして何より、自分が最も大事にしてきた自由、気ままさが脅かされることは受け入れられない、という思いが伝わってきます。逆にいえば、それは何らかのきっかけがあり、自分たちの大事にするものが受け入れられるのであれば、けっして強く地域での関係を拒否している、ということではない、ということです。むしろ漠然と、地域で知り合いがいたほうが、何かあったとき助かるのかな、という思いもあります。

本当は例えば大きな災害が起きたときなんかは近所で協力し合うというのが非常にいいんだろうなとは思うんですけども、うん、今のところ、日常生活の中では特に不便は感じていないので。逆にちょっとその、人間関係が煩わしく感じることも多かったりするんで、はい、あまり自分から積極的にかかわりを持とうとはしていないですね。（Oさん、男性、50代前半）

このような地域とのつながりへの思いはアンケート調査からもうかがえます。地域での活動や団体に参加したいと思うか、というアンケート調査の問いに対して最も多い回答はどちらともいえない、で全体の約4割にあたりますが、一方で、約4人にひとりは参加に否定的ではありません。ここからは、何らかのきっかけや機会などがあれば、参加を否定しない層が一定以上いる、といってもよいでしょう。

これらをまとめると、確かにミドル期シングルは現状では地域活動に積極的にかかわろうとはしていないが、一方で地域での活動を否定しているわけでもない、ということです。つまり、何らかの機会や必要性があれば参加するであろう潜在的なミドル期シングルは多くいるということを示しています。ミドル期シングルたちは一見ハンカーダウンをしているようにみえて、頭を完全に抱えて地域の人々を拒否しているわけではないのです。

シングル総数は２０２０年に東京区部人口の32％を占めています。２７９万人に上るこの大きなグループのうち、ミドル期シングルは１１３万人もおり、地域活動にとって重要な役割を果たしうるグループです。高齢期に入る前に、非常時が来る前に、ミドル期シングルがハンカーダウンせずに地域とつながっておくことは、彼らの生活をより安心に、社会的に豊かなものにできる可能性が増すということにつながります。そして、ミドル期シングルたちはけっして地域活動に参加したり、地域コミュニティに加わったりすることを否定してはいません。次節では、彼らが地域活動に参加していない理由と、どうすれば参加が可能になるのか、考察してみましょう。

4 ハンカーダウンではないゆるやかなつながりへ

前節で述べた通り、ミドル期シングルの約8割は現在居住する地域における活動には参加していません。参加している人たちの内容をみると、マンションの管理組合など、所有しているマンションで順番に回ってくるので仕方なく参加している、という人もいます。また伝統的には地域組織、例えば町内会・自治会などは地域コミュニティの核となってきたのですが、基本的に自主参加であるこれら組織も活動する人が年々減少していて、シングルだとよほど地元に長いつながりがない限り、その活動を知る由もない、という状態です。今回、22名のインタビューの中で、町内会などの地域組織活動をしていたのは1名だけです。東京の下町と呼ばれる地区に住むVさんは親も同じエリアに長く暮らし、自分も数年を除いては親の近くに家を購入して暮らしてきました。地元町内会のメンバーも親を通してよく知っているのです。ミドル期シングルとしてVさんはこのように語っています。

やはり、小さい頃から生まれたときから住んでるので、まだ一応その当時の人たちはご健在でいらっしゃるので、会えば挨拶するという感じですかね。あと、みこしを担ぐ会に入っているのでそこで年長者の人とか町内の人とかかわることがあるので、それですれ違ったら挨拶したりとかというレベルですかね。

（おみこし会に入った理由は）私の母とそのおみこしの会の人が知り合いで、やっぱりなかなか特殊な世界なので飛び込んで来る人が少ないので、会員が減っているというところで僕が男3兄弟なんでということで、取りあえず来てみてというので行ってみてそのまま。（Vさん、男性、30代後半）

ここから読み取れるのは、Vさんはこういう組織にとっては内部の人であり、Vさん自身も、「特殊な世界」と認識するように、既存の組織は外部の人、例えば最近引っ越してきた人や賃貸住宅に暮らす人にとってはなかなかハードルが高いことがうかがえます。様々な理由でそこにたまたま移ってきた、というケースが多いシングルたちにとって、こういった地域組織の存在自体も身近ではなく、また日常その存在を意識することもありません。

もう1つ地域で大きな存在とも考えられるのが、地元の保育園・幼稚園、公立学校などを通しての関係です。地元の保育所や公立学校は同年代の子どもを持つ親のつながりを生み出すことが可能です。このような子どもを通しての関係は、地域における情報交換も活発で、時には強い絆を生み出します。一方、ミドル期シングルは、離別者や未婚で子どもを持っていない限りは、学校にかかわることはほぼなく、公園で遊ぶ子どもたちの親の輪に加わることもありません。Cさんは近所での様子をこう話しています。

何か割とやっぱり主婦の方々は子どもの話をして盛り上がっているという感じなので、なのでちょっと子どもがいないと、何か私はその場にはなかなか入っていけない。(中略)本当に近所で同じ小学校の親同士とかっていうと、何か今度の授業参観がどうのこうのとかって話をしてると、もう全然そんな側にも入っていけないので、挨拶とか何かたわいもない会話ぐらいはするんですけど、そんなにあんまりがっつり話をする感じでもなかったり。(Cさん、女性、40代前半)

このように昔からある地域組織や学校を通しての関係は、移動も多く、子どももいないミドル期シングルにはフィットしないことが多いのでしょう。何より、そういった異なる家族構成の人たちと話題を共有することは、難しい、煩わしいということも考えられます。例えばFさんは家族構成の違う人と話すことの難しさを次のように述べています。

あと（友人は）、結婚してても子どもがいないとか、同じ独身の人ばっかりです。やっぱり子どもがいる人だと、ちょっと話も合わないっていうか、まずそっちのほうが大変ですからね、子どもの、いろいろありますしね。（Fさん、女性、50代前半）

家族構成の違う人の中に入ろうとすると、時には、なぜ40代、50代なのに結婚していないのか、子どもがいないのか、と詮索されたりすることもあるかもしれません。そのような状況の中で、現時点では親や、仕事や趣味を通じた友人たちが様々な場所にいるのだから、特に今無理に地域で関係を持つことに必要性を感じないミドル期シングルたちが多いことが考えられます。彼らにフィットする組織、活動がない、そして今は必要を感じない、ということがミドル期シングルの地域活動への参加率の低さにつながっています。

一方でアンケート調査では、地域で行うこと、として趣味の習い事、スポーツ活動をあげる人がいます。習い事というのは自発的であり、費用を払って参加するものが多く、多くが営利目的の施設利用などであり、それが必ずしも地域での社会関係を発展させるとは限りません。費用が払えるかどうかという問題もあります。入退会によってその関係が決まり、必ずしも安定しているとはいえません。しかし、その中でも興味深いものがスポーツクラブ、ジム、ヨガ教室など健康にかかわる施設です。健康はミドル期シングルにとっての大きな関心事であり、ジムや教室に通う人も少なくありません。そしてそれらの場所は、着替えを持参し、汗を流し、風呂に入り、そのまま自宅に帰る、ということからも自宅近くの場所を選択する人が多いでしょう。東京は他県よりはるかにスポーツクラブ（フィットネススタジオ、ジム、ヨガ教室）が多いというデータもあります。(4) それらの施設で黙々とトレーニングに取り組む人もいる一方で、同じクラス、時間帯に通っているうちによく出会う人と言葉を交わすようになり、いつの間にか近所の友人ができる、という人がいないとは限りません。Cさんは近所の人との付き合いを下記のように話しています。

あと（地域の友人といえば）、ヨガスクールで知り合った方々がいます。今の住んでるところの近くで、歩いて行けるところに行ってたんですけど、そこで知り合った人と何人か仲よくなって、でも何かお酒を通じてなんですけど、飲みに行こうという話になって盛り上がった人たちとたまに一緒に飲んだりとか。みんな近所の方なので。（Cさん、女性、40代前半）

かつては地域の銭湯や床屋、喫茶店がそうであったように、そこで近所の情報を交換したり、偶然外で出会ったり、ということも起こるかもしれず、スポーツクラブや習い事の場が地域との接点になることが想起されます。

もちろんコロナ禍において、このような場もオンラインでの参加に切り替えたり、自宅でできることに変更したりと影響が出て、スポーツクラブや教室といった実際の場があったからこそつながることが可能になった地域の人との関係も変化してきているかもしれません。しかしCさんはヨガスクールで近所の顔なじみができたことにより、災害時の避難所についてイメージしたり、新型コロナウイルス感染症の流行が始まった時期に情報を交換することができた、と述べていました。

ちょっとそこまで（災害があって避難所に行くようなことを）考えたことは実はなかったんですけど、例えば避難所が仲のいい友達、近所に住んでる友達も一緒かなとかみたいな。

例えばコロナでスーパーからあんまり、例えば何でしたっけ、ティッシュが、トイレットペーパーなくなったとか、そういうときに近所の友達と連絡取り合って、例えば私がスーパーに行ったときに欲しいと言ってたトイレットペーパー今売ってるよとかってやり取りしたこととかあるんです。（Cさん、女性、40代前半）

このように健康に気を付けたり、好きなことをすることを第1の目的とし、そこから二次的に派生する人間関係が地域の関係として育っていく可能性はあるのではないでしょうか。そしてその関係は普段強くなくとも、非常時における助け合いの土壌（ファウンデーション）になりうる、ということを、Cさんのケースは示しています。もちろん民間の営利企業による空間はそこに対価を支払う余裕がある人にのみ開かれていることは注意しなくてはならず、他に地域に存在する空間にも同様の社会関係の芽が生まれているのかみていく必要があるでしょう。ただこれまでの地域組織を超えてこのような場が生まれていることは興味深い現象です。

そしてこのような社会関係の創出について、アンケート調査で、どのようなきっかけがあれば地域活動に参加するか聞いたときに、「問題意識や関心を持つなど自分の意思」をあげた人が全体の4割近くに上っていることにも重要です。健康、趣味、といった自らがやりたい、と思ったことに取り組み、その副次的な産物として地域とのかかわりを持つ、ということが現代の東京におけるミドル期シングルなりの地域との関係なのかもしれません。そしてそのような土壌ができることで、非常時、例えば災害時などになんらかの助け合いが地域でうまれることもあるかもしれません。

5 ミドル期シングルを包摂する地域

ここまでミドル期シングルの日常の社会関係、将来への不安、そして地域活動がその対処のひとつとなりうるか、について考えてきました。地域の外にある場で、気の合った友人たちと楽しく過ごす、煩わしいことや深刻なことは避けたい、ましてや地域で何か面倒な人間関係は持ちたくないと思う多くのシングルたちは、同時に、面倒でないなら、煩わしいのでなければ、地域での関係もあっても良い、むしろあったほうがいいものなのかもしれない、と思っています。

また、そういった連絡先を交換するというレベルでもないが、同じマンションに住む人や、近所の店舗の人と簡単な挨拶をすることについて述べる人も多くいました。例えば、Lさんは、

今日もこのインタビュー始まる前に、ちょうど燃えるごみの日だったので、敷地の外にごみ出しに行ったんですけど、戻ったときに、多分同じフロアのちょっと違う部屋のほうが、その方が出かけてらっしゃったんです。すれ違う際に、おはようございますみたいな感じで挨拶して行く、はい。（Lさん、女性、40代前半）

と語り、その心地よさを語っています。

このような挨拶程度の関係において、ミドル期シングルは、家族構成などを開示する必要もなく、かといって無視しない程度の関係性、許容されている関係性を持っていることを意識しています。煩わしい人間関係もなく、意味のある会話ではないかもしれないですが、大都会で同じ空間、地域で暮らしている、ということを認識できる瞬間なのかもしれません。

そのような距離感を保った場所としては、公共の施設などもひとつの例として考えられます。アンケート調査の結果からは、地域で最も多く訪れる場所で一番多いのはスーパーやコンビニなどの商業施設でしたが、2番目に多いのが、図書館、コミュニティセンターなどの公共施設、となっています。また、公園や散歩道などについて言及する人も多くいました。シングルについての著書がある社会学者のエリック・クライネンバーグ[5]は、「社会的インフラ」として、地域の多様な人々がコミュニティを形成することができるような空間、例えば図書館などの重要性を述べています（クリネンバーグ［2018］）。Tさん（50代、女性）もインタビューで図書館に行くことは自分にとって大切なことであり、いつか引っ越すことがあれば図書館の近くがいい、と語っています。図書館は、知的好奇心を満たしつつ、他人と深くかかわらずとも利用が可能で、出入りも自由ですが、それが煩わしい人間関係もなく、時間も自分のペースに合わせられる、という点でミドル期シングルにとっては心地よいのかもしれません。そのような場として、海外の例も挙げてみましょう。筆者があるアメリカの中規模都市を訪れたときのことです。その地域では外国からの移民が増加しつつありますが、長く暮らすお年寄りや、都市生活の利便性に惹かれて最近引っ越してきた若者も暮らしています。皆それぞれの生活で忙しく日々を過ごし、共に何かをすることはあまりありません。しかしある夏の日に、地元NPOが地域での屋外映画会を催しました。そこでは、多様な人々が、特に話をして仲良くなるというわけでもないのですが、ただ同じ空間で思い思いに過ごしてる光景が見られました。ビール片手にひとりで座っている人もいました。話を聞くと、別に友達を作りに来たわけではないけど、それでも、ああ自分はこの地域に暮らしているのだなあ、と感じた人が多いようでした（松本［2020］）。

そのほかの公共施設にも何らかの可能性があるかもしれません。先に述べたようにシングルたちは地域の学校にはあまり関係がありません。ですが、学校は子どもの教育という重要な役割を果たしつつ、地域の核としての存在も再認識していくことが可能です。教育の現場では民間やNPOなどとの協働をすでに行っている場合が多くあります。このような取り組みに興味のあるミドル期シングルが加わっていくような試みが増えていくことで、子どものいない、もしくは子どもがすでに独立したミドル期シングルが学校を利用できる機会が増え、地域での関係を深め、非常時にはおおいに役立つ可能性があるかもしれません。

また多くの地域では病院や診療所も地域の核となる施設です。多くのミドル期シングルはまだ健康な人が多く、病院に定期的に通うことはないかもしれませんが、健康に対する関心は高く、病院という場所が何らかの形でミドル期シングルを地域につなぐ役割も考えられます。すでに病院を地域に開いていく取り組みは多く行われているようですが、高齢者だけではなく、健康に関心のあるミドル期シングルもその対象者として、医療の提供だけではなく、健康情報の提供、そして高齢者医療の支援者として取り組んでいくことは、世代を超えて地域の結びつきを深めることに結びつくかもしれません。そして、このような公共の空間は社会的、経済的に不安定なミドル期シングル、すなわち趣味や人づきあいをする余裕がなく、家族とも疎遠なグループにとっては重要な役割を果たす可能性があります。

さらに、ミドル期シングルがこれまで述べたような何らかの活動にかかわるということよりもさらにゆるく、弱い関係というのも考えられます。先に引用した都市生活研究所による都市生活レポート「集合住宅に住む未婚単身者の地域コミュニティの実態と意識」（２０１６）でも、ミドル期シングルは「自分のペース」で、「自由」に使える地域空間が好まれる傾向が示されています。公共に開かれた空間というのは、買い物をしなくても、何か特段の目的があってもなくても使える場所です。このような場所では、友人に出会い連絡先を交換したり、食事をしたり、悩みをきいたり、ということをしなくても、行きかう地域の人を意識したり、毎日会う人と視線で挨拶を交わしたり、ということができます。これも大きな意味での地域活動として捉えてよいかもしれません。地域活動という範囲をこれまで以上に広げ、スポーツクラブに行くこと、商店で買い物をすること、図書館に行くこと、学校に足を踏みいれること、散歩をすること、など、社会の規範にあまり触れないところでも地域との関係を失わないようにすることができるのかもしれません。

6 仕組みづくり、場づくりに何が必要か

これから高齢期を迎えるミドル期シングルにとって、今は友人と仕事や趣味を通してつながっていても、仕事を退職したり、経済環境が変化したりすると関係が変化することは避けられません。また実際に高齢期に入れば移動が難しくなることもあり、地域での生活がより重要になってきます。そのようなときにいきなり地域に暮らす人たちと親しい友達になることは、多くの人にとっては難しいことでしょう。そんな中で、「幅広く、ゆるい地域活動」を通して、地域空間が

ミドル期シングルにとって将来の不安を少しでも和らげる土壌になること、日常や、非日常には今必要ではなくても、非常時、つまり何かあったときには助けとなる基礎になること、について考える必要があるのではないでしょうか。

ではこのような仕組みづくり、場づくりに何が必要なのでしょうか？　1つは、地域の組織のあり方です。先に述べたように家族をベースとしてきたものから、ミドル期シングルが参加できる、もしくは家族形態をベースとしないような地域のグループのあり方が考えられます。そしてそれは非常にゆるやかな、ふらっと立ち寄れるような場所、関係なのかもしれません。決まった時間に集まって会議をし、イベントの企画をする、ということよりも、いつもそこに行けば何かがあり、参加できる、もしくはちょっとみるだけでも良い、そんな場所と仕組みがあり、そこでゆるいつながりを持てば、何かあったときには顔をみたことがある人、少し会話をしたことがある人ともう一回つながることが可能かもしれません。Hさんはこのように語っています。

何か無理なく話せる状態っていうのは必要かな。今って結構何でしょうね、共通の話題であるかどうかわかんないけど、出会いの場を作ってとか何かそういうのは多いと思うんですけど、多かったと思うんですけど、もうちょっと明確な、でも、最近増えてるのかな。例えば料理好きな人たちが集まってとか何かそういうイベントも増えてるとは思うので、何かそういうのが

もうちょっと気軽に入れるようなものがあるといいなとは思いますね。（Hさん、男性、40代前半）

先に例にあげた地域のスポーツジムというのは民間の営利施設ですが、決まった時間に行く必要はなく、仕事が終わって気分が乗れば立ち寄る、そのうち毎回似たようなクラスに参加する人と話すようになる、というのが起こる場所です。しだいに更衣室で話すようになり、終わったらちょっとお茶でも飲みますか？　という関係になるという話はあるでしょう。こういった施設はある程度経済的に余裕がないと通えないわけですが、そのような場、仕組みが公共の場にあっても良いのかもしれません。普段はほとんど何をしているかわからないし、知ろうともしないが、地域で何かあり、親や遠くの友人には頼れないとき、そんなゆるい関係の人々と助け合えるかもしれない、ということは1つの安心になるのではないでしょうか？

一方でジムに通う余裕も、公共サービスで行われるイベントに参加する時間的余裕もないミドル期シングルも存在します。もちろんその人たちを公的サービスにつなげて今までの枠組みの中でもしっかりと支えていくことは必要です。さらに、そのような人たちにむけて例えば住居を安価で提供し、その代わり何らかの地域活動を行ってもらうような仕組みも考えられます。このような仕組みは、例えば若者のシェアハウスなどに通じるものがあります。ミドル期シングルにもそのような仕組みがあれば、自然と地域での活動に参加が可能となる人がいるかもしれません。先ほどのHさんは以下のようなアイデアを持っていました。

シェアハウスってあるじゃないですか。何か老人向けの施設って結局シェアハウスなのかなと思っていて、何か今って年寄りと若い人たちのニーズがあるんですけど、中間層ってないなと思っていて。うん、何かそういうのもあってもいいのかなっていうふうな、あるいは趣味でつながるとか共通の何かで。ただ、結構シェアハウスってハウスにしちゃうと住まなきゃいけないので、住むのに抵抗ある人も結構いると思うんですよ。何かもうちょっとゆるやかなつながりの、別にそこに行ってもいいし、行かなくていいしみたいなのがあるといいのかなとかっていうのはちょっとありますね。（Hさん、男性、40代前半）

さらに、現在、子ども食堂という取り組みが全国的に行われていますが、少し範囲を広げて、シングルたちもまず利用者となり、そこから少しでも興味が出た人は運営側にまわるような仕組みが可能かもしれません。このように、地域にとっても、まだまだ若いこのミドル期シングルは、地域の活性化に大きな役割を果たす潜在的な可能性を秘めています。ミドル期シングルが地域にとって貴重でかつ有益な人材となるためには何がきっかけ（トリガー）となるのか、今後考えていく必要があるでしょう。

　これまではミドル期シングルはその人数の多さにもかかわらず、地域にとって「見えない存在」であったといえます。本章の冒頭でも述べたように、ミドル期シングルは地域の学校行事や商店街の行事にも参加せず、すぐどこかへ引っ越していくのだろう、ハンカーダウンしている、という意識が我々の中にもあったかもしれません。

　しかし、ミドル期シングルも不動産を購入し、地域で長く暮らそう、という人が増えてきている中で、まだ若く、現役で仕事をしている人たちが地域で知恵を出し、何か役割を果たしてくれることは非常に意味があることです。まずは地域がミドル期シングルの存在を認め、彼らの役割を考えていくこと、そしてそれを押し付けではなく、自然に何らかの活動の中で取り入れていくことができれば、双方にとって良いことではないでしょうか。前述したように、ミドル期シングルは地域活動を絶対にしたくない、と思っているわけではないことが調査から明らかになっています。同時に自分は地域では役割がない、求められていない、と思っている可能性もあります。自分の興味があれば、誰か知り合いに誘われれば何かに参加したい、という人も潜在的に存在します。これは、ミドル期シングルをハンカーダウンさせない、いい換えると地域コミュニティに参加してもらうためにも、何かきっかけが必要で、さらに彼らがあまり「浮いた立場」にならないような仕組みが必要、ということなのです。であれば、地域でもミドル期シングルが何らかの役割をきちんと担うことができる、そしてミドル期シングルを「家族のいない人」ではなく、ひとりの個人として地域に包摂していくことが可能になります。多様化する現代の都心部、東京の中心ではミドル期シングルはもはやマジョリティです。ミドル期シングルを包摂し、ゆるやかにつながる地域を作り上げることは、地域、行政にとって、そして何より当事者たちにとって大切なことです。

注

1 2020年国勢調査によると、全世帯での持ち家率は約71%であるのに対し、単独世帯では34%にとどまる。また、5年以内に移動をした世帯は、全世帯では17%であるが、単独世帯では26%となっている。（令和2年国勢調査　人口等基本集計および移動人口の男女・年齢等集計より）
2 平成17年度国土交通白書 https://www.mlit.go.jp/hakusyo/mlit/h17/hakusho/h18/html/H1022100.html
3 東京ガス（株）都市生活研究所都市生活レポート https://prtimes.jp/main/html/rd/p/000000012.000021766.html
4 （株）矢野経済研究所 https://www.yano.co.jp/press-release/show/press_id/2657
5 著者名について、翻訳書では表記が異なるものもあるが、本文中ではクライネンバーグに統一した。

参考文献

国土交通省（2005）「第I部　安全・安心社会の確立に向けた国土交通行政の展開――1　都市部、地方部における地域コミュニティの衰退」『平成17年国土交通白書』（https://www.mlit.go.jp/hakusyo/mlit/h17/hakusho/h18/html/H1022100.html）
都市生活研究所（2016）『都市生活レポート　集合住宅に住む未婚単身者の地域コミュニティの実態と意識』東京ガス株式会社

Klinenberg, E. (2012) *Going Solo: The Extraordinary Rise and Surprising Appeal of Living Alone*, NY: Penguin Books（エリック・クライネンバーグ『シングルトン＝ＳＩＮＧＬＥＴＯＮ＝ひとりで生きる！』白川貴子訳，鳥影社，２０１４年）

——— (2018) *Palaces for the People: How Social Infrastructure Can Help Fight Inequality, Polarization, and the Decline of Civic Life*, NY: Crown（エリック・クリネンバーグ『集まる場所が必要だ——孤立を防ぎ，暮らしを守る「開かれた場」の社会学』藤原朝子訳，英治出版，２０２１年）

Matsumoto. N. (2020) "Social Relationships in Diverse Neighborhoods: Immigration and Gentrification in an Ethnic Enclave," *Journal of Planning Education and Research*, online first (https://doi.org/10.1177/0739456X20962201)

Nasar, J. L., & Julian, D. A. (1995) "The Psychological Sense of Community in the Neighborhood," *Journal of the American Planning Association*, 61 (2), 178–184

Oldenburg, R. (1989) *The Great Good Place: Cafes, Coffee Shops, Community Centers, Beauty Parlors, General Stores, Bars, Hangouts, and How They Get You through the Day*. NY: Paragon House（レイ・オルデンバーグ『サードプレイス——コミュニティの核になる「とびきり居心地よい場所」』忠平美幸訳，みすず書房，２０１３年）

Putnam, R. D. (2007) "E Pluribus Unum: Diversity and Community in the Twenty-First Century the 2006 Johan Skytte Prize Lecture," *Scandinavian Political Studies*, 30 (2): 137–174

第5章

大都市で「ひとり」で生きる
――2019年東京区部単身世帯調査から

酒井 計史

サマリ

質問紙調査の結果から、①東京区部のミドル期シングルは、その背景や年収といった点で多様性に富んでいますが、それは同時に格差や不平等が大きいこと、大都市での「状態としてのひとり」という状況が、そうした事実を見えにくくしていること、困難に直面したときに初めて問題が表面化し、普段の格差・不平等がさらに増幅して現れるリスクを抱えた存在であることなどを示しました。また、②シングルの人間関係は、家族・親族と職場中心であること、休日は自宅でひとりで過ごし、高齢期も自宅でひとりで暮らすか、女性は「施設」で暮らしていきたいという考えが多数であり、「ひとりで生きたい」という志向のミドル期シングルがかなりの規模で存在していることがわかりました。

他方、家族・職場以外の社会関係は発達していなくて、家族・親族に頼ることができなければ、行政や市場サービスに頼らざるをえないという状況に置かれていることを明らかにしました。さらに、③背景にはジェンダー問題が隠れており、男性は将来の結婚の可能性を留保したモラトリアム戦略、女性は男性中心社会を生き抜くサバイバル戦略をとっていて、男女で生活戦略が異なっていることを指摘しました。以上から、「シングル化社会」の到来に向けて、従来の家族・職場といった閉じた社会資本である「場」、そこに所属していることから生まれる社会関係だけでなく、他者とつながっていることによる開かれた社会関係ともいえる「弱い紐帯」といった社会関係のあり方がより求められる社会になることを論じました。

1 状態としての「ひとり」

本章は、コロナ・パンデミック前の２０１９年に実施した「単身世帯の生活と意識について」の調査[1]結果から（以下、「本調査」と略）、ミドル期シングルの「ひとり」での生活の現状を把握した上で、ミドル期シングルの将来について考えます。

社会学者の南後（２０１８）は、人間は本質的に「ひとり」でいる存在であるといっています。たとえ家族がいても、通勤中は「状態としてのひとり」状態に置かれているというように、特に大都市ではそれを経験する機会が多いといえます。この視点からみれば、ひとり暮らしやシングルであることは、中長期的な「状態としてのひとり」状態であるといえます（南後［２０１８］）。

本章では、この「状態としてのひとり」に着目し、まず、ひとり暮らしになった経緯と現在の暮らしぶりから、ミドル期シングルの多様性をみた上で、人間関係、休日の過ごし方、高齢期のひとり暮らし希望の3点から、ミドル期シングルの多様性と共通性についてみていきます。これらを踏まえ、将来のシングル化する社会に向けて、対応のあり方について検討したいと思います。

2　多様な「ひとり」

大都市におけるミドル期シングルは多様な人々で構成されています。先ほども述べたように、シングルは、中長期的な「状態としてのひとり」であり、何らかの「属性」とは異なることから、シングルという状態から属性の多様性が生じます。さらに、例えば、当調査でも、男女で少し違いがありますが、未婚のシングルが約7割と大部分で、離死別のシングルが約2割、単身赴任のような既婚のシングルが1割未満といった分布でしたが（コラム「東京区部のミドル期シングルはどのような人たちか」図5参照）、1割未満でも大都市では、無視できない一定の人口規模の集合として存在しうる、つまり、大都市という特徴からも多様性が生じやすいことになります。このように、大都市のシングルは多様性を体現する存在といえるでしょう。そこでまず、大都市のシングルの多様性がよくわかる、ひとり暮らしになった経緯と現在の暮らしぶりについて、具体的にみていきます。

どのような経緯でひとり暮らしになったのか？

まず、性別・出身地別（中卒時居住地）・年齢別に、ひとり暮らしになった主なきっかけをみてみましょう。(2) 図5-1をみると、男女ともグラフの形が似ており、違いは小さいといえます。出身地による違いは、「東京区部」出身者では、若い人ほど「自分の意思」、年配の人ほど「同居する家族との別居、離死別」がきっかけとなっています。この2つが大きな要因で、女性はこの2つだけで7～8割を占めています。つまり、「東京区部」出身者は、若いときは、自発的な離家（親元を離れること）によってひとり暮らしになるか、中高年になって、家族との別居、離死別によってひとり暮らしになっていることになります。

図5-1　性別・出身地別・年齢別 ひとり暮らしになった主なきっかけ

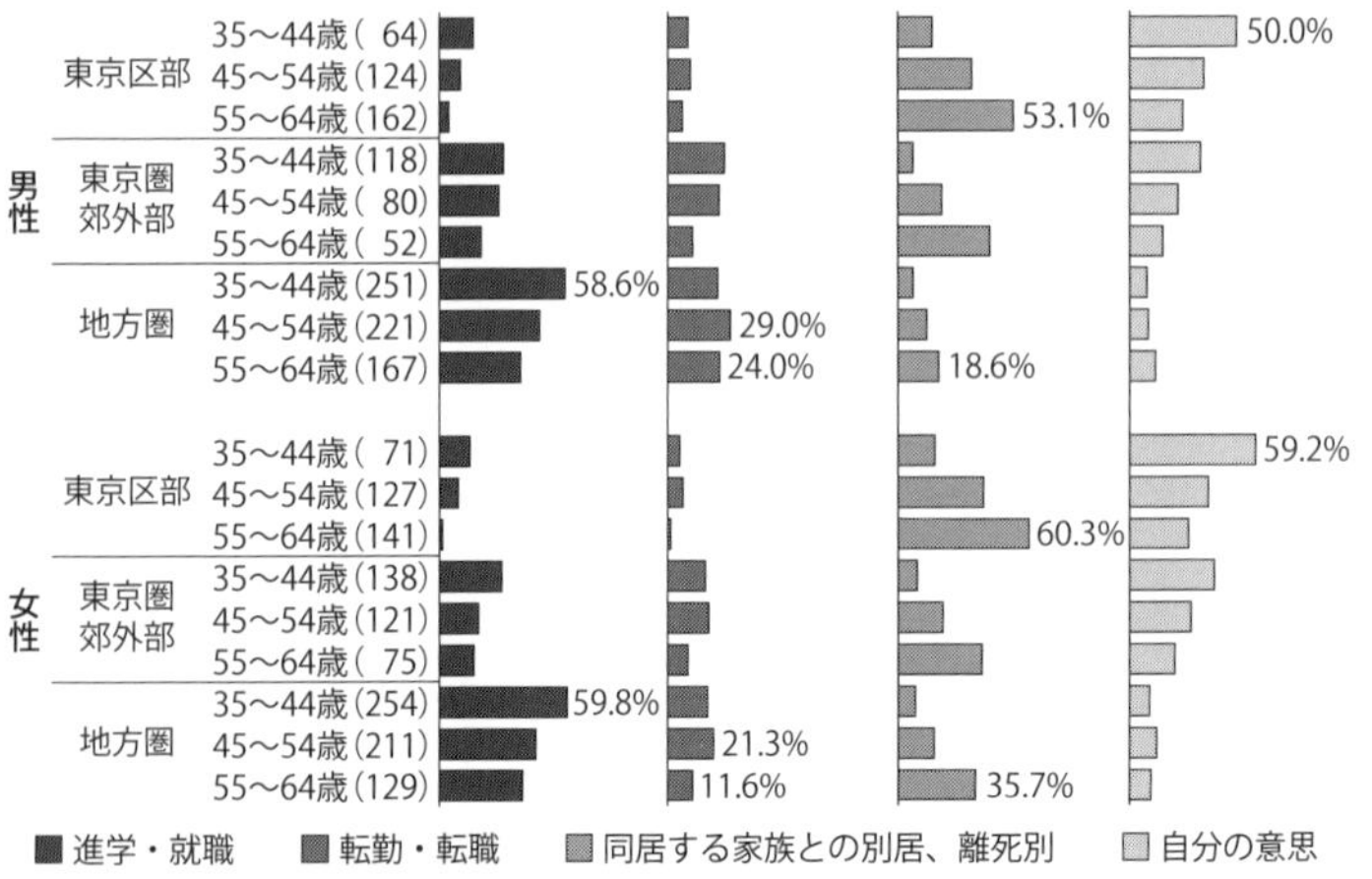

（注）1. 各カテゴリー（　）の数値は該当数（度数／人）以降の図表も同様
2. 図には「その他・不明」を表示していない
3.「東京圏郊外部」とは、東京区部以外の東京都・埼玉県・神奈川県・千葉県・茨城県・栃木県・群馬県・山梨県。「地方圏」とは「東京区部」と「東京圏郊外部」以外の地域（外国を含む）
4.「同居する家族との別居、離死別」は、「同居する家族が進学・就職により別世帯」「同居する家族が転勤・転職により別世帯」「同居する家族が結婚により別世帯」「同居する家族との離別・死別」を統合したもの
（出所）「単身世帯の生活と意識についての調査」（2019）

他方、「地方圏」出身者では、若い人ほど「進学・就職」がきっかけとなっており、いわば強制的な離家で、ひとり暮らしになったと考えられます。また、男性の「45〜54歳」では、「転勤・転職」がきっかけの割合が約29%と高いです。「転勤・転職」は、男性の「55〜64歳」でも24%もあり、この点は男女差が大きいです。男性のほうが女性より転勤・転職で東京に出てくる機会が多いためでしょう。さらに、「東京区部」と同様、年配の人ほど「同居する家族との別居、離死別」がきっかけである傾向があり、特に女性「55〜

64歳」では約36％と、男性の約19％と比べて高く、この点も男女差が大きくなっています。

「東京圏郊外部」は、「東京区部」と「地方圏」でみられた年齢別の傾向がゆるやかに存在しながら、最も回答がばらついていて、「東京区部」と「地方圏」のちょうど中間的な分布となっています。おそらく、「東京区部」に近いほど、「東京区部」でみられた傾向に、遠いほど「地方圏」でみられた傾向となっていると考えられます。

以上から、東京区部には、東京区部出身も含め、様々な地域から、その人のライフコースに応じた様々な理由によって、ひとり暮らしの状態となった人々が多く住んでいることがよくわかります。

今後は、少子化によって地方圏からの「進学・就職」理由による若者の上京は絶対数（人口）としては横ばいか、減少するでしょう。そうなると、未婚化や離死別などのライフコースの多様化による要因によって、中高年のシングルの割合が上昇していく可能性が高いといえるでしょう。

どのように働いて暮らしているか？

東京区部は、ほかの日本の地域と比べ、雇用機会や産業の多様性とも豊かな地域です。仕事内容が多様であり、働き方を含めた非経済的な面でも、働く上での魅力が多い地域でもあります。

他方、シングルにとって、経済的自立はひとりで暮らしていくための要件です。そこで、次に、シングルの就業状況と年収をみてみましょう。

まず、本調査サンプルの概要を述べると、従業上の地位では、男女差が少しありますが、全体として最も多いのは正規雇用で約4割、次が非正規雇用で約2割、会社などの経営者・役員、正規雇用の課長職以上の管理職で2割弱という構成です（コラム「東京区部のミドル期シングルはどのような人たちか」図3参照）。夜間や週末に働く人が若い年齢層に多く、仕事に対する満足度は高く、男女別、年齢別で大きな違いはみられません。このように、相対的に男女の差が小さいことが、東京区部ミドル期シングルの働き方の特徴であるといえましょう（特別区長会調査研究機構編［2020］）。

続いて、従業上の地位別にシングルの経済状態についてみてみます。図5－2は性別・従業上の地位別・年齢別に年収（4区分）の分布を示したものです。これらの属性別にみた場合、年収の分布は実に多様です。無業で300万円未満の低所得の人もいれば、役員／管理職で800万円以上の高所得者もいます。また、男性では非正規雇用でも800万円以上の高所得者が10％ほどいるのは、東京に高度専門職（SEなどの常用派遣労働者等）を必要とする産業が集中しているがゆえでしょう。おそらく東京のような大都市でなければ、こうした雇用機会は多くはないはずです。一方で、こうした多様性は、同時に格差や不平等が大きいことの現れでもあります。

少し詳しく年収の分布をみていきますと、従業上の地位間の差と年齢差が大きいことがわかり

図5-2　性別・従業上の地位別・年齢別・年収

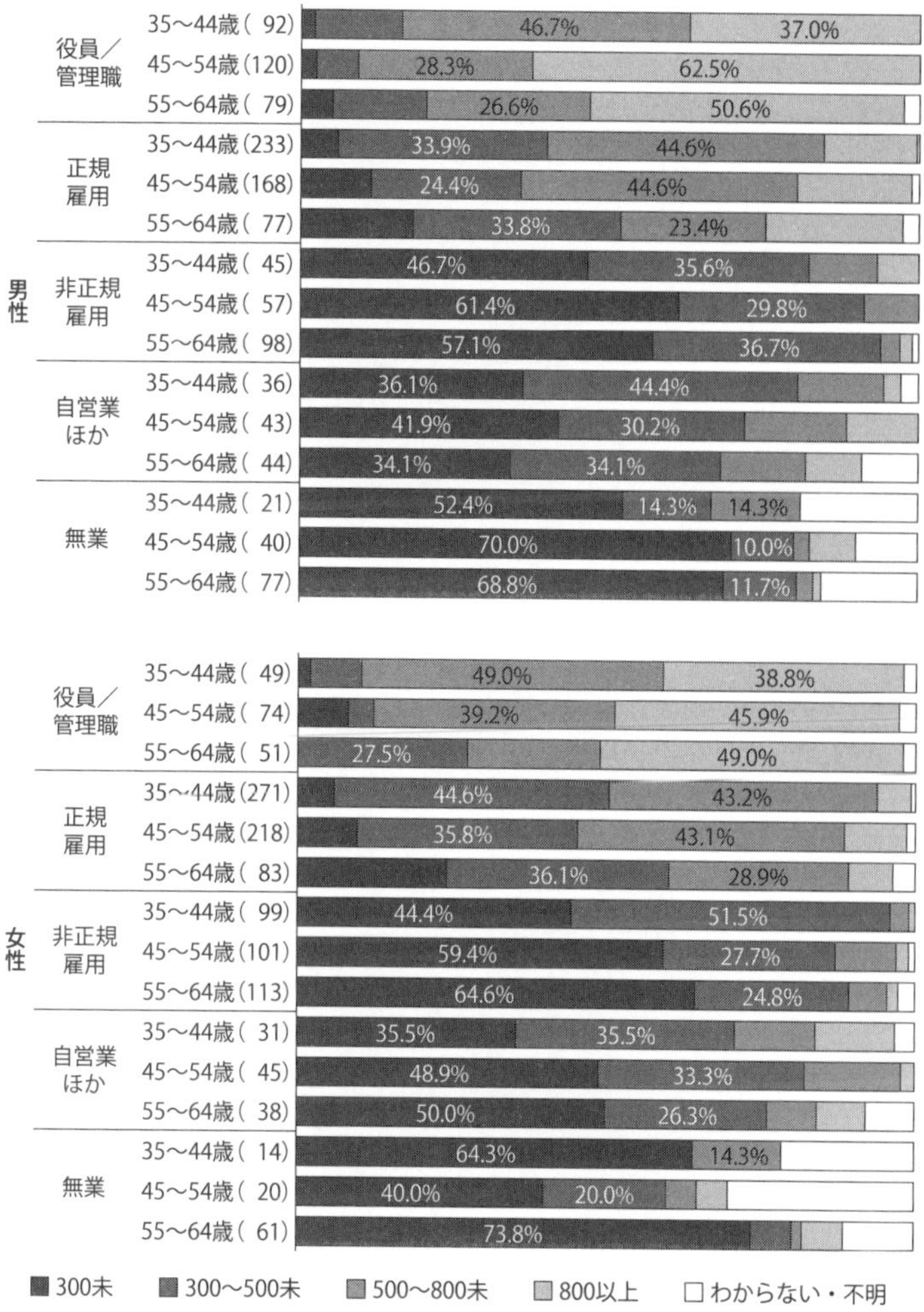

(注) 300未＝300万円未満、300〜500未＝300万〜500万円未満、500〜800未＝500万〜800万円未満、800以上＝800万円以上。各カテゴリーで上位2位の%のみ表示

(出所)「単身世帯の生活と意識についての調査」(2019)

ます。男女とも、「役員／管理職」＞「正規雇用」＞「自営業ほか」＞「非正規雇用」＞「無業」の順におおむね年収が高い傾向があります。男女の「役員／管理職」と「正規雇用」、男性の「自営業ほか」は年齢が高いほど、中・高所得者の割合が高い傾向があります。その反対に男女の「非正規雇用」、女性の「自営業ほか」では、年齢が高いほど、低所得者の割合が高い傾向があります。

先ほど、比較的男女の差が小さいと述べましたが、「35〜45歳」の若い層では確かに男女差は小さいですが、年齢が上がるほど、女性のほうが低所得者の割合が高い傾向があります。

以上のことから、ミドル期のシングルは男性であれ女性であれ、「生きることは働くこと」をまさに体現する存在であり、相対的にジェンダー差が小さいが、その中でも、ジェンダー差と階層差があり、女性シングルは貧困に直面するリスクが男性シングルより高いといえるでしょう。

ミドル期シングルは就業状況と年収という点でも多様ではありますが、それは格差の大きさの現れでもあります。大都市での「状態としてのひとり」は、属性による人々の違い、あるいは格差や不平等をみえにくくしているともいえます（南後［2018］）。

3 人間関係の「ひとり」

次に、人間関係をみていきましょう。「気軽におしゃべりしたり、気晴らししたりする」人を、複数回答で選んでもらった質問から、ミドル期シングルの人間関係について検討します。この質問は、「情緒的サポート」ネットワークがどの程度あるかについて検討するときによく用いられる質問です。

表5-1の「男性・計」と「女性・計」に列（縦）方向に男女別に9種類の人と「誰ともしなかった」の割合（%）を示しています。

有配偶者に対して同様の質問をすると、第1位は「配偶者」となり8割近くに達します（大日［2011］）。本調査のシングルでは第1位は「7．仕事関係の友人・知人」（元同僚を含む）で男性約54%、女性約69%であり、人間関係面でも働くことの比重が高いことがわかります。

また、「8．近所の友人・知人」を除き、家族・親族、友人・知人で、男性より女性で割合が高くなっています。それと反対に、「10．誰ともしなかった」の割合は、男性約13%、女性約2%と約11ポイントも男性のほうが、「気軽におしゃべりしたり、気晴らししたりする」ことを「誰ともしなかった」と回答しています。

表5－1　性別・情緒的サポート孤立度別・その相手（複数回答）

	男性				女性			
	男性・計	0 孤立群	1つ 孤立予備群	複数 複数保持群	女性・計	0 孤立群	1つ 孤立予備群	複数 複数保持群
孤立度%	100%	12.7%	29.0%	55.9%	100%	2.4%	17.5%	79.4%
全体	(1264)	(161)	(367)	(707)	(1283)	(31)	(224)	(1019)
1. 親	22.9%	—	4.6%	38.5%	34.8%	—	5.8%	42.5%
2. 兄弟・姉妹	17.2%	—	3.8%	28.9%	32.0%	—	2.2%	39.7%
3. 子ども	4.0%	—	0.3%	7.1%	5.4%	—	3.6%	6.0%
4. 恋人・(元) 配偶者・パートナー	21.0%	—	7.4%	33.7%	28.9%	—	11.6%	33.9%
5. その他親族・親戚	4.7%	—	—	8.3%	8.0%	—	1.3%	9.7%
6. 学校時代の友人・知人	32.6%	—	8.7%	53.7%	47.8%	—	7.1%	58.6%
7. 仕事関係の友人・知人	54.4%	—	46.6%	73.1%	68.9%	—	46.0%	76.6%
8. 近所の友人・知人	11.1%	—	6.5%	16.4%	10.8%	—	1.8%	13.2%
9. それ以外の友人・知人	27.4%	—	22.1%	37.5%	37.5%	—	20.5%	42.7%
10. 誰ともしなかった	12.7%	100%	—	—	2.4%	100%	—	—
無回答	2.3%	—	—	—	0.7%	—	—	—

（注）孤立度%は「不明」を表には表示していないが、不明を含んだ場合の%。孤立度「不明」は、「気軽におしゃべりしたり、気晴らししたりする人（複数回答）」の無回答と同値
（出所）「単身世帯の生活と意識についての調査」(2019)

そこで、「気軽におしゃべりしたり、気晴らししたりする」を「10．誰ともしなかった」人を「孤立群」、選択肢1〜9の1つだけ回答した人を「孤立予備群」、複数回答した人を「複数保持群」として、情緒的サポート孤立度のそれぞれの割合をみたものが、表5－1の上部の網かけ部分の「孤立度%」の行（横）方向の%です[3]。

「孤立群」は先ほどみた通りですが、「孤立予備群」は男性29%、女性で約18%と男性のほうが約10ポイント高い値です。また、「孤立予備群」は男女とも第1位が「7．仕事関係の友人・知人」が46%ほどを占めており、職場が人間関係の中心となっています。

「複数保持群」は、男性では約56%、女性では約79%と女性のほうが高い値です。こちらも

男女とも第1位が「7．仕事関係の友人・知人」が7割台と多数を占めています。第2位は男女とも「6．学校時代の友人・知人」で5割台です。いずれも親族やパートナー関係よりも上位に来ています。

続いて、「あなたが病気やケガで入院や介護が必要になったとき、身の回りの世話をしてくれそうな」人を、複数回答で選んでもらった質問もみてみましょう（表5-2）。この質問は、「手段的サポート」ネットワークの質問です。表5-2では「男性・計」と「女性・計」に列（縦）方向に男女別に「その他」を含め10種類の人と「11．誰もいない」の割合（%）を示しています。表5-1の情緒的サポートの質問にあった「6．学校時代の友人・知人」がなく、代わりに「9．ケアマネジャーやヘルパーなどの行政の専門家」「10．その他」が加わっており、少し選択肢が違います。

こちらは、情緒的サポートとの結果と大きく異なっています。第1位は「3．兄弟・姉妹」であり、男性約28%、女性約44%となっています。情緒的サポートでは第1位が「仕事関係の友人・知人」が半数以上でしたが、手段的サポートでは「6．仕事関係の友人・知人」は男性では約8%、女性で約13%とあまりあがってきません。手段的サポートでは第2位が「1．親」、第3位が男性は「2．恋人・(元)配偶者・パートナー」、女性は「9．ケアマネジャーやヘルパーなどの行政の専門家」となっており、家族・親族や専門家が友人・知人よりもあがってきていま

表5-2　性別・手段的サポート孤立度別・その相手（複数回答）

	男性				女性			
	男性・計	0 孤立群	1つ 孤立予備群	複数 複数保持群	女性・計	0 孤立群	1つ 孤立予備群	複数 複数保持群
孤立度%	100%	27.0%	36.6%	34.5%	100%	12.0%	33.5%	53.5%
全体	(1264)	(341)	(463)	(436)	(1283)	(154)	(430)	(687)
1. 親	27.8%	—	26.3%	52.5%	39.0%	—	28.6%	54.9%
2. 恋人・(元) 配偶者・パートナー	18.7%	—	17.9%	35.1%	16.9%	—	7.9%	26.6%
3. 兄弟・姉妹	28.3%	—	22.5%	58.3%	44.4%	—	27.4%	65.8%
4. 子ども	4.3%	—	2.6%	9.6%	7.7%	—	8.4%	9.2%
5. その他親族・親戚	4.7%	—	2.2%	11.5%	9.7%	—	2.3%	16.7%
6. 仕事関係の友人・知人	8.4%	—	6.0%	17.9%	12.9%	—	3.5%	22.0%
7. 近所の友人・知人	4.5%	—	1.7%	11.2%	5.6%	—	1.6%	9.5%
8. その他の友人・知人	5.9%	—	3.5%	13.3%	13.4%	—	4.0%	22.6%
9. ケアマネジャーやヘルパーなどの行政の専門家	15.8%	—	15.3%	29.6%	20.3%	—	15.6%	28.2%
10. その他	1.9%	—	1.9%	3.4%	1.2%	—	0.7%	1.9%
11. 誰もいない	27.0%	100%	—	—	12.0%	100%	—	—
無回答	1.9%	—	—	—	0.9%	—	—	—

（注）孤立度%は「不明」を表には表示していないが、不明を含んだ場合の%。孤立度「不明」は、「病気やケガで入院や介護が必要になったとき、身の回りの世話をしてくれそうな人（複数回答）」の無回答と同値

（出所）「単身世帯の生活と意識についての調査」（2019）

す。また、「11．誰もいない」の割合は、男性27%、女性12%と15ポイントも男性のほうが割合が高く、「情緒的サポート」の「10．誰ともしなかった」（約13%）に比べて、男性は約2倍となっています。

情緒的サポートと同様に、表5－2の上部の網かけ部分の「孤立度%」を行（横）方向の%でみていきますと、「孤立群」は先ほどみた通りですが、「孤立予備群」は男性約37%、女性約34%と男女差が小さく、男女とも1／3のシングルは誰かが欠けてしまうと孤立してしまうリスクがあります。「孤立予備群」は男女とも第1位が「1．親」で、男性約26%、女性約29%で、第2位の「兄弟・姉妹」を数ポイント上回っています。

「複数保持群」は、男性では約35％、女性では約54％と女性のほうが高くなっています。男女とも第1位は「3．兄弟・姉妹」であり、第2位が「1．親」、第3位が男性は「2．恋人・(元)配偶者・パートナー」、女性は「9．ケアマネジャーやヘルパーなどの行政の専門家」となっており、家族・親族や専門家が友人・知人よりもあがってきています。ただ、女性では「8．その他の友人・知人」と「6．仕事関係の友人・知人」が約22〜23％程度あがっており、女性のほうが家族・親族、専門家以外にも手段的サポートがやや広がっています。

以上を踏まえると、シングルが高齢になると、家族・親族は亡くなっていきます。自身が自分の家族を形成しないと、家族・親族に基づく親密圏は縮小していく、または、なくなっていきますので、行政サービスや市場サービス以外に、家族や親族に代わるような社会的コンボイ（サポートが提供されたり、受け取られたりする支え合いのネットワーク）の存在の必要性が高くなるでしょう。その点では、現状では、多くのシングルにとっては、手段的サポートは家族・親族中心であって、他人（友人・知人）に頼るといった人間関係が多くはないといえます。それは、従来の家族・親族中心の親密圏以外の新しい親密圏が特に東京区部のミドル期のシングルに形成されているかという問題になりますが、これらの集計結果をみる限り、その可能性は低そうです。よって、もし親族に頼ることができなくなれば、誰にも頼れず、行政サービスや市場サービスに頼るしかなくなるというのが、ミドル期シングルの置かれている現状といえましょう。

4 休日の「ひとり」

大都市に暮らすミドル期シングルの利点は、好きな所へ行けて、好きなことができる、自らの心のおもむくままな、自由さがあることにあるといえましょう。近年、外でひとりで過ごすという「ソロ活」（単独を意味する「ソロ」＋「活動」の略）という言葉は、まさに、誰かと一緒にではなく、ひとりで好きな場所へ行き、ひとりで好きなことをして、有意義な時間を過ごすことであり、シングルの生活スタイルを象徴しています。この点は、大都市のミドル期のシングルに顕著にみられるライフスタイルのあり方なのかを、休日の過ごし方からみていきましょう。

仕事がない休日などにどのように過ごすことが多いかを、「家でひとり」「外でひとり」「家で友人・家族」「外で友人・家族」の4つの選択肢から1つだけ回答してもらいました。

図5－3は性別と年齢3区分別に集計したものです。男女どの年齢でも「家でひとり」で過ごす人が半数以上です。次に回答割合が高いのは、男性では「外でひとり」、女性では「外で友人・家族」で、男女とも「家で友人・家族」は1桁台でかなり低い割合です。

いわゆる「ソロ活」にあたる、「外でひとり」は割合としてはけっして高くなく、ミドル期シングルは、休日は「家でひとり」が多数派であることがわかります。

図5−3　性別・年齢別・休日の過ごし方

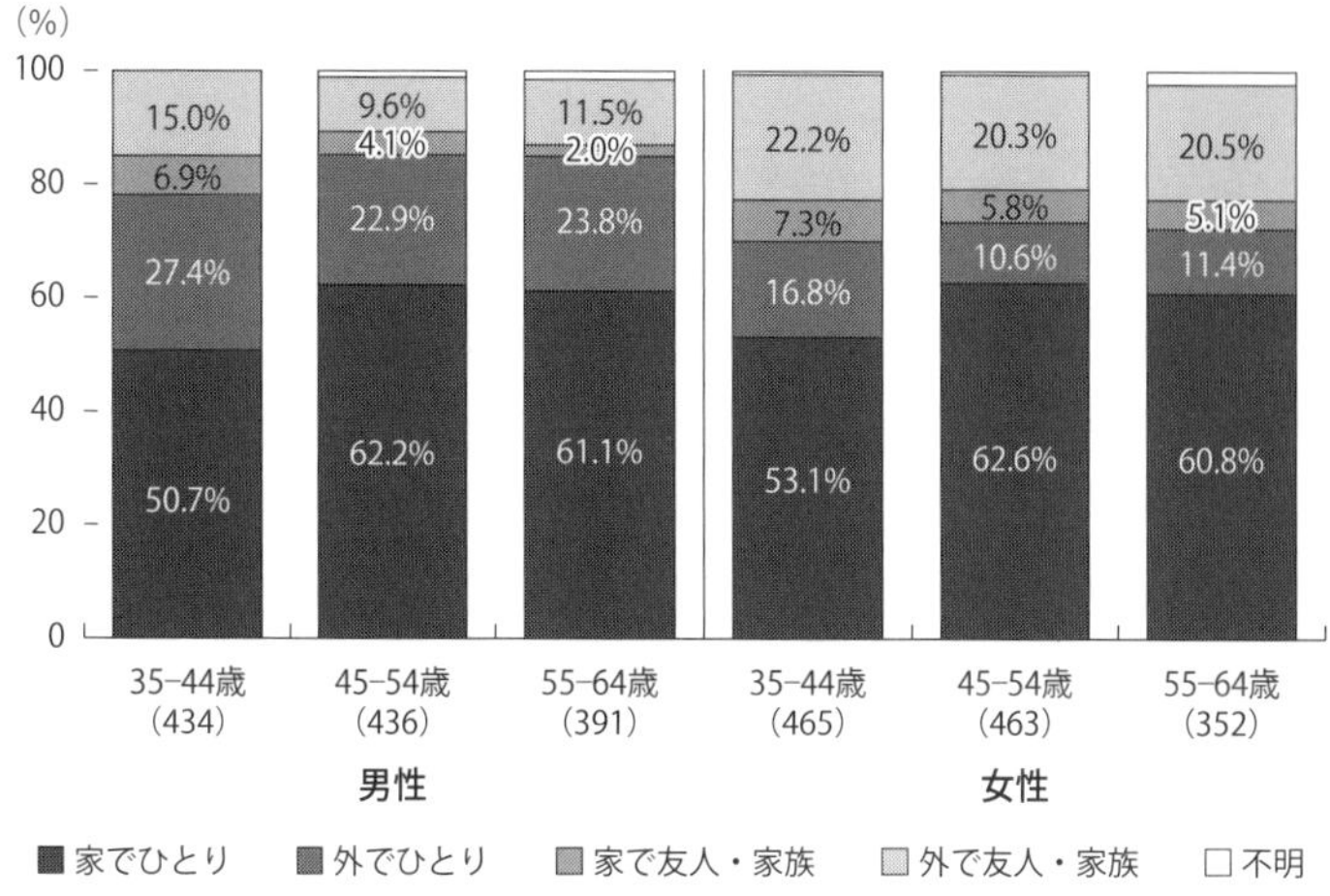

（出所）「単身世帯の生活と意識についての調査」（2019）

男女間の目立った違いは、「外でひとり」は男性が20％台、女性が10％台と男性のほうが割合が高いことと、その反対に「外で友人・家族」は女性が20％台、男性が9〜10％台と女性のほうが割合が高いことです。

年齢別では、「家でひとり」は、男女とも「35〜44歳」が50％台前半、「45〜54歳」と「55〜64歳」が60％台前半と45歳以上で割合が高い値です。また、「外でひとり」は、「35〜44歳」のほうが45歳以上より割合が少し高い値です。その結果、「家」「外」にかかわらず、休日にひとりで過ごす男性は80％前後、女性70％前後であり、男性のほうが休日にひとりで過ごす傾向がやや高めです。また、年齢では45歳以上でひとりで過ごす傾向が少しみられます。表5−1でみたように、男性よ

図5-4　休日の過ごし方とシングルのタイプ

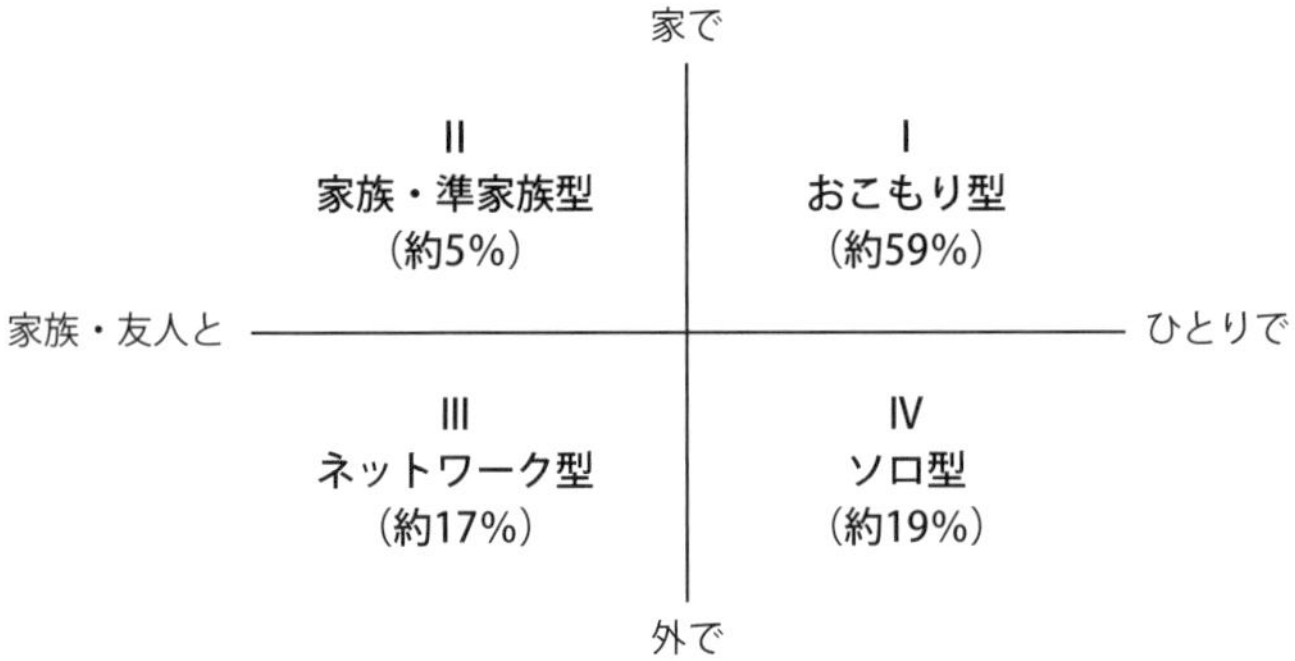

（出所）酒井（2021）p.96

り女性のほうが、家族・親族や他人との人づきあいにより積極的であり、人的ネットワークが発達しているので、それらの知見と整合性はあるといえましょう。

この休日の過ごし方の４つのタイプを、図５―４のように「家でひとり」で過ごすタイプⅠは家から外に出ないという特徴から「おこもり型」、タイプⅡは、家でパートナーや家族と過ごすという点がはっきりしているので「家族・準家族型」、タイプⅢは家族もそうですが、家族以外の友人とのつきあいも多いのが特徴なので「ネットワーク型」、タイプⅣは、ひとりで外で活動するという点で「ソロ型」と名付け、それらのタイプを詳細に検討して、それぞれのライフスタイルの特徴を筆者が酒井（２０２１）で分析した結果を要約すると以下のようになります。

Ⅰの「おこもり型」には、社会的孤立の傾向がみられました。低学歴、低年収、無業、非東京区部出身者、友人・知人が少ない、電話やインターネットでも交流していない、サポートネットワークが弱く、精神的にも身体的にもあまり良くない傾向があるなど、列挙すれば、社会的に望ましいとされることはなく、この点ではシングルの「役割のない個人」として生きる負の側面が強く出ているといえます。

Ⅰの「おこもり型」は、全体の半数以上を占めており、分析は、あくまでも他のタイプと比較しての特徴なので、すべてがそうしたシングルであるわけでなく、「おこもり型」の中にも多様性はあるでしょう。ただ、社会的に孤立している、その傾向のある人が、一定数含まれており、孤立している、または孤立するリスクが高いタイプであるといえます。

4つのタイプのうち最も人数が少ないⅡの「家族・準家族型」は、恋人やパートナーとの関係性が顕著でした。このタイプのシングルは、将来の結婚に移行する準備段階にあるような過渡的な側面と、結婚を想定しない新しいタイプのパートナーシップの側面との両方が含まれていると考えられます。

Ⅲの「ネットワーク型」は、家族に加えて、家族以外の友人・知人とネットワークがあり、「何か新しいことを始めようという気持ちになり」やすく、4つのタイプ中では最も家族・親族以外の他人とも積極的に活動しています。従来の独身貴族のような、大都市に住むシングルである利点を最大限活かして生活しているようなタイプです。男性よりも女性に多いですが、このタイプの女性は、ひとり暮らし向けの住宅政策を求めている割合が高かったことから、経済的・社会的に相対的に脆弱な立場にある女性が大都市で単身で暮らしていくための生活戦略なのかもしれません。

Ⅳの「ソロ型」は、ひとりで好きな場所へ行き、ひとりで好きなことをして、自身にとって有意義な時間を過ごすという点で特徴があります。中には、自宅とパチンコ店の往復というⅠの「おこもり型」のような面も含まれている可能性はあります。それ以外では、近所のスポーツジムなどのスポーツ施設に出かけ、そこで定期的に運動していたり、それゆえに、精神的・身体的に健康状態もよい傾向があります。女性は図書館、コミュニティセンターなどの公共施設も利用している傾向もみられました。

さらに、女性では、家族や職場・学校時代の友人と交流のある人も少なくありません。あえて休日はひとりで過ごしているようにもみえ、新しいライフスタイルといえる側面もあるのではないでしょうか。ただ、Ⅲの「ネットワーク型」と同様、女性でひとり暮らし向けの住宅政策を求めている割合も高いです。

一方で、特に若年男性は出会いや結婚相手を求めている傾向があり、「寂しいと感じることが多い」が4つのタイプの中で最も割合が高い値でした。よって、相手が見つかればⅡの「家族・準家族型」に移行するような過渡的な形として現れている側面もあります。この「ソロ型」も数は多くないですが、その内実には男女差もあり、いくつかの異なったライフスタイルが混在していると考えられます。

ミドル期のシングルのライフスタイルの過渡期としての側面は、長寿化、晩婚化・未婚化などによるライフコースの長期化と、それに伴う青年期のモラトリアム期間の延長によって生じています。特に男性については、性別役割分業に基づいた家族の中での稼得役割中心のライフスタイル以外に、男性のライフスタイルが確立しておらず、パートナーを得て結婚するまでのモラトリアムのまま時間がすぎている状態とみることもできましょう。

特に未婚のシングルの場合、ジェンダー差という点に着目すると、男性は結婚の可能性を留保したモラトリアム戦略をとっているといえ、楽観的というか、ある種の諦念からきているというべきか、考えても仕方がないというスタンスのようです。これは男性のほうがより経済的基盤が確保しやすく、社会構造上、ひとりで暮らす能力が高いということも関係しているように思われます。他方、女性はサバイバル戦略ともいうべき、女性のほうが経済的基盤を築く上で、男性より脆弱な状況で、将来の生活見通しや生活（特に住宅）についてよく考えて行動しているようにもみえます。それゆえに、後に詳しく述べるように、生活の不安の強さも男性より強い傾向がみられ、たとえ同じくらいの収入があっても、この点ではジェンダー差が非常に大きくなっています。

5 将来の「ひとり」

次に、高齢期においてどのような住まい方を望むかという質問から、ミドル期シングルの将来像を展望してみましょう。図5-5は性別・年齢別に集計したものです。

高齢期に自宅で「ひとり暮らし」を希望する割合に着目すると、男女とも年齢が高いほど「ひとり暮らし」を希望する割合が高い傾向があります。若いうちは男性のほうが希望が高いですが、高齢期に近い「55〜64歳」では男女差はなくなります。

家族・親族との同居は、「35〜44歳」の若いうちはその希望が高くなっています。未婚でこれからパートナーを得て家族形成するライフコースを描いていることもあるといえましょう。男女とも、「35〜44歳」と比べて「45〜54歳」になると10ポイント以上低くなっています。

「施設等」は、「高齢者専用施設・住宅」と「シェアハウス・コレクティブハウス」を統合した値ですが、ほとんどが「高齢者専用施設・住宅」です。男性ではどの年代でも13%前後、女性では約28%前後と、女性が男性の2倍ほどの希望があります。女性のほうが男性より長寿であることが関係しているのかもしれません。また、男女とも年齢によって違いがありません。

次の図5-6は男女別に結婚していない理由別に「ひとり暮らし」割合が多い順に並べ、高齢

図5-5　性別・年齢別・高齢期の住まい方希望

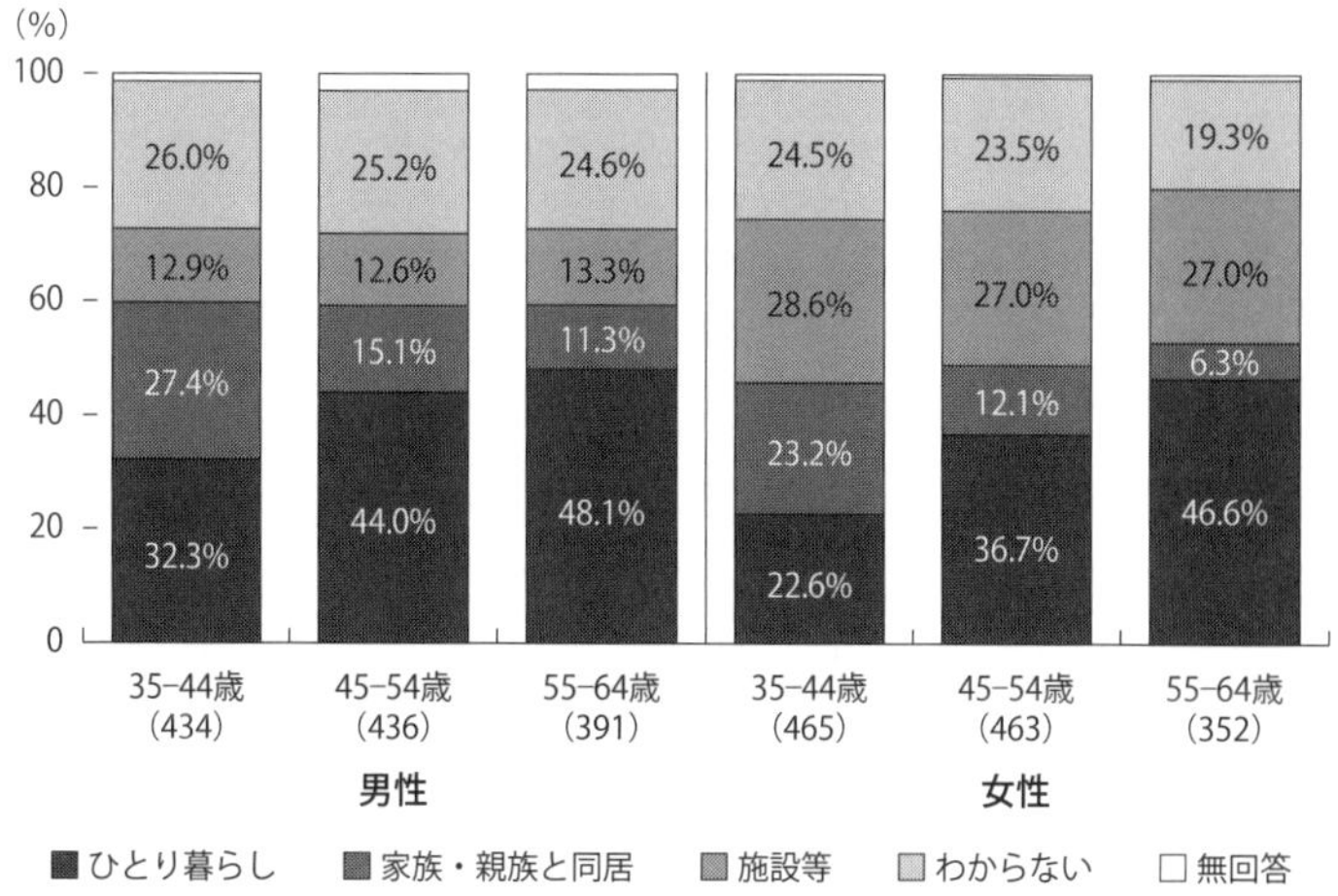

（注）「施設等」は「高齢者専用施設・住宅」と「シェアハウス・コレクティブハウス」を統合
（出所）「単身世帯の生活と意識についての調査」（2019）

期の住まい方希望の回答の分布を示したものです。なお、結婚していない理由は結婚していない人（未婚・離死別）を対象にした質問で、複数回答です。また、参考として男女別の項目の一番下に既婚（現在結婚している）シングルの回答分布を表示しています。

その一番下の「既婚者」のシングルでは「家族・親族との同居」の割合が高く、男性で約47％、女性で約33％と、男性のほうが高くなっています。女性のほうが配偶者となる男性に先立たれた場合のことをイメージして回答しているものと思われ、「施設等」は男性で約11％ですが、女性では約27％で第2位となっています。

既婚シングルと比べて、未婚・離死別シ

図5-6　性別・結婚していない理由（未婚・離死別のみ）別（複数回答）・高齢期の住まい方希望

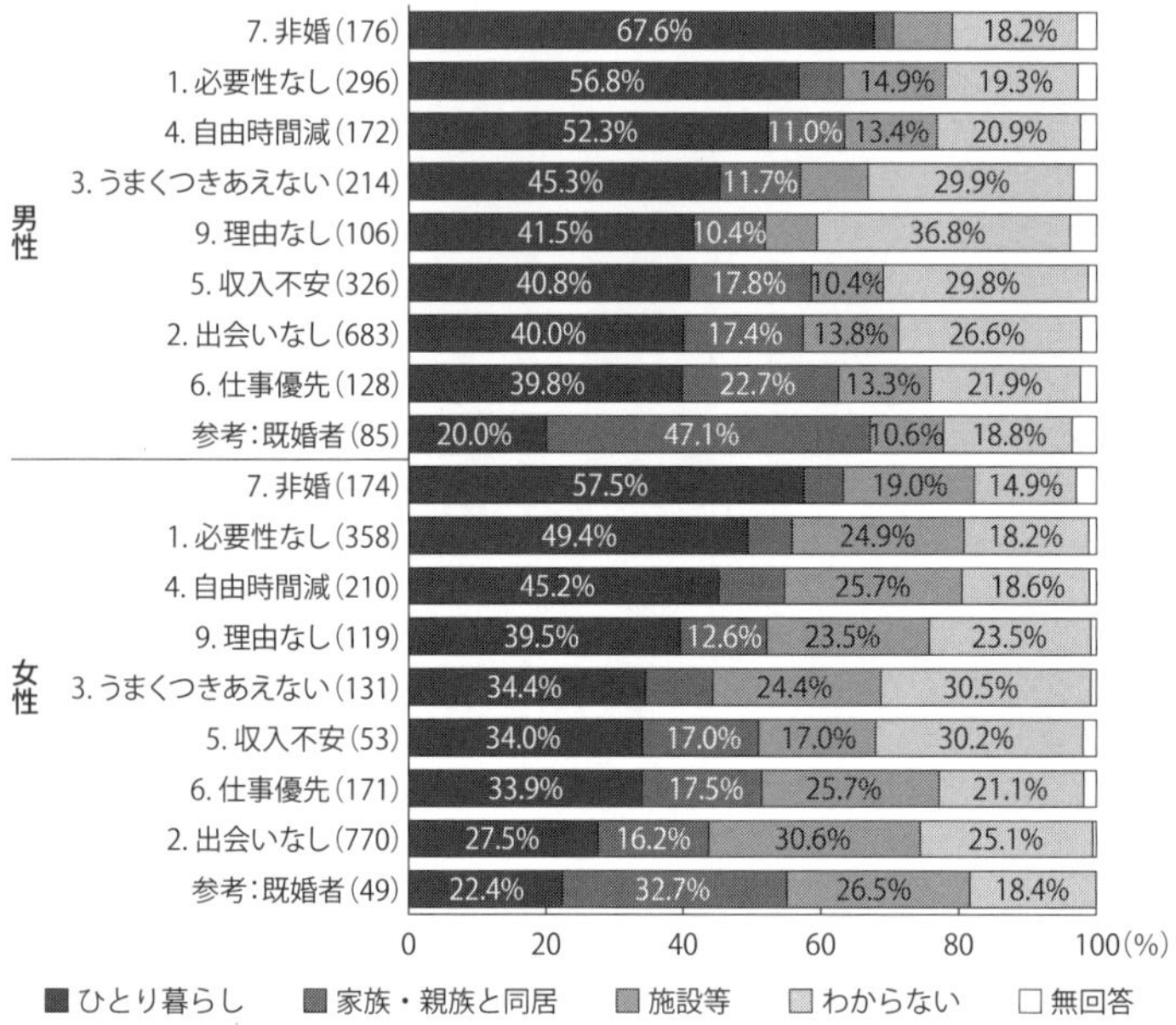

（出所）「単身世帯の生活と意識についての調査」（2019）

ングルは、当然のことながら「家族・親族との同居」の割合が低く、自宅で「ひとり暮らし」を希望する割合が高くなっています。

男女ともに上から3つの理由「非婚」（結婚するつもりはない）、「必要性なし」（結婚の必要性を感じない）、「自由時間減」（自由に使える時間が減る）で、ひとり暮らし希望の割合が高くなっています。これらの理由は、ある意味では、未婚・非婚という選択を積極的に選んでいるといえ、こうした理由の人は、高齢期もひとり暮らしを希望しています。

男性では、「理由なし」「うまくつきあえない」「収入不安」では「わからない」が約30％以上、女性でも「うまくつきあえない」「収入不安」は「わからない」が約30％以上と「わからない」の割合が高くなっています。これらの理由は、不本意で未婚となっているといえ、将来の見通しが立たないためだと考えられます。

また、女性では「出会いなし」（適当な相手にめぐり合わない）は、「施設等」が約31％で第1位ですが、男性では「施設等」は約14％で女性の半分程度しかありません。同様に、女性の「仕事優先」（仕事が忙しい、仕事を優先したいから）と「自由時間減」「必要性なし」は、施設等が25％ほどありますが、男性ではいずれも13～15％程度で女性の半数くらいです。

つまり、どの理由も男性のほうが女性よりひとり暮らしの希望が高いのですが、その反対に女性はどの理由も「施設等」の希望が高くなっています。その理由は、おそらく、男性より女性のほうが、ひとり暮らしのリスクを意識しているためと考えられ、先ほど述べた通り女性シングルはサバイバル戦略が相対的に優位なのでしょう。特に高齢期になれば、男性よりも女性のほうが、経済的に生活基盤を確保しにくいでしょう。また、災害等の被害にあったときに自力で何とかすることが、女性のほうがより困難があると考えられます。本調査でも、高齢期の生活の不安の「自然災害（地震・洪水など）」という項目は、男性28％、女性44％と女性のほうが不安に感じており、年齢が高くなるほど男女差が開く結果、年齢の高い女性シングルの不安が半数以上と強くなっています（「60～65歳」で男性34％、女性55％）。

6 大都市と「ひとり」のこれから

以上、東京区部に住むミドル期シングルの暮らしぶりや将来展望についてみてきました。多様性という点では、これまでシングルは大都市の多様性の中での例外的存在でした。例外的であったからこそ、大都市特有の無関心ゆえの寛容さの中で自由に生活しやすい空間が作られていたといえましょう。近い将来、少子高齢化が進む中、東京区部では未婚者の割合の上昇と高齢化（あるいは年齢の多様化）が起こり、シングルの割合も上昇していくと考えられます。

いわば、ポスト近代社会のあり方として、あらゆるものが流動的、液状化していく中で、シングルが流動的で、リスクを体現する中心的存在として大都市の中で立ち現れてくるかもしれません。つまり、孤立・孤独、貧困、孤独死などネガティブの側面によって、可視化される存在として捉えられるようになるということです。また、ジェンダーによる違いも無視できません。例えば、貧困は女性シングルにおいてよりリスクが高く、社会的な孤立は男性シングルにおいてよりリスクが高いといえそうです。

こうした「状態としてのひとり」のリスクは、多様性の中で普段は目にみえず、不平等や格差が覆い隠されていますが、例えば、個人的には経済的な基盤を失うような大病、社会的には大災害など、ひとたび、非常に困難な状況に直面したとき、リスクの高いシングルに、ふだんの格差・不平等がさらに増幅して現れる可能性があります。先ほどみたように、家族・親族に頼れない場合は深刻な状況に陥ります。

こうした問題は、従来の社会福祉政策の枠組みに入りにくいミドル期シングルでは、失業、貧困という枠組みでしか捕捉できないと考えられます。確かに、シングルは「状態としてのひとり」であり「属性」ではありません。とはいえ、今後のシングルの増加、または、その割合の上昇を見込めば、「属性」としての「シングル」に対する新たな枠組みについて検討していく必要があるでしょう。コロナ禍での孤独・孤立に対する関心の高まりは、その契機になるかもしれません。

他方、ミドル期シングルに比較的共通していたのは、家族・親族と職場中心の人間関係であり、休日は自宅でひとりで過ごし、高齢期も自宅でひとりで暮らすか、女性は「施設」で暮らしていきたいと考えている点です。特に積極的にシングルを選択した場合は、ひとり暮らしの希望が高い傾向がありました。つまり、「ひとりで生きたい」というミドル期シングルが一定の規模で大都市には存在しているのです。

特に、生涯未婚のシングルは年齢を重ねていくと、定位家族に基づく親密圏は縮小し、やがて、病気または定年で仕事を退職すると、職場での人間関係もなくなってしまいます。この意味では大都市のミドル期シングルは、相対的に「役割のない個人」として生きていくことになります。本章の分析からは、家族・職場以外の親密性が、新たに生まれる契機があるようにもみえませんでした。

さらに、現代の大都市では、「均質空間」（原［2007］）が区切られた「ひとり空間」に、私的消費空間が発達しており（南後［2018］）、いわゆる「おひとりさま」向けのサービスは充実しています。さらに、「ひとり空間」はシングル以外の人々も利用できます。その点では、「ひとり空間」は、属性が問われない、つまりシングルかそうでないかは問われない、「個として」の人間として存在できる空間として存在しています。そのことで、大都市は、シングルにとっては、誰かとの親しいつながり、親密な関係がなくても、ひとりで生活していくことを意識しなくてもよい、開かれた空間であり、閉じられた空間であるという両義性を象徴するような空間となっているといえます。いい換えれば、親密圏からも公共圏からも解き放たれた真空の状態空間とでもいえましょうか。それが良いのか、悪いのかは別にして、「状態としてのひとり」として多様な背景を持つシングルにとっては、心地よい空間であることは間違いなさそうです。

他方、第4章で扱っているミドル期のシングルのインタビュー調査では、東京区部が住みやすく、居住区に慣れ親しんでいる様子がみられました。今すぐ東京区部から引っ越したいというシングルは皆無でした。また、地域活動等による人間関係のつながりは、特に地方圏出身者はほとんどありませんでしたが、まったくの他人同士が趣味を通じてつながるなどの興味深い事例も報告されています。ですが、それらが親密圏かといえば、それよりもずっと弱く、途切れやすい、脆弱な、頼りないつながりのようにもみえます。

中間圏という考え方

こうした事例を捉える枠組みとして、「中間圏」というアイデアを紹介します。社会学でいうところの親密圏／公共圏の二分法では捉えきれなかった、多様な「出会い」の場を可視化する「中間圏」という概念の構想は、まだ議論が始まったばかりですが、従来のコミュニティ論に対する反省的な議論から出発しています（秋津・渡邊編［2017］）。

この「中間圏」の議論では、関係性が固定化していないような非定型的な中間圏において、「絆」よりも「場」の重要性を強調しています（渡邊［2017］）。これと関連した議論として、シングルの研究の著作もある社会学者のクライネンバーグ（2018＝2021）も、「社会的インフラ」として公共図書館などの、誰でも利用できるような開かれた空間、「場所」の必要性を展開しています。

ここでは、「場」や「場所」といった概念は、具体的な「場」や「場所」を指すのでなく、社会関係のあり方に対応した空間的概念として捉えたほうがよさそうです。つまり、親密性や「絆」といったつながりそのものでなく、社会関係が紡がれる「場」や「場所」といった空間に視点を移す、つまり、近代的なつながりや絆が、そのあり方が所与のものでなくなっていく中での、従来の親密性や公共性の変容を捉え直すための概念といえるでしょう。新たな社会関係を築くために、新たな場所や空間を作ろうという議論ではありません。

ここでいう「場」とか「場所」という用語ですが、人々を何らかの形でつなぎ止めておくという意味では共通していますが、その意味することには少し違いがあります。特に「場」は、日本社会の特質を示す概念として使われてきた経緯があり、以下で簡単に整理しておきます。

「場」から「弱い紐帯へ」

『タテ社会の人間関係』の著作で知られる人類学者の中根（1967）がその著作の中で、一定の個人からなる社会集団を構成する要因に「資格（属性）」と「場」があるが、日本の社会では「場」への所属が自己の存在を確認するより所になっているという指摘を踏まえ、ブリントン（2008）が、「場」の一員になると制度的な社会関係資本を利用でき、そこに相対的に「強い紐帯（ストロング・タイ）」が生じるが、日本社会は「場」が中心的な役割を担っているため、特定のメンバーであるかどうかに関係なく活用できる「弱い紐帯（ウィーク・タイ）」（Granovetter［1973＝2006］）は、あまり重要な役割を果たしてこなかったと主張しています。その上で、日本社会では、特に若者にとって、従来の安定した「場」はなくなり始めているとして、若者が「場」に頼らない・頼れない社会を生きていけるような新しいスキルや戦略を展開できるようにするために、社会の信頼感と「弱い紐帯」の基盤を強化することを提案しています。

ブリントンの指摘を援用して整理すると、従来の親密性や「絆」は、「場」のメンバーとなること、つまり所属や所有によって獲得できる関係性＝相対的に「強い紐帯」であり、閉じられた社会関係資本を利用できる空間です。一方、渡邊がいう「場」やクライネンバーグがいうような人々が集う「場所」は、特定のメンバーであるかどうかに関係なくそこへの接続やそこでの共有（シェア）によって生じる関係性＝相対的に「弱い紐帯」に基づく開かれた社会資本を活用できる空間といえます。

つまり、「絆」から「場」へ（渡邊［2017］）、「場（強い紐帯）」から「弱い紐帯」へ（ブリントン［2008］）といったように、また、近年のシングルの問題を扱った書籍でも、「血縁・地縁・社縁」から「選択縁」へ（上野［2009］）、「所属」から「接続」へ（荒川・中野［2020］）、「所有（私有）」から「共有（シェア）」へ（三浦［2022］）、といった対概念の特に後者のほうは、それぞれ中身は少し異なりますが、相対的に「弱い紐帯」的な社会関係のあり方への変容を提案しているといえます[4]。

さらに、「弱い紐帯」は、選択的関係が主流化した社会においては、「強い紐帯」から排除されるリスクがある人々を社会的につなぎ止めるような、「弱い紐帯」のその弱さゆえの社会的包摂機能があるという指摘があります（石田［2022］）。例えば、仲のよい友人たちには、彼ら／彼女らから疎まれたくないという理由、それは関係性の強さ・固定性から生じるものですが、そうした関係性への気遣いから本音をいい出せないことがあります。ですが、たまたま出会った人には、気遣いは必要ないので、本音を吐き出しやすく、問題が表出しやすくなるというわけです。それが契機となって、他の強い紐帯へ再包摂されることがあるのです。そうした、たまたま出会った人にあう機会をシステム化する、すなわち日常の生活の「場所」にそうした仕組みを作ることが重要であると石田（2022）は述べています。

とはいえ、「弱い紐帯」だけに支え合いのネットワークを期待するのには無理があります。そこへの接続やそこでの共有（シェア）によって生じる媒介的な関係性は、インターネットのようにつながりさえすれば共有できるというようなものでなく、ネットワーク内に一定量の社会的な資源がないと、社会的資本たりえません。グラノヴェター（1973＝2006）の「弱い紐帯」の概念は、「強い紐帯」同士をつなぐ「ブリッジ」として機能し、価値ある情報が広く伝わっていく上で非常に重要な役割を果たすものであり、「弱い紐帯」自体が社会資本ではありません。ただし、ある程度社会的資源を持った人が多数で、持たざるものがマイノリティであれば、そのネットワーク自体が互いを支え合うような、公共的な性格を持つもの、あるいは中間圏といえるようなものにはなりえます。また、石田（２０２２）のようにそのブリッジ機能がうまく機能する仕組みを作ることが可能であるとすれば、一定の期待は持てるでしょう。

公共図書館などの人々が集まる「場所」を重視するクライネンバーグ（２０１８＝２０２１）は、ＳＮＳなどのインターネット空間によってもたらされるサービスやそこから生まれる関係性には、かなり否定的ですが、その実現には、ネット空間を含め何らかの「場所」が必要となるのは間違いないでしょう。そうした「場所」をどのように作っていくのか、その担い手は誰なのか、そこに行政がどのように絡んでいくのか、など多くの課題があり、残念ながら、本章で具体的な提案はできるものではありません。

新しいシングルのモデル

シングルに話を戻すと、「絆」「所属」「所有」「場」といったものは、かなり弱くなる、あるいは、なくなりつつあるにもかかわらず、先ほど述べたように、男性は、性別役割分業に基づいた社会関係のあり方、ここでいう従来の「絆」「所属」「所有」「場」がまだリアリティを持った世界にあるがゆえに、それにこだわり過ぎているといえます（上野［２００９］）。それゆえに「男性シングル」というライフスタイルが確立せず、モラトリアム状態がただただ続いているのではないでしょうか。この点では、女性のほうが先を行っているようにみえますが、男性が信じている従来の「絆」「所属」「所有」「場」からの排除または忌避によって、前に進んでいるようにみえているだけだといえます。いまだ男性社会であるがゆえに、男性が信じている従来の「絆」「所属」「所有」「場」に女性は足を引っ張られているのです。女性は変わらない社会の中で、先がみえない不透明な状況に置かれ、その中でのサバイバル戦略をたてているといえましょう。その意味では、これはシングルだけの問題だけでありません。時間がかかるが「急がば回れ」というように、ジェンダー平等はシングルのあり方を変える大きな手だてになるでしょう。

いずれにせよ、ライフコースの多様化に応じた、新しい親密性のあり方、公共性のあり方に基づくシングルのモデルが出てこないと、ミドル期シングルは、親密圏からも公共圏からも解き放たれた真空の状態の空間を根無し草のように漂う存在となってしまいます。結婚して子どもを持って親になることで一人前の大人として認められる社会で、ミドル期のシングルという存在がいつまでも半人前とはいわないまでも、社会を形成するメンバーとして積極的に期待されないような状況には問題があります。そうならないためには、例えば、親密性のほうは、生殖とは切り離された柔軟なパートナーシップのあり方などが、公共性のほうは、より開かれた協働の場所のあり方などが、問われることになるのでしょう。

大都市は、そうした新しいタイプの社会関係が築かれる場所として向いているように思えますが、実際は必ずしもそうはなってはいません。渡邊（2017）も、異質な他者同士の「橋渡し型」の関係性の中では、生まれてくる信頼性の中での、「場」と「小さな熱狂」と呼ぶべき「モチベーション」が定型的な活動になりうることを指摘しているように、そうした関係を作る仕掛けや場所を担う人々がシングルを含めて出てこないと、その実現は難しいということになります。

その点では、終章でも紹介されていますが、医師やケアマネジャーなどの専門職や相対的に強い紐帯である地域資源との橋渡しをする「リンクワーカー」のような存在が1つのヒントになるかもしれません（西編著［2020］）。また、先ほど述べたように、既存の強い紐帯へ再包摂されるにあたっては、弱い紐帯が重要な役割を果たしうるので、生活の中に弱い紐帯に触れられる仕組みを作ること、すなわち、多くの人々が日常的に訪れる「場所」に、出会いの仕組みを作っておくことが必要となります（石田［2022］）。これらが、先ほど紹介した「中間圏」（秋津・渡邊編［2017］）として、捉えられるものとなるのではないでしょうか。

また、東京区部のミドル期シングルは、東京区部という地域に慣れ親しんでおり、居住している場所に対するゆるやかな愛着のようなものが存在しており、それが足掛かりとなる可能性はあります。そうした「慣れ親しみ」（Luhmann［1973＝1990］）を基盤とした開かれた「場所」

に、異質な他者同士の「橋渡し型」の関係性の中で生まれてくる、漠然とした信頼関係が「グローバル化時代の共生社会を描き出すための鍵」（渡邊［2017］）となるでしょう。

他方、シングル個人としては、特に生涯結婚しないこと、あるいは特定のパートナーを持たないことを想定している／されるシングルは、従来の家族や職場といった閉じた社会資本である「場」、そこに所属していることから生まれる社会関係だけでなく、開かれた「場所」から生まれる、他者と接続していることによる開かれた社会関係といえる「弱い紐帯」といったものを意識して生活していく必要があるでしょう。つまり、常に「他人とともにある」という、従来の閉じられた私的な・親密的な・共同的な存在にとらわれるのでなく、「他者のためにある」という、開かれた公共的な・協働的な存在を意識していくことがより求められるのではないでしょうか（酒井［2021］）。

注

1 調査対象：世田谷区、豊島区、墨田区在住の35～64歳の単独世帯の単身者。質問紙調査郵送法。2019年10月1～31日。各区の住民基本台帳より各区5000人単純無作為抽出。推定有効回収率18・5％［n＝2598］（特別区長会調査研究機構2021：7-8）。なお、本章では性別不詳は除いたN＝2547で集計。簡単な要約はコラム「東京区部のミドル期シングルはどのような人たちか」を参照。

2 質問紙では「その他」を除いて7項目あり主なものを1つだけ選ぶ形式で質問。集計では7項目を4つに集約。詳細は図5

―1の注記を参照。

3 「孤立群」「孤立予備群」「複数保持群」に分けた分析方法は金澤（2014）を参考とした。

4 上野（2009）の「選択縁」、荒川・中野（2020）の「接続」などは、関係性の強弱でなく、その選択性で定義されているが、拘束的であるよりは選択的であるほうが、相対的に弱い関係性が強調されやすいとはいえる。

参考文献

秋津元輝・渡邊拓也編（2017）『せめぎ合う親密と公共――中間圏というアリーナ』京都大学学術出版会

荒川和久（2017）『超ソロ社会――「独身大国・日本」の衝撃』PHP新書

――・中野信子（2020）『「一人で生きる」が当たり前になる社会』ディスカヴァー・トゥエンティワン

石田光規（2022）「弱い紐帯の強み再訪――包摂の機能に着目して」林拓也・田辺俊介・石田光規編著『格差と分断／排除の諸相を読む』晃洋書房、97-112ページ

上野千鶴子（2009）『男おひとりさま道』法研

金澤悠介（2014）「社会関係資本からみた社会的孤立の構造」辻竜平・佐藤嘉倫編『ソーシャル・キャピタルと格差社会――幸福の計量社会学』東京大学出版会、137-152ページ

齋藤純一編（2003）『親密圏のポリティクス』ナカニシヤ出版

酒井計史（2021）「壮年期単身者の日常生活――大都市で『一人で過ごす』とは？」特別区長会調査研究機構『特別区における小地域人口・世帯分析及び壮年期単身者の現状と課題（基礎調査）【継続】〈令和2年度〉』63-102ページ

大日義晴（2011）「有配偶者のサポート構造」稲葉昭英・保田時男（編）『第3回家族についての全国調査（NFRJ08）第2次報告書第4巻――階層・ネットワーク』日本家族社会学会全国家族調査委員会：83-98

特別区長会調査研究機構（2020）『特別区における小地域人口・世帯分析及び壮年期単身者の現状と課題（基礎調査）〈令和元年度〉』

中根千枝（1967）『タテ社会の人間関係――単一社会の理論』講談社現代新書

南後由和（2018）『ひとり空間の都市論』ちくま新書

西智弘編著（2020）『社会的処方――孤立という病を地域でのつながりで治す方法』学芸出版社

能勢桂介・小倉敏彦（2020）『未婚中年ひとりぼっち社会』イースト新書

原広司（２００７）『空間〈機能から様相へ〉』岩波書店
三浦展（２０２２）『永続孤独社会』朝日新聞出版
メアリー・C・ブリントン（２００８）『失われた場を探して――ロストジェネレーションの社会学』池村千秋訳、NTT出版
渡邊拓也（２０１７）「〈絆〉の理論から〈場〉の理論へ」秋津元輝・渡邊拓也編『せめぎ合う親密と公共――中間圏というアリーナ』京都大学学術出版会、２８９-３１６ページ
Granovetter, Mark (1973) "The Strength of Weak Ties," *American Journal of Sociology*, 78 (6): 1360-1380（グラノヴェター「弱い紐帯の強さ」大岡栄美訳、野沢慎司（編・監訳）『リーディングス　ネットワーク論――家族・コミュニティ・社会関係資本』勁草書房、２００６年）
Klinenberg, Eric (2012) *Going Solo: The Extraordinary Rise and Surprising Appeal of Living Alone*, NY: Penguin Press（エリック・クライネンバーグ『シングルトン＝SINGLETON――ひとりで生きる！』白川貴子訳、鳥影社、２０１４年）
――― (2018) *Palaces for the People: How Social Infrastructure Can Help Fight Inequality, Polarization, and the Decline of Civic Life*, NY: Crown（エリック・クリネンバーグ『集まる場所が必要だ――孤立を防ぎ、暮らしを守る〈開かれた場〉の社会学』藤原朝子訳、英治出版、２０２１年）
Luhmann, N. (1968) *Vertrauen*, 2. erweitere Auflage, Ferdinand Enke Verlag（ニクラス・ルーマン『信頼――社会的な複雑性の縮減メカニズム』大庭健・正村俊之訳、勁草書房、１９９０年）

終章 東京ミドル期シングルの何がわかったか

宮本 みち子・大江 守之

1 東京区部ミドル期シングルと世代的視点

35歳から64歳のミドル期シングルは、時間の経過とともにコーホートが入れ替わり、その過程で規模や属性が変化してきました。それは現在も進行中で、これからも続いていきます。私たちは、常にこうした変化の中にいることを意識するとともに、変化のメカニズムを理解しておく必要があります。

2020年は、ミドル期に1956〜85年生まれの第2世代がぴったり重なった年でした。第2世代は、平均きょうだい数が2人で、大都市圏生まれ育ちの割合が高く、また晩婚化、未婚化を推し進めた世代です。30年前の1990年は、その親世代である1926～55年生まれの世代（第1世代）がミドル期にいました。第1世代は、平均きょうだい数が4人、地方圏生まれの割合が大きく、皆婚に近い状態であった世代です。2020年の第2世代のミドル期シングルは、1990年の第1世代から入れ替わる形で出現しました。今後は第3世代に入れ替わっていきます。こうした世代の入れ替わりという視点から、東京区部ミドル期シングルの特徴をみていきたいと思います。

第2世代の東京区部ミドル期シングルの特徴——第1世代からの変化

第1世代は、10代後半から20代前半にかけて、出身地から押し出されるように大都市圏に移動しました。故郷には、長男やその配偶者となったきょうだいが残ったため、大都市圏へ移動した「いわゆる次三男」に相当する人々は、故郷に帰る必要はなく、あるいは帰ろうとしても十分な就業機会などがありませんでした。こうして、大都市圏に移動した第1世代は、そこで自らの生殖家族をつくります。その膨大な数の成長期の家族を受け入れるために郊外が開発され、そこにサラリーマンの夫、専業主婦の妻、子ども2人から成る小規模核家族が卓越的に居住することになりました。1990年の東京区部のミドル期シングルは、郊外に展開したマジョリティからみれば、例外的な人々であったといえるでしょう。おそらく、直系家族制規範にも夫婦家族制規範にも同調しない者として、何らかの社会的サンクション（報酬と罰）を受けていたと考えられます。

このような第1世代と比較すると、第2世代は、平均きょうだい数が2人に減ったことによって、「後継者」的ポジションを持つ確率が高まりました。それにもかかわらず、地方圏から東京区部へと移動した人々は、自ら出身地を離れる選択をするという傾向を強めたと理解できます。一方で、親から距離的に離れても、親がサポートを必要とするときには、その役割を担うことが求められる確率も高まりました。前者については、丸山（2018）が地方圏を対象に分析を行い、第1世代では必要な後継者数を割りこむ県がゼロであったものが、第2世代に入ると急速に増加し、後継者（に相当する人）が不足することを明らかにしています。地方圏では、近くにサポートを期待できる子どもがいない第1世代が増えつつあるということです。後者の実態は、第3章における「親の介護が必要になったときの介護者は誰か」の分析からみることができます。男女とも、年齢が高くなるほど「自分」の割合が低下し、「自分の兄弟・姉妹」の割合が上昇する傾向が示されています。これは、第2世代の中でも、早く生まれた人々のほうが遅く生まれた人々よりも、きょうだい数が多いためだと考えられます。人口動態統計を用いて、出生数に占める第3子以降の割合からきょうだい数の相対的な違いをみると、第2世代の先頭の（第1世代に近い）1955年では40・6%であるのに対し、末尾の1985年では18・6%となっており[1]、きょうだいに頼ることが徐々に難しくなっている状況がわかります。

次に、第2世代では大都市圏郊外生まれの割合が高まる点についてみましょう。第2章において、東京都（東京区部のデータが得られないため東京都で代替）のミドル期人口は、東京圏内出身者が増加し、東京圏外出身者が減少していることが明らかにされています。これはミドル期が第2世代へ移行したことの反映です。シングル率は東京圏外出身者が東京圏内出身者よりも高いのですが、母数のバランスが変化することによって、移動によるシングル率の上昇効果は低下してきています。ミドル期シングルの数も東京圏内出身者が多くなっており、親との物理的距離が近い人が増えてきています。第3章でシングルの定位家族との関係を分析していますが、今後、それらは全体として強まる方向にあるとみていいでしょう。

第2世代の一番の特徴である未婚化は、ミドル期シングル増加の最大の要因です。東京区部では、2020年のミドル期シングル率は、男31・3%、女22・9%となり、1990年に対して男女とも約2倍になりました。このミドル期シングル率の上昇分のほとんどは未婚シングルの増加によるものでした。ここで、未婚シングルに着目し、ミドル期人口に対する割合をとって、変化を分析してみましょう。この割合の変化は、未婚率（ミドル期人口に占める未婚者の割合）の変化と、未婚シングル率（ミドル期未婚者に占めるシングルの割合）の変化に分解することができます。分析結果は、男女とも約80%が未婚率の上昇によって説明できるというものでした。ミドル期で未婚化が進んだことが、ミドル期の未婚シングル率、ひいてはシングル率を上昇させることにつながったのです。こうして、ミドル期に未婚でシングルでいることは、特に東京区部では特別のことではなくなりました。

第1世代では、ミドル期シングルに対する家族形成規範（結婚規範）による社会的サンクションがあった可能性に触れました。それがどう変化したかについて、国立社会保障・人口問題研究所の『出生動向基本調査』のデータでみてみましょう。(2) この調査では、独身者に対して「結婚の利点」を聞いており、その項目の中に「社会的な信用や対等な関係が得られる」があります。1992年に実施された第10回調査では、35〜49歳（前期ミドル期）の男でこれを選択した割合は39・4％を占めていましたが、2021年の第16回調査では11・3％へと大きく低下しています（女は26・8％から9・5％）。「結婚しないでミドル期を迎えた男は、社会的信用が得られないのではないか」という規範の内面化は確実に薄まり、規範そのものも弱まったと考えてよさそうです。かつてサンクションとして、ミドル期に未婚であることを揶揄したり結婚を促したりする言説は、ハラスメントとされるようにすらなっています。ただ、「親を安心させたり周囲の期待にこたえられる」という利点については、女で42・9％から21・1％へと、社会的信用と比べて低下は小さいといえます（男は36・9％から17・5％）。社会的サンクションの緩和と比べて、親の価値観からの解放は、ジェンダーによる差を伴いつつ、ゆるやかにしか進んでいないとも受け取れます。

第3世代の東京区部ミドル期シングルの特徴——第2世代からの変化

最後に、今後ミドル期に入ってくる第3世代（1986〜2015年生まれ）について、きょうだい数、出身地、未婚化の視点から、第2世代からどのように変化していくかを考えます。

まず未婚化から述べると、未婚率の上昇がシングル率の上昇をもたらすというメカニズムは限界を迎えつつあります。未婚率の上昇が頭打ちになってきたからです。国立社会保障・人口問題研究所（2023）の最新の人口推計では、50歳時の女の未婚率（生涯未婚率）は、1970年生まれの15・0％（2020年実績値）から1985年生まれの18・0％まで上昇しますが、第3世代に入ると頭打ちになり、2000年生まれ以降は19・1％で横這いになるとされています。しかし、第3世代がミドル期直前でみせている未婚シングル率の上昇傾向が続けば、未婚率が頭打ちになっても、シングル率の上昇は続く可能性があります。東京区部では、未婚率が頭打ち傾向にあることは全国と同様ですが、未婚シングル率の上昇傾向は、特に女において全国以上に強く、少なくとも今後10年の間は、ミドル期のシングル率の上昇はさらに進むと考えられます。

次にきょうだい数の影響ですが、第3世代のきょうだい数そのものは第2世代とほぼ同様の平均2人です。ただ、第2世代の平均きょうだい数2人は、親世代である第1世代からみた平均子ども数2人とほぼ一致したのですが、第3世代の平均きょうだい数2人は、親世代である第2世代からみた平均子ども数1・4人と乖離があります。第2世代では未婚者が増えたことで、子ども数ゼロの割合が大きくなったからです。[3]第3世代において、サポートが必要になった親を自分がみるかきょうだいがみるかの分担関係は、第2世代と大きく異なることはないと思います。しかし、父母の未婚のきょうだい（おじ・おば）のサポートという役割を担うことになる確率は上がります。これは、第2世代のきょうだい数が平均2人であるため、未婚（と無子）のおじ・おばからみた甥・姪が少ないからです。第1世代と第2世代との関係では、第1世代のきょうだい数が多かったために、きょうだい間での支え合いがあり、その分、第2世代の負担が軽減されていたのです。しかし、第2世代ではきょうだい間の支え合いは縮小せざるを得ません。その分、第3世代にかかる負荷は大きくなります。第3章に、高齢期に甥や姪のサポートを期待している第2世代のシングルの声が載っていますが、第3世代はそれを担いきれるのでしょうか。このことは、第3世代がシングルであるか否かによらず生じる問題ですが、定位家族との関係が強いシングルにとって、より重みをもつ問題であるように思われます。

第3世代の出身地は、第2世代よりもさらに東京圏出身者の割合が大きくなります。これまでの傾向の延長で考えれば、東京区部ミドル期シングルに占める東京圏内出身者の割合はさらに高くなると推測できます。ただ、東京区部の居住人口はすでに相当の密度に達しており、さらなる人口増加の余地は小さくなってきています。東京区部への居住ニーズが大きければ市場原理が働き、住宅の取得価格や家賃の上昇に対応できる居住者が卓越的になるでしょう。第3章以降で分析した単身者調査における学歴分布をみると、年齢が若い（近年のコーホート）ほど、大卒以上や正規雇用の割合が高く、年収300万円未満の割合が低くなっています。つまり、東京区部のミドル期シングルは高学歴、高収入の層にシフトしつつあるとみることができます。[4]一方で、東京区部のより都心的地域（千代田、中央、港、新宿、文京、台東、渋谷、豊島の都心8区など）で特徴的な文化的多様性（アート、ファッション、エンターテインメント、食など）を支える人々、中でもチャレンジングな人々は、出身地に関係なく東京区部に進出してくると思います。

以上のような東京区部ミドル期シングルの世代的特徴と今後の変化の考察から、彼らの意識と行動をどのように位置づけて、広くミドル期シングルの問題を考えるかというテーマが出てきます。以下の節で、この点の考察を進めて行きますが、おそらく、大都市圏郊外、地方中枢都市、それ以外の地方圏のミドル期シングルには、東京区部のシングルからはみえにくい部分と共通している部分とがあると思います。地域的差異を明らかにするには新たな調査が必要になりますが、そのための仮説構築につながるという知見も含めて、以下で整理していきます。

2 東京ミドル期シングルの社会関係
——中心は職場関係、強まる親子・きょうだい関係、閉塞する社会関係

シングルにとっての情緒的サポート源と手段的サポート源

ひとりで暮らすシングルは、どのような人間関係を築いて暮らしているのか見たところ、多くのミドル期シングルは、職場の人間関係が主要な社会関係になっています。シングルが「気楽におしゃべりしたり気晴らししたりする人」の第1位は仕事関係の人（男性54・4%、女性68・9%）で過半数を占め、配偶者のいる人の場合に8割が配偶者であることと比べ大きな違いがあります。シングルにとって日々多くの時間を費やす職場の位置は大変大きいのです。

人間関係をサポート源として捉えると、情緒的サポート源と手段的サポート源があります。友人・知人は情緒的サポート源として重要な存在です。しかし友人・知人の大半は住む地域を異にしていて日常的に交流できるとは限りません。ある男性は、趣味の仲間の間では、勤務先は明かさないルールでつきあっているといっています。ある女性は、暗い話は好まれないので話さないようにしているといっています。このような状況ですから、友人・知人を手段的サポート源としては期待しにくいことがわかります。

多くのシングルにとって、困ったときに頼りとする手段的サポート源は親・きょうだいなどの身内であって、友人・知人に頼ることは極めて少ない状態です。職場の人間関係が重要であるのは、毎日会い長時間を共にしていることから、病気や事故を確実に伝えることができ、いざとなれば初期の支援をしてもらうことが可能だからでしょう。しかしその後は、身寄りに頼るのが一般的です。

親やきょうだいとの親密圏が女性を中心に形成され、それに代わる新しい親密圏が形成されているとはいえないことは重要な特徴です。通信ネットワーク技術が発達したため、遠方に住む身内と日常的に交信できることが、広域で親密圏をつくることを可能にしています。今後、東京近郊出身者が増加すると見込まれる第3世代は、実家との距離が近く、しかもきょうだい数が少ないだけに、今以上に親やきょうだいとの関係は密になっていく可能性があります。

ところで、シングルの3分の1には、誰かが欠けてしまうと孤立してしまうリスクがあります。ミドル期は健康で自立できる人ばかりではないのですが、高齢者や障がい者のような豊富なサービスを直ちに利用できないため、サポートしてくれる親族がいない場合には孤立・孤独に陥りやすく厳しい状態に立たされることになります。インタビューした人の中にはがんの手術後の辛い日々を送っている人、事故のために上半身を動かすことが不自由になり、家事はもちろん通勤電車のつり革につかまることができなくて困り、郷里に帰ろうか迷っている人などがいました。親族との関係を失った生活保護受給者も少なくありません。

家族を形成しないシングルにとって、高齢期になるほど家族・親族からなる親密圏が縮小、場合によっては消滅するのは避けられません。特に、きょうだい数が少なくなる第2世代の後半から第3世代ほど、頼れる親族数が少なくなっていきますので、行政サービスや市場サービス以外に、家族や親族に代わるような社会的コンボイ（支えあいのネットワーク）をもつ必要性が高いといえるでしょう。

孤立型とネットワーク型

人間関係の種類でみると、男性で4割強、女性で2割が人間関係の数が極めて少ない孤立型、孤立予備群でした。さらに休日の過ごし方をみた結果では、ひとりで過ごす「おこもり型」が半数を占めていました。もちろん内部の多様性はありますので一概にいうことはできませんが、この型の中に社会的孤立状態のシングルが一定数存在していることが推測できました。これらのシングルは、低学歴、低所得、無業、東京区部以外の出身者、友人知人が少ない、電話やSNSで交信しない、サポートネットワークが弱く、精神的・身体的に健康といえないという傾向があることがわかりました。経済的脆弱性と社会的孤立が表裏一体となっていることが想像できます。

第3章で紹介した生活保護を受給するある男性は、郷里の親族との関係がすべて切断され、参加する場がいっさいない状態で暮らしていました。「おこもり型」の中の1つの典型をみる思いがします。

一方で、人間関係を積極的に築いているネットワーク型のシングルもいます。このタイプは家族に加えて、家族以外の人と積極的に活動しています。「何か新しいことを始めよう」という気持ちになりやすい人たちで、大都市のシングルの利点を最大限活かして暮らしているタイプだといえるでしょう。このタイプは女性に多くなっています。ネットワーク型女性はおそらく古い束縛からの解放を享受し、積極的に非家族的ネットワークを築き、永住しようという気持ちの固まった人々が多いものと思われます。それゆえにひとり暮らし向けの住宅政策を求め、ひとりで長く住み続けられるモノ・ヒト両方の環境条件を整えようとしています。男性に比べて相対的に所得の低い女性たちが東京区部で少しでも安心して生きていくための生活戦略が、積極的なネットワークづくりに表れているといえるかもしれません。このような女性たちが、ミドル期シングルの多い東京区部の新しいライフスタイルの開拓者となっていく可能性を感じます。

増加する離婚シングルに関するクライネンバーグの表現を思い出します。「現代都市で繁栄しているシングル文化は、離婚をした人々にも社会から離れて孤立せずに社会にかかわり、刺激を受ける環境を提供している。さらに、不幸な結婚を解消してひとりになるのは、自由と主体性、自己実現を求めるためでもある。男性にとっても女性にとっても、単身生活はこれらを追求するための格好の手段になるのだ」。この指摘は、未婚シングルにもあてはまるのではないでしょうか。

しかし一方で気になるのは、不安定で低賃金の仕事を続け、年齢が上がるにつれて老後の不安を抱えるシングル女性が増えていくことです。１９９０年代以後の社会変化は女性の生活保障の枠組みを大幅に変えました。結婚に関していえば、自由度と選択性が高まる一方で、結婚・家族形成できない人々が急増しました。なぜなら、非婚化は若い男性に顕著でしたが、そのことは当然のこととして結婚できない女性たちを生んだからです。女性の生涯未婚率および子なし率は上昇を続けていますが、将来経済的に不安定で親族も少ない女性たちが増加することが懸念されます（小杉・宮本［２０１５］）。とはいえ、東京区部の女性の教育水準は第3世代に近づくほど上がり、専門性の高い職業に従事する人が増えていきますので、現在のミドル期シングル女性にみられる様相が変化していく可能性はあります。

家庭をもっている男性は、たとえ性別役割分業が強く会社以外の人間関係がほとんどなくても、配偶者や子どもを通して間接的に社会関係の一端に加わることができるのに対して、単独で社会関係を築かなければならないミドル期シングルは、職場中心の生活に埋没してしまうと、その他の社会関係と無縁状態に陥りがちです。しかも仕事・収入・健康に問題のないミドル期の男性ほど、「なんとでもなる」という自信が女性より強いといえるのかもしれません。

男性一般は性別役割分業に基づいた社会関係のあり方を根深く内面化し、「絆」「所有」「場」がまだリアリティをもつ世代であるがゆえに、それにこだわりすぎています。その傾向はシングル男性にも反映していて、ミドル期シングルの多くはパートナーを得て結婚するまでのモラトリアムのままミドル期が過ぎていく状態にあります。つまり、シングル男性という新しいライフスタイルが確立していないとみることができるでしょう。

東京区部のシングルには、未婚・離婚・死別にかかわらず自由と主体性、自己実現を求める人々がいることは間違いありません。ただし、結婚制度から外れる同棲、事実婚、同性カップル等が社会的支持を受けながら広がっているとまではいえません。また、家族に代わる多様な住まい方（コレクティブハウス、シェアハウスなど）もまだ十分ではなく、未婚者、離婚者、ひとり親などの多様な居住スタイルが十分に発達している段階にはありません。ということは、現在のところシングルにとっての自由は、〝結婚しないでシングルで生きること〟に限定されているといえるのではないでしょうか。

「役割のない個人」として生きるシングル

ミドル期シングルには多様性があるとはいえ、シングルの人間関係は極めて限定的でした。会社以外での人間関係が希薄で、わずかな役割しかもたないシングルを、「役割のない個人」と表現しましょう。

人は様々な役割を負って生きています。現代では、公的生活領域においては職業を通して社会的役割を果たし、私的生活領域では子どもや配偶者その他の近親者を気遣い、子育てや家族の世話や介護を担うことが最も重要な役割となっています。また、職場や家庭以外でも何らかの役割をもっています。

ところがシングルは、職業上の役割の比率が高く、子や配偶者などに係る役割をもっていません。しかも、中間的生活領域での役割のない人も多いのです。ただし、同居していない親やきょうだいなどへの気遣いや世話を担っている人はいます。シングル、特に女性シングルの半数が将来親の世話を引き受けるといっているのは、少ないきょうだいや親の長寿を背景にもつ第2世代だからであり、第3世代になればより一層親への気遣いや介護を引き受けざるをえなくなることが予想されます。とはいえ、現状では、多くのミドル期シングルは、私生活領域においても中間的生活領域においても役割をもたないことが多いとみてよいでしょう。つまりシングルの特性は「役割のない個人」にあるのです。

シングルが増えていく社会が、「役割のない個人」の増加と重なるとしたら何が問題になるでしょうか。今、生活保障改革の過程には2つの「個人化」のベクトルが働いています。そのうちの1つは、従来の社会保障制度を解体して自己責任に負わせる個人化のベクトルです。つまり、セーフティ・ネットを取り外して、生活保障を個人の努力と責任に転嫁する新自由主義の方向で、「社会からの個人の離脱」といえるものです。もう1つの個人化は、家族の標準モデルを前提とせず、個人の自由と多様性を認めつつ、社会連帯による生活保障を推進する方向です。たとえば、結婚のあり方を柔軟にし、子どもの人権を擁護しつつ、子どもを産み育てやすい環境を整備するものです。このような施策は、公助や共助という社会的連帯の推進と一体のものと考えることができます。それを、シングルの暮らしからみてみると、次のように表現できます。

「役割のない個人」の暮らしは、従来の親密圏に代わる方法によってニーズを満たすことが不可欠になります。その方法には2通りあります。モノやサービスを商品として購入する方法（生活の商品化の道）か、公助・共助のサービスを利用する方法（生活の共同・協働化の道）のどちらかです。大都市で暮らすシングルは、金銭でニーズを満たす度合いが高い生活を営んでいます。しかし、金銭で満たすことには限界があるのではないでしょうか。

ここでは「ケア」という役割に注目してみたいと思います。今日、役割の中で最も希少性が高くなり、多くの社会問題を発生させているのは「ケア」の役割の弱体化です。生活機能の外部化が進む現代の暮らしの中で、最も必需性が高いにもかかわらず金銭の力をもってさえ得難くなっているものです。

「ケア」と聞くと多くの人々は介護や看病を思い浮かべるかもしれませんがそれだけではあり

ません。ケアは「他者への配慮」を意味し、人間社会にとって必要不可欠の行為です。労働人口の半分強はケア労働に従事し、社会の基盤を支えているといわれています。こうしたケア労働、あるいは無償のボランティアや親族間の世話なしに人は生きられず社会は成り立たないのですが、そのことを忘れがちです。ところが、家族集団の規模が縮小し、ひとり暮らしも増えると、ケアへのニーズはますます拡大していくのに対して、ニーズを引き受ける人が少なくなっていきます。いざとなったときは行政サービスを利用するという回答が男性シングルに多かったことを想起すると、ケア供給がうまく進むものか懸念を感じます。介護その他の福祉サービス、子どもに対する保育や教育サービス、多様な支援サービスやカウンセリングサービスの現場は、どこも人手不足が深刻になっている事態を考える必要があります。

ここに、ケアに関する興味深い調査があります。特定非営利活動法人介護者サポートネットワークセンター・アラジンとケアラー連盟による、「ケアラー（家族など無償の介護者）を支えるための実態調査」（2010年）です。それによると、5世帯に1世帯がケアラーのいる世帯でした。これらのケアラーは、健康状態や経済状態、こころの不調・負担感・孤立感などの問題を抱えています。いっぽう、現在ケアをしていない人の8割強が将来のケアへの不安を抱えています。

地域社会を見渡すと社会的に孤立している人が増えています。内閣官房に孤独・孤立対策室が開設（2022年）されたのも、この実態を受けてのことでした。しかし孤立者を支援する社会制度があっても、孤立者に気づきどこかにつなぐ人と、具体的なケアサービスがなければ、人々が孤立から脱出することは困難です。それを補うために、家族機能を商品として購入する（家族機能の市場化）方向に進めば、それについていける人々には限りがあり、ついていけない人々の問題が深刻になるでしょう。また、公共サービスに負うことを期待している人が増えれば、公共サービスの供給は追いつかなくなります。

ここにケアリング・デモクラシーという用語があります。ケアが豊かな民主主義という意味です。例えば、地域で子育て支援を豊かにしようとする活動は、ケアの不足を補う活動を増やすという意味だけではなく、地域の民主主義を補うという考え方が広がることだといいます。民主的なケアが広がる過程で重要なのは、「ともにケアする：caring with」という局面です。この局面において、市民はケアの受け手であるとともにケアの支え手の役割を負うのです。こうした育児の協働の結果、ケアを通じて多くの市民がつながることになるのです（相馬・松田［2023］）。

シングルに関していえば、「役割のない個人」という存在から「役割の担い手としての個人」へと進化することが重要ではないでしょうか。これは結婚するべきとか子どもを持つべきと言おうとしているのではありません。社会化された生活機能の一端を支える活動に参加する道を探るという意味です。

3 誰でも生きられるシングルフレンドリーな都市をつくる

〝開かれた場所〟と〝弱い紐帯〟を広げること

個人化と流動化が進む都市空間で、シングルが孤立せずハンカーダウンに陥らず、しかも困窮することなく暮らすにはどのような条件が必要でしょうか。本書では、〝開かれた場所〟とそこから生まれる〝弱い紐帯〟が、従来の相対的に〝閉じられた場〟とそこから生まれる〝強い絆〟よりシングルにフィットすると考えました。

事例を紹介してみましょう。都内にこんな例があります。Café de Cinémaという小さな映画の上映会です。「先日、仕事帰りの夜に小さな映画の上映会に参加した。向かった先は東京・神楽坂の路地裏にある、民家を利用した交流スペース。靴を脱いで玄関をあがり、ストーブで暖まった板の間に足をのばし座る。マグカップのコーヒーなどを手にする、この日の観客は４人だ。」(『日本経済新聞』２０２２年11月28日)。都内のカフェなどの片隅で、その場に合った1本を５人から15人ほどを相手に上映している活動です。まさしく、〝場〟ではなく〝場所〟で見知らぬ数人が一時を共に過ごし、もしかしたら弱い絆が生まれるかもしれないのです。

従来の家族・職場といった閉じた社会資本や所属する場より、ゆるやかにつながる場所に人々の心は向いているといえるでしょう。他者とつながる開かれた社会関係ともいえる弱い紐帯が豊かになることが、シングル社会にとって必要な条件なのです。

買い物をしなくても、何か特段の目的があってもなくても誰でも利用できる〝場所〟が豊富にある都市は魅力的です。ここで行きかう地域の人を意識したり、毎日出会う人と目線であいさつを交わしたり、ということも最小限の地域参加かもしれません。多様な公共施設や公共空間が誰にでも開かれて、安心して時を過ごせる場所が豊かになることが望まれます。これを中間圏と呼びます。またそのためには、メアリー・C・ブリントン（２００８）が提言しているように、場に頼らず、また頼れない社会を若者が渡っていく新しいスキルや戦略を展開するために、社会の信頼感と弱い紐帯の基盤を強化することが必要となります。

〝強い紐帯〟から排除されるリスクのある人々を社会につなぎとめる

〝所属〟と〝強い紐帯〟が重視される社会から、〝ゆるやかな所属〟と〝弱い紐帯〟が重視される社会に転換するとはどういうことかをさらに考えてみましょう。

個人化が進む大都市では孤立・孤独に悩む人々が増えていることをみてきました。それらの人々を放置せず、社会への参加機会を保障するには、各種の居場所や専門サービスが社会インフラとして配置され、しかもこれらに人々をつなぐ環境が必要です。これらは社会インフラとならなければなりません。1つの例を紹介しましょう。イギリスに、関係が希薄になった地域社会を築き直し、孤立・孤独を解消する方法の1つとして、医療の分野に〝リンクワーカー〟が登場しました。かかりつけ医らが、心身の不調を訴える患者に必要なのは医療なのか社会的要素なのかを判断します。後者なら社会的処方(5)を施します。その鍵を握るのが〝リンクワーカー〟で、ソーシャルワークを専門とする職種です。リンクワーカーは、患者を地域のグループや公的なサービスに橋渡しします。つなぐ先は、芸術やスポーツや園芸のグループ、ボランティアや図書館などの公的機関まで様々です(西［2020］)。つまり、孤立と孤独に悩むなど多様なニーズを抱える住民が増えていく社会では、行政によるハードな制度だけでは人々のニーズを満たすことができなくなり、官民による多様な社会資源やサービスが必要になります。相談機関は待ちの姿勢をやめて、ニーズを抱える人々の元に出向いていくこと(アウトリーチ)が求められるようになります。それに伴って、市民が担い手として活動に参加することが必要とされ、参加する人が増えていきます。その中には、サービスを受けて孤立から抜け出た人と、抜け出るために参加している人も含まれるようになります。

シングルがこのような活動に参加することは可能なのでしょうか。シングルは地域活動を絶対にしたくない、と思っているわけではないことが調査から明らかになっています。しかし、自分は地域では役割がない、求められていない、と思っている可能性もあります。自分が興味を感じることなら、誰か知り合いに誘われれば何かに参加したい、という人も潜在的には存在します。その意欲を発揮できる場を広げていく必要があります。ミドル期シングルを包摂し、ゆるやかにつながる地域を作り上げることは、当事者、地域、行政いずれにとっても大切なことです。

シングルにとって職場が最も重要な所属先となっていることを考えれば、企業はシングルの社員が多いことを自覚し、社会へ参加するきっかけと多様な人間関係を作る機会に注意を払い、孤立・孤独を防ぐ活動を進めるべきです。全国で進行するシングル化の先陣を歩む東京区部が、魅力的で活力があり、孤立・孤独に悩む人が少ない都市へと変貌するためには、当事者と、市民セクター、行政セクター、市場セクターが関心と問題意識を共有し、協働することが求められます。東京区部でそれができれば、それがモデルとなって全国に広がるのではないでしょうか。それをめざしたいものです。

シングルフレンドリーな都市をつくる

ミドル期シングルは、行政サービス的観点からみて、属性的に問題があるとは考えられていない人々でした。その見識は妥当なのでしょうか。ミドル期シングルは、すでに2020年に東京区部人口の3割近くを占めており、それ以後も上昇が続き、中でも前期ミドル期シングルは相対的に増加が大きいと見通されています。日本でシングルの割合が最も高い東京区部は、納税者としての比重も相応に大きいミドル期シングルを、まず政策対象として認識するところから始めることが必要です。また、これらの人々の多くがやがて高齢期シングルになり、高齢者政策の対象となる時代が近いことを認識する必要があります。

「役割のない個人」として生きているミドル期シングルの多くは、現時点では何の問題もなく働き暮らしているかもしれません。しかし、すでに問題のある状態に陥っているにもかかわらず、ミドルの年齢にあることとシングルであるために、注意を払われないままになっている人々もいるのです。全国24時間無料の電話相談事業「よりそいホットライン」には、生活困窮や孤立・孤独を訴える多数のコールが寄せられていますが、相談数を年齢別に比較すると40代が最も多く、50代、30代と続いています。ミドル期の人々が多くの辛さや悩みを抱えている実態がコールからわかるのです（一般社団法人社会的包摂サポートセンター［2021］）。

そこで、ミドル期シングルにもっと着目して、現在から将来にわたる課題をみる必要があります。まずニーズそのものを把握することが求められます。行政が住民（区民）との接点として重要視している自治会町内会というチャンネルでは、シングルからのニーズ把握もシングルへの行政情報伝達も十分に機能していません。区民意向調査等の既存のニーズ把握チャンネルでもシングルの存在を意識しつつ、さらに新たな接点を模索することが求められます。

ニーズとリスクという面でシングルをみると、シングルの一部にある潜在的リスクと、長期的な変化の中で顕在化する恐れのある潜在的リスクに分けられます。前者のリスクは、東京区部が様々な形で生み出す就業機会に惹かれて転入したシングルが、結果的に不安定な経済状況に置かれ、社会的孤立と生活困窮度を高めるリスクであり、就労支援・住宅支援・生活支援・社会的包摂政策の拡充を必要とします。

ニーズでみると、手段的サポートに関していえば、「病気や入院時などに身の回りの世話をしてくれるサービス」が区政に求める施策の第1位にあげられています。インタビューではそれに加えて、シングルが入院したり、高齢者施設などへ入居したりする際に求められる家族の保証人や立ち会い等において、シングルのなかには対応が難しいと述べている人がいます。

シングルのもつニーズは手段的サポートだけではありません。情緒的サポートに関しては、シングルに特有な傾向として、「人との会話が少ない」があがっています。特に、社会関係が少ないタイプに、「気分が沈んだり、憂うつな気持ちになったりする」や「どうも物事に対して興味がわかない、あるいは心から楽しめない感じがする」の割合が高い傾向がみられました。精神的な不安や孤立・孤独の傾向がシングルの一部にみられるのです。その現象の背後にある仕事やお金や健康状態等にも目をやり、それらの問題とメンタル問題とを全体的に把握し対処することが必要です。

手段的サポート手段は親やきょうだいなど身内に限られる傾向がありましたが、その他の人間関係の重要性も小さくありません。趣味などを通した友人関係、さらに同じような境遇にある友人や知人は、家族の代替とはならずとも、何らかの形で支えとなります。職場、地域といった場での社会関係ではない、さらに家族でもない人間関係はミドル期シングルが孤立・孤独に陥らないための重要な条件です。手段的サポート・情緒的サポートの協働機能を意識して、人間関係を豊かにする地域での取り組みを地道に進めることが、シングルが抱える問題の解決につながると考えられます。

東京区部は、シングルであることの自由を享受できる段階を経て、さらに多様性を許容する社会へと変わりうるかもしれません。つまり、法律婚か未婚かという二者択一を脱して、より多様な親密圏が広がっていく可能性もあるということです。同棲や事実婚や別居婚をはじめ、2015年に渋谷区、世田谷区でいち早く導入されたLGBTQの「パートナーシップ証明書」は先駆的取り組みの好事例で、その後約300の自治体に広がり今後さらに拡大していくことが予想されます。これらの変化に伴って、会社と家族中心のライフスタイルを脱した新しいライフスタイルが形成されていくのではないでしょうか。

それと並んで、シングル社会に対応する新しい住まいとコミュニティをもっと広げていくことが必要です。現在のように、それぞれが孤立した住宅（多くが狭小住宅）ではなく、コレクティブハウスやシェアハウスなど、プライバシーを確保しながら共同生活のメリットを活かした住まいを増やしていくなど、住まいの多様化を進める必要があります。これらは、異なる世代、異なるタイプの世帯の混住であることも重要な条件です。これらの住まいを含む地域には、暮らしに必要な社会資源が配置され、特にコミュニティキッチン、フリースペース、コワーキングスペースを含みます。孤立・孤独に陥ることなく誰でも安心して暮らしていけるようなコミュニティです。このような住まいとコミュニティは、ひとり暮らしなど小規模世帯が多数を占める状況や、ひとり親世帯、高齢の親と子の世帯、共働きの子育て世帯、障害や病気のある家族のいる世帯などが、どのような状況下に置かれても安心して暮らすことを可能にしてくれるでしょう。

東京区部はシングルが増加することを自覚的かつポジティブに捉え、シングル向けの各種サービスを官民共同で創造することと同時に、ゆるやかな社会的ネットワークへの参画を促すような取り組みを、文化・スポーツ政策等を含めて多方面から探っていく必要があると思います。ゆるやかな社会的ネットワークは、個人の特技や専門性の存在を知る機会となり、地域資源の発掘となり、シングルにとっては役割の獲得につながることも想定されます。今後、シングルの社会参画を進める動きが生まれることを期待したいものです。そのためには、シングルがより主体的な参画意識をもつことも求められているのです。

シングルフレンドリーな都市は、多様性を認め、弱者に優しいインクルーシブな都市になる可能性もっているのではないでしょうか。

注

１　国立社会保障・人口問題研究所『人口統計資料集』（各年）を参照。https://www.ipss.go.jp/syoushika/tohkei/Popular/Popular2023RE.asp?chap=0

２　国立社会保障・人口問題研究所（１９９２・２０２３）『出生動向基本調査（結婚と出産に関する全国調査）』における独身者への質問で、独身者とは未婚以外に死別、離別を含む。https://www.ipss.go.jp/site-ad/index_Japanese/shussho-index.html

３　世代の平均きょうだい数を正確に計算することは難しいが、あるコーホートの女性が一生の間に生む子ども数の分布から概ねの数を知ることができる。１９５０年コーホートの女性は、15~49歳（１９６５~２０００年）にかけて１人当たり２・03人（コーホート合計特殊出生率）の子どもを生んだ。この95・５%に当たる１・94人は20~35歳（１９７０~85年：第２世代後半に相当）で生んでいる。１９５０年コーホートが生んだ子ども数は、０人、１人、２人、３人、４人以上の割合が、それぞれ10・０%、12・４%、52・１%、21・０%、４・５%となっている。４人以上を４人として、平均値を計算すると１・98人、子ども数ゼロを除いて計算すると２・20人になる。子ども数ゼロは平均値に大きく影響しておらず、世代間比率でもあるコーホート合計特殊出生率をもって、「平均きょうだい数は２人」と表現できる。同様の計算を１９７０年コーホートで行うと、以下のようになる。15~49歳（１９８５~２０２０年）にかけて１人当たり１・47人（コーホート合計特殊出生率）の子どもを生んだ。この98・２%に当たる１・44人は15~40歳（１９８５~２０１５年：第３世代に相当）で生んでいる。１９７０年コーホートが生んだ子ども数は、０人、１人、２人、３人、４人以上の割合が、それぞれ29・７%、18・７%、37・３%、12・６%、３・５%となっている。平均値を計算すると１・45人、子ども数ゼロを除いて計算すると２・01人になる。世代間比率ともいえるコーホート合計特殊出生率から子世代の平均きょうだい数を推し測ることはできず、子ども数ゼロを除いて、子世代の側から平均きょうだい数を求める必要がある。

４　２０２０年国勢調査で、地域別の35~39歳の大卒以上の割合をみると、男・未婚では、東京区部は55・６%と、全国36・９%の１・51倍、東京圏46・３%の１・20倍となっており、女・未婚では、東京区部は53・４%と、全国33・９%の１・58倍、東京圏42・８%の１・25倍となっている。このように、東京区部には未婚の高学歴者が相対的に多く居住しており、それは女で特に顕著になっている。以上は、未婚であって、未婚シングルではない点に注意が必要だが、東京区部の35～39歳の未婚に占めるシングルの割合は、男73％、女72％と高く、この傾向は未婚シングルにも当てはまるだろう。ちなみに、同年齢の東京区部の有配偶の大卒以上割合と比較すると、男72・7％、女59・5％と、ともに有配偶のほうが高い。未婚に対する比率は、男1・31倍、女1・11倍と、女のほうが差は小さい。

5 社会的処方とは、医療専門家が患者の健康とウエルビーイングを改善するために、非医療的な処方として、コミュニティでのサポートを患者に紹介することをいう。イギリスの国民保健サービス組織から始まったもの。

参考文献

一般社団法人社会的包摂サポートセンター（２０２１）『よりそいホットライン　２０２１年度報告書』

ＮＰＯ法人介護者サポートネットワークセンター・アラジン（２０１１）「家族（世帯）を中心とした多様な介護者の実態と必要な支援に関する調査研究事業」(https://drive.google.com/file/d/1EYRvgu8m4MrQKoAIGJ0ltTYzbVE1ra3X/view)

エリック・クライネンバーグ（２０１４）『シングルトン＝ＳＩＮＧＬＥＴＯＮ――ひとりで生きる！』白川貴子訳、鳥影社、１１８ページ

国立社会保障・人口問題研究所（２０２３）「日本の将来推計人口―令和３（２０２１）～52（２０７０）年―」『人口問題研究資料』第３４７号（https://www.ipss.go.jp/pp-zenkoku/j/zenkoku2023/pp2023_ReportALL.pdf）

小杉礼子・宮本みち子（２０１５）『下層化する女性たち――労働と家庭からの排除と貧困』勁草書房

相馬直子・松田妙子（２０２３）「地域づくりとしての育児の『協同』――ケアリング・デモクラシーをめぐる世田谷の実践」『生活協同組合研究』５７３号

西智弘編著（２０２０）『社会的処方――孤立という病を地域のつながりで治す方法』学芸出版社

丸山洋平（２０１８）『戦後日本の人口移動と家族変動』文眞堂

メアリー・Ｃ・ブリントン著（２００８）『失われた場を探して――ロストジェネレーションの社会学』池村千秋訳、ＮＴＴ出版

おわりに

東京区部で暮らすミドル期シングルを対象とする共同研究を始めて約5年になります。その間に結婚しない人の数はさらに増加し、出生数は80万人を割る状態になりました。3年におよぶ新型コロナパンデミックが明けた途端にあらゆる業界で労働力不足が顕在化し、「少子化は国家存亡の危機」と叫ばれる状況になりました。そのようなタイミングで本書を刊行するのは、日本社会のこれからを展望する際に、増加するミドル期シングルに着目する研究から何がしかのヒントを提供できるかもしれないという思いがあってのことです。

ミドル期シングルの増加は、変貌する日本社会の根幹に係わる現象のひとつといえるでしょう。本書を通してミドル期シングルの神髄に迫ることができたのかどうかは、読者のみなさまの厳しい評価を待たねばなりませんが、本書が少しでも問題提起の役割を果たせるのであれば望外の喜びです。

私たちの研究チームは、社会学、人口学、都市計画などをバックグラウンドとし、都市の家族変動や、住む・働く・交流するといった人々の営みに関心を持つ研究者で構成されています。さらに、第1世代に属する大江・宮本と第2世代に属する丸山・松本・酒井という世代属性や、ジェンダー属性も含めると多様性を持つチームです。このことは、ミドル期シングルという未知の部分が多い対象に、多面的な視点でアプローチすることにつながったと思います。

広域に散らばっているメンバーが相当な回数の研究会を積み重ねることができたのは、新型コロナウイルス禍のなかで利用可能になったオンラインの恩恵でした。

本書は、２０１９年４月から2年間にわたる東京都の特別区長会による研究プロジェクトの成果をもとにまとめたものです。プロジェクトの目的は、東京区部のミドル期シングルを対象に研究を進め、特別区の課題解決をはじめ、広く他の自治体の課題解決の一助となることや国および他の自治体との連携の可能性を探ることにありました。研究チームは、宮本みち子と大江守之がリーダーをつとめ、丸山洋平、松本奈何、酒井計史の５名で編成されました。２年間の成果は次の２冊の報告書にまとめてあります。『令和元年度 特別区における小地域人口・世帯分析及び壮年期単身者の現状と課題（基礎調査）』、『令和2年度 特別区における小地域人口・世帯分析及び壮年期単身者の現状と課題（基礎調査）』いずれも特別区長会調査研究機構、です。

実は、このプロジェクトを立ち上げる前段階がありました。２０１３年４月から3年間にわたり、東京都の新宿区新宿自治創造研究所で単身世帯の実態をテーマとする研究が企画され、宮本はアドバイザーをつとめました。この研究グループは、新宿区で非常に多い単身世帯のなかでも高い比率を占める未婚世帯に着目し、特に40代、50代の単身世帯に関心をもって、調査研究を進めました。ミドル期（35歳から64歳）シングルの実態に関する調査や研究が非常に少ないこと、しかもこれらの人々が全国でみると東京で圧倒的に多く、特に特別区で突出していることに強い問題意識をもったからでした。調査結果は次の3冊のレポートに掲載されています。「新宿区の単身世帯の特徴――壮年期を中心として」『研究所レポート2013No.3』、「新宿区の単身世帯の特徴(2)　単身世帯意識調査結果から」『研究所レポート2014No.2』、「新宿区の単身世帯の特徴(3)　壮年期・高齢期の生活像」『研究所レポート2015No.1』。このプロジェクトで得たミドル期シングルに対する関心を、特別区長会調査研究機構の研究プロジェクトにつなげ、本書を刊行することができた次第です。

このような貴重な研究の機会を与えてくださいました特別区長会調査研究機構に心より感謝申し上げます。特に、研究会の運営、調査実施、報告書の発行にご尽力いただいた研究員のみなさまに厚く御礼申し上げます。また、ミドル期シングル研究のきっかけを与えてくださいました新宿区新宿自治創造研究所にも心より御礼申し上げます。まさに光陰矢の如しで、すでに10年の歳月が過ぎてしまいましたが、書籍の刊行ができたことを心よりうれしく思います。

本書の刊行にあたって、東洋経済新報社出版局編集第一部の渡辺智顕さんには大変お世話になりました。私たちの問題意識を的確に受け止め出版を引き受けてくださいました。いく度もの書き直しを辛抱強く待っていただき、ようやく刊行にこぎつけることができました。心より厚く御礼申し上げます。

宮本　みち子

松本 奈何（まつもと なか）：第4章

都市研究者。明治大学専門職大学院ガバナンス研究科助教。慶應義塾大学湘南藤沢キャンパス非常勤講師。民間会社等を経てフルブライト奨学金により米国メリーランド州立大学カレッジパーク校、建築・都市計画・保存学部博士課程修了。Ph.D.（Urban and Regional Planning and Design）。主な研究領域は日米をフィールドとした多文化共生、移民コミュニティ、都市計画、ジェンダー、質的研究。共著に*Planning forAuthentiCITIES*（Routledge）がある。

酒井 計史（さかい かずふみ）：第5章、コラム（102頁～）

社会学者。1970年、北海道生まれ。独立行政法人労働政策研究・研修機構リサーチアソシエイト。上智大学・東洋大学・大東文化大学等非常勤講師。上智大学大学院文学研究科社会学専攻博士後期課程満期退学。主な研究領域は職業社会学・女性労働論・社会調査方法論。共著に*Women and Work in Asia and the Pacific*（Massey University Press)、『非典型化する家族と女性のキャリア』（独立行政法人労働政策研究・研修機構)、『女性とキャリアデザイン』（御茶の水書房)、『国際比較・若者のキャリア：日本・韓国・イタリア・カナダの雇用・ジェンダー政策』（新曜社)、『国際比較にみる世界の家族と子育て』（ミネルヴァ書房）などがある。

編著者・著者紹介（※：編著者）

宮本 みち子（みやもと みちこ）※：序章、第3章、終章、おわりに

放送大学名誉教授・千葉大学名誉教授。1947年、長野県生まれ。東京教育大学文学部経済学専攻卒業、同社会学専攻卒業。お茶の水女子大学大学院家政学研究科修士課程修了。博士（社会学）。専門は、生活保障論、若者政策論、家族社会研究。労働政策審議会、社会保障審議会、中央教育審議会委員等を歴任。著書に『若者が無縁化する』（筑摩書房）、『地方に生きる若者たち』（共編、旬報社）、『下層化する女性たち』（共編著、勁草書房）、『人口減少社会の構想』（共編著、放送大学教育振興会）、『アンダークラス化する若者たち』（共編著、明石書店）、『若者の権利と若者政策』（編著、明石書店）などがある。

大江 守之（おおえ もりゆき）※：序章、第1章、終章

都市・人口研究者。慶應義塾大学名誉教授。1951年、東京都生まれ。東京大学理学部地学科地理学課程・工学部都市工学科卒業。博士（工学）。国立社会保障・人口問題研究所人口構造研究部長をへて、1997年より慶應義塾大学総合政策学部教授。2017年名誉教授。専門は、人口・家族変動研究、都市・住宅政策研究。神奈川県、横浜市などの住宅政策に長年関与。著書に『大都市郊外の変容と「協働」：〈弱い専門システム〉の構築に向けて』（共編著、慶應義塾大学出版会）、『人口減少社会の構想』（共編著、放送大学教育振興会）などがある。

丸山 洋平（まるやま ようへい）：第2章

地域人口学者。札幌市立大学デザイン学部准教授。1983年、岐阜県生まれ。慶應義塾大学総合政策学部総合政策学科卒業。同大学大学院政策・メディア研究科後期博士課程単位取得退学。博士（学術）。主な研究領域は地域人口分析、人口移動、家族変動、将来人口・世帯推計。著書に『戦後日本の人口移動と家族変動』（文眞堂）、共著に『自然災害と人口』（原書房）、『都市・地域政策研究の現在』（一般財団法人地域開発研究所）などがある。

東京ミドル期シングルの衝撃
「ひとり」社会のゆくえ

2024年4月2日発行

編著者——宮本みち子／大江守之
著　者——丸山洋平／松本奈何／酒井計史
発行者——田北浩章
発行所——東洋経済新報社
〒103-8345　東京都中央区日本橋本石町 1-2-1
電話＝東洋経済コールセンター　03(6386)1040
https://toyokeizai.net/

装　丁………竹内雄二
ＤＴＰ………アイランドコレクション
編集協力……パプリカ商店
印　刷………港北メディアサービス
製　本………積信堂
編集担当……渡辺智顕
©2024 Miyamoto Michiko, Oe Moriyuki, Maruyama Yohei, Matsumoto Naka, Sakai Kazufumi
Printed in Japan　　ISBN 978-4-492-26120-0
本書のコピー、スキャン、デジタル化等の無断複製は、著作権法上での例外である私的利用を除き禁じられています。本書を代行業者等の第三者に依頼してコピー、スキャンやデジタル化することは、たとえ個人や家庭内での利用であっても一切認められておりません。
落丁・乱丁本はお取替えいたします。